《叶忠海学习与教育文选》之十

老年教育研究与探索

叶忠海　著

河北大学出版社
·保定·

出 版 人：朱文富
责任编辑：刘梦茜
助理编辑：鹿巧利
装帧设计：王占梅
责任校对：耿兆飞
责任印制：常　凯

LAONIAN JIAOYU YANJIU YU TANSUO

图书在版编目（CIP）数据

老年教育研究与探索 / 叶忠海著. -- 保定：河北大学出版社，2022.12
ISBN 978-7-5666-2119-1

Ⅰ. ①老… Ⅱ. ①叶… Ⅲ. ①老年教育－研究－中国 Ⅳ. ①G777

中国版本图书馆CIP数据核字（2022）第255385号

出版发行：河北大学出版社
地址：河北省保定市七一东路2666号　邮编：071000
电话：0312-5073003　0312-5073029
网址：www.hbdxcbs.com
邮箱：hbdxcbs818@163.com
印　　刷：保定市文昌印刷有限公司
幅面尺寸：185 mm × 260 mm
字　　数：345千字
印　　张：21.25
版　　次：2022年12月第1版
印　　次：2022年12月第1次印刷
书　　号：ISBN 978-7-5666-2119-1
定　　价：69.00 元

如发现印装质量问题，影响阅读，请与本社联系。
电话：0312-5073023

总 前 言*

20 世纪 60 年代以来，随着以信息技术为核心的新技术革命的兴起，现代社会正呈现着历史性的变化趋势：由作为工业主义结晶的社会正让位于伴随信息革命崛起的知识型社会形态。这种转变，正以前所未有的广度和深度改变着人们的生产方式、工作方式、学习方式和生活方式。在这样的背景下，“学习”的重要位置被前所未有地凸显出来。人们开始意识到，只有不断学习、终身学习，才能适应并促进人类文明的发展，才能保持人与社会动态平衡。于是，随着知识型社会的崛起，相应的“终身教育”“终身学习”“学习社会”等理念被提了出来，并被越来越多的国家和地区所接受，作为教育和社会改革的方向和目标。

进入 21 世纪以来，“发展终身教育，迈向学习社会”已是当前国际社会教育发展的潮流，也是我国教育改革和发展的方向。2002 年 12 月党的十六大提出了“形成全民学习、终身学习的学习型社会，促进人的全面发展”的历史使命，并作为全党和全国人民“全面建设小康社会”奋斗目标的重要内容。2007 年 10 月党的十七大再次强调建设学习型社会，“努力使全体人民学有所教”。2010 年 7 月国家颁布的《国家中长期教育改革和发展规划纲要（2010—2020 年）》，把“基本形成学习型社会”作为未来 10 年我国教育三大战略目标之一。终身教育的落实，有赖于成人教育作为其主体组成部分；“学有所教”的实现，有赖于社区教育广泛而深入的展开；学习型社会的创建，离不开终身学习的落实，也有赖于成人教育、社区教育作为基本途径，据此，研究成人教育、社区教育、终身教育、终身学习、学习型社会显得格外必要，具有战略性

---

* 该《总前言》系《叶忠海学习与教育文选》前 8 卷的前言，写于 2011 年 9 月。

的发展意义。

自 20 世纪 80 年代初以来，本人坚持对成人教育学的研究，至今已三十年了。三十年前，本人作为华东师范大学一名成人教育工作者，是成人教育的职责驱使我踏上研究成人教育之路。“干一行，爱一行，钻一行”，与成人教育结下了不解之缘。20 世纪 90 年代，我国的经济体制转型，带来了深刻的社会变革，对社会成员的整体素质提出崭新的要求。相应的是，我国社区教育有了突破性的进展，进入到以“全员、全程、全方位”为发展取向的新型社区教育的发展阶段。作为一名成人教育理论工作者，是社会责任心推动我自 1993 年以来拓展对社区教育研究。20 世纪末 21 世纪初，中央领导提出建设学习型社会，是历史使命感促使我自 1999 年以来与时俱进地注重学习型社会的研究。三十年来，本人先后作为华东师范大学成人教育学院成人高等教育研究所所长、上海市成人教育研究所所长、上海市社区教育研究中心主任、上海市成人教育协会副会长兼推进学习化社区工作委员会主任、上海市终身教育研究会副会长兼学术委员会主任、中国成人教育协会成人高等教育理论研究会副理事长兼秘书长和理事长、中国教育发展战略研究会终身教育工作委员会副理事长、中国成人教育协会学术委员会主任，在上述单位和组织领导下，为成人教育学科、社区教育学科的成长和发展，以及学习型社会研究做了些力所能及的工作。1993 年，本人作为学科带头人，与同事一起建立了我国首个成人教育学专业研究生教育学位点，并在 1999 年招收了我国首个成人教育学访问学者。三十年来，本人先后独著、主编或作为第一作者出版著作 35 部，其中学习和教育方面著作 16 部，《职工教育心理学概论》(1987)、《自学学概说》(1988)、《成人高等教育学》(1989) 等，均为我国该领域首部学术著作；在此期间，发表论文约 200 篇，其中学习和教育研究论文约 100 篇；作为课题负责人完成的教育与学习的研究报告 22 份；另发表学习和教育的系列短文 80 篇；此外，还先后主编了我国首套《成人教育理论丛书》《世界成人教育译丛》《社区教育理论丛书》《21 世纪初中国社区教育发展研究丛书》等。近二十年来，本人作为课题组负责人先后承担国家级、省部级课题 21 项，其中学习和教育课题 11 项。近十年来，本人先后获得了全国、省级科研成果奖一等奖 3 项、二等奖 6 项、三等奖 9 项；并于 1993 年开始享受国务院特殊津贴。自 1995 年始，曾先后被华中师范大学、河南大学、中国人民大学等 10 余所高等学校聘为兼职教授，2003 年被国家教育部聘为社区教育专家组成员，2008 年 4 月被中央人才工作协调小组聘为“国家人才队伍建设中长期规划纲要”编制工作的专家顾问组成员，2010年被上海市人民政府教育委员会聘为“上海市教育决策咨询委员会委员”。

今年是中国共产党诞生九十周年，也是本人从事成人教育研究三十周年。在这有意义的日子里，为了宣传成人教育学、社区教育学、学习型社会建设的研究成果，向党九十周年大庆献礼，也为建设中国特色的学习型社会，以及成人教育学科、社区教育学科体系，贡献一份力量，本人认为有必要将自己三十年来有关学习和教育方面研究成果加以归总、整理，将研究成果选编成论集，以《叶忠海学习与教育文选》（以下简称《文选》）的形式，奉献给我国成人教育、社区教育界的广大实践工作者和理论工作者，以及广大读者。

《文选》，由《自学学和自学考试研究》《学习型城市建设研究》《现代成人教育学研究》《成人高等教育学》《大学后继续教育论》《成人教育发展战略研究》《社区教育学研究》《中国社区教育发展研究》等8卷构成，分别附有若干附件，总计约200万字。在选编过程中，本着尊重历史的原则，原有的文稿均未作修改，只是对其按专题加以重新归类和组合，以使《文选》具有系统性。因此，《文选》不可避免地会存在着较多的不足，包括数据的陈旧、方法的传统、观点的局限性等。保留这些不足，是为了能够真实地反映本人研究成人教育学、社区教育学、学习型社会的轨迹、领域和特点，为学界的后人留点真实东西，以利于他们后来居上，欢迎同人们和广大读者批评指正。

当前，我国正在实现全面建设小康社会的宏伟目标，正在建设全民学习、终身学习的学习型社会，正在实施科教兴国战略、人才强国战略，这为中国成人教育学、社区教育学、学习社会学提供了前所未有的发展机遇。我作为一名成人教育、社区教育学界的老兵，衷心希望理论工作者和实践工作者携起手来，共同努力，在实施上述战略目标过程中创建和发展中国特色、民族风格的成人教育学、社区教育学、学习社会学，为充实和丰富世界教育和学习理论宝库贡献我们的一分力量。

叶忠海

2011年9月

本书前言

人口老龄化速度增加，20 世纪末世界已进入老年型社会。同样，我国人口老龄化速度超前于现代化发展的速度。根据全国第七次人口普查公布的数据，截至 2020 年 11 月，我国 60 岁及以上老年人口已突破 2.6 亿人，老龄化水平已达 18.70%，“未备先老”“未富先老”的特征日益凸显，这显然对经济社会发展带来重大挑战。面临人口老龄化带来的压力，如何科学而有效地减轻压力，乃至于变压力为动力？其中，一个战略性的有效途径和举措，就是大力发展老年教育。可见，老年教育随人口老龄化显得越来越重要且紧迫，对其进行系统而全面的研究日益迫切。

本人研究老年教育已二十余年了，大致可分为两个阶段：第一阶段（1999—2012 年）是在研究成人教育、社区教育中涉及老年教育研究，即把老年教育研究作为研究成人教育、社区教育的有机组成部分。2000 年，本人专著出版的《社区教育学基础》一书中，就专门有一节论述了社区老年教育教学研究，在此基础上，又专门发表了《社区老年教育的教学原则》（2002）一文。2007 年，由我总主编出版的《中国成人教育研究进展报告（2000—2005）》一书的第三部分成人教育类别研究中，就有专门一章老年教育研究的内容，对老年教育的研究概况、进展特点、热点综述、发展趋势等内容作了论述，以及对代表作、主要论著目录作了介绍。第二阶段（2013 年至今）将老年教育研究从成人教育学母学科中分离出来，作为一门独立学科加以综合研究。2013 年，我在核心期刊《现代远程教育研究》发表了 2 万余字的论文《老年教育若干基本理论问题》。在此基础上，由我主编并主笔出版了《老年教育学通论》（2014），较为系统地论述了老年教育的理论基础、含义和特征、主要社会属性、目的和功能、体系构成、教学理论和实践、课程设计和开发以及教育评价等问题。同时，由我总主编的《老年教育学通论》《老年教育社会学》《老年教育心理学》《老年教育经济学》《老年教育管理学》《海外老年教育》同时出版。之后，我就中国老年教育发展、老年大学改革、老年人力资源开发、老年教育学科建设、国际老年教育比较等问题发表了系列研究成果。2017 年，我接受华东师范大学的委托，组织力量，以“中国当代老年教育发展”为主题作了专门研究，主编并主笔出版了《中国当代老年教育发展研究》（2019）一书。该书对中国当代整体性老年教育的发展历程作了较为全面的疏理，对老年教育的现状作了切实的分析，研究和探索了老年教育发展指数，首次提炼出我国老年教育发展的规律性，较为全面提出了我国老年教育未来发展的基本思路，提出了“五位一体”教育模式，以及生命规律性的老年教育课程体系的建设。

今年，是中国共产党建党 100 周年。在全党、全国人民庆祝这伟大节日之际，我拟向党 100 周年大庆献礼，愿将二十余年老年教育研究成果汇集一起，取名为《老年教育研究与探索》，作为《叶忠海学习与教育文选》之十，奉献给广大老年教育工作者和广大老年朋友。不妥之处，请给予指正。

本书的出版，得到河北大学出版社鼎力支持，得到责任编辑刘梦茜老师的无私帮助，在此表示诚挚的谢意！

叶忠海

2021 年 7 月

目　　录

第一部分

老年教育的基础研究

文化自信：加快推进中国特色老年教育学科建设*

党的十八大以来，习近平总书记曾在多个场合多次提出“文化自信”。党的十九大将“坚定道路自信、理论自信、制度自信、文化自信”作为习近平新时代中国特色社会主义思想的重要内涵。其中，文化自信是更基础、更广泛、更深厚的自信。社会主义现代化建设需要文化自信作为灵魂，作为哲学社会科学大家庭的一员——老年教育学科建设也不例外。本文以文化自信为思想定力，对加快推进老年教育学科建设作一概要的论述。

一、文化自信的内涵和战略意义

文化自信，是一个民族、一个国家以及一个政党对自身文化价值的充分肯定和积极践行，并对其文化的生命力持有的坚定信心。

中国文化自信的底气来源于博大精深的中华优秀传统文化，艰苦奋斗、奋发向上的革命文化，承前启后、继往开来的社会主义先进文化。

文化自信是其他“三个自信”的根基，是汇集中国力量的凝聚力，是弘扬中国精神的支撑力，是实现中国梦的原动力。其不仅直接关系到中国特色哲学社会科学体系建设的大问题，更为重要的是关系到中华民族屹立于世界民族之林的重大问题，关系到中华民族伟大复兴中国梦实现的重大问题。这正如习总书记指出的那样：“文明特别是思想文化是一个国家、一个民族的灵魂。无论哪一个国家、哪一个民族，如果不珍惜自己的思想文化，丢掉了思想文化这个灵魂，这个国家、这个民族是立不起来的。”

---

* 该文形成于2019年7月，先后在上海、武汉组织的老年教育学术活动上宣讲，后刊2020年7月出版的《老年教育学术探究》一书。

二、中国特色老年教育学科建设坚持文化自信的必要性和原则

（一）老年教育学科建设坚持文化自信的必要性

第一，由学科的文化属性所决定。文化，从狭义来说，指的是人类社会精神活动成果的反映，体现人类的智力文明进步和精神文明发展。当然，其包括科学进步、学科发展。文化自信，包含学术、学科自信。文化自信，不仅对学科建设提出了有针对性的基本要求，更为重要的是为中国特色的学科建设提供了基础性的指导思想。可见，老年教育学科的文化属性决定着其建设必须坚持文化自信。

第二，应对西方霸权主义话语的挑战与冲击所需要。当前中国面临着复杂的国际形势，最大困境是认同的困境、文化的困境。哲学社会科学领域还不同程度存在着西方主流话语的隐性压制和支配的问题。文化问题应通过“文化的方式”加以解决。学科的隐性压制，只有坚持文化自信、学科自信，加快自身学科建设，夯实自身学科来解决。学科建设如果离开了对自身文化的崇敬和热爱，是很难建设中国特色的哲学社会科学的。同理，老年教育学科建设也不例外。

第三，新兴学科发展史实所证明。翻开科学发展史，不难发现，新兴学科发展不是一帆风顺的，往往受到传统学科和传统力量的排斥甚至压制。新兴学科要发展，更需要坚定文化自信、学科自信和创新。只有这样，新兴学科才能排除种种阻力得到发展。一部新兴学科发展史，就是在文化自信和创新的思想定力下的学科建设史。没有文化自信、学科自信和创新，也就没有中国民族性、原创性的新兴学科。文化自信与学科建设是互为推进的。文化自信，推进中国特色的学科建设；学科建设，又能进一步增强文化自信。这对于作为新兴学科的老年教育学科也是如此。何况，老年教育学的产生有着厚实的现实基础，丰富的老年教育实践活动是建设老年教育学的实践基础。有党和国家的高度重视，我们建设中国特色的老年教育学应充满着文化自信、学科自信。

（二）老年教育学科建设坚持文化自信应把握的原则

第一，把握理性的文化自信。我们讲的文化自信，不是盲目自信，而是来源于对事物价值和本质的清醒认识，是建筑在对事物主客体的全面分析基础上

的理性自信。中国老年教育学人之所以对老年教育学充满着自信，是基于老年教育学是应时代呼唤而产生的新兴学科，是一门用其独有的学科特质满足社会的需要，具有强大生命力的学科。

第二，把握中外融合一体的文化自信。我们强调的文化自信，不仅不排斥国外先进的学术成就，而是在学术自信的思想基点上，积极吸收国外相关的有益的理论观点，为本学科建设所用，努力构建以中国元素为根本，融入国际元素的老年教育学理论体系。

三、老年教育学科正发展成为当代的当采学科

老年教育学科建设坚持文化自信，还反映在我国学者对科学发现的认知上。笔者认为，老年教育学正发展成为当代的当采学科。“当采学科”的概念，是我国著名的科学学家赵红州教授于 1984 年在《科学能力学引论》一书中提出的。所谓当采学科是指一定的历史时期研究成果“富集”的学科。只要在该领域部署力量，加大投入，就可以获得重大科学成果。该学科之所以能“当采”，正是因为它处在“社会需要”和“科学发展内在逻辑”交叉点上。

（一）从社会需要视角分析

第一，老年教育学科是应对人口老龄化的迫切需要。人口老龄化已成世界性问题，20 世纪末世界已进入老年型社会。同样，在中国人口老龄化速度超前现代化。2013 年底，老年人口已突破 2 亿，老龄化水平已达 14.8%，“未备先老”“未富先老”的特征日益凸显，这显然对社会经济发展带来重大挑战。面临人口老龄化的压力，如何科学而有效地减轻压力，乃至于变压力为动力？其中，一个战略性的有效途径和举措，就是大力发展老年教育。可见，老年教育随人口老龄化发展显得越来越重要，加强老年教育学科建设显得日益紧迫。老年教育学科产生是应对人口老龄化问题的历史必然需要。

第二，老年教育学科是满足人的终身教育而全面发展的迫切需要。研究表明，人的发展总是沿着由不充分向充分、由片面向全面、由依赖向自主的客观轨迹而展开。人的充分、全面而自由的发展，是人的本性之一。当人进入老年期，摆脱了职业束缚的局限性，这种本性的需要反映得尤为明显。其反映在教育领域内，就体现为老年学习者接受教育的终身性、非职业性、丰富性、自主性和个性化的特点。老年教育的实质是老年人的终生发展教育，宗旨是为老年

人及老龄化服务，使老年人有尊严、有价值地生活，内容是按老年人需要设计，体现为无限定性、民主性的特点。可见，老年教育是最能满足老年人学习需要的一种教育形态，是老年人通向充分、全面而自由发展的桥梁。随着人类社会文明进程不断推进，老年教育事业日益发展，催生着老年教育学科的诞生。

（二）从科学发展内在逻辑分析

第一，人的科学的发展，支撑老年教育学科成为当采学科。人学研究已成为哲学界研究的主题和重心，正在形成“人学”形态的马克思主义哲学。同时，人体科学已成为国际社会科学攻关的聚焦学科。20 世纪 80 年代开始，国际学术界围绕人体自身，从不同学科视角开展研究，并已取得突破性进展。脑科学、认知神经科学、生命全程发展心理学等人体科学研究成果，为老年人终身学习，开展终身教育奠定了理论依据也提供了科学营养，支撑老年教育学科的当采。

第二，相关学科的发展，托起了老年教育学科成为当采学科。老年教育学科成为当采学科，系老年科学与教育科学融合发展的结果。一方面，在人口老龄化背景下，以老龄化现象作为自身研究对象的老年科学得到了迅速的发展。以老年学为主干的老年科学体系正在形成，老年人口学、老年哲学、老年医学、老年社会学、老年法学、老年心理学等分支学科得到了不同程度的发展；另一方面，教育科学作为一门传统科学，已有悠久的发展历史。不仅发展了成人教育学等为代表的专门教育学，而且发展了教育哲学、教育经济学等为代表的教育学交叉学。可见，老年科学与教育科学的融合发展，托起了老年教育学科的当采。

第三，老年教育研究积累，为老年教育学科成为当采学科打下基础。仅以中国而言，本世纪以来，有多项老年教育课题在国家社科基金项目、全国教育科学规划课题立项。2001—2015 年全国教育科学规划老年教育立项课题就有 16 项。据不完全统计，截至 2017 年公开出版老年教育专著就有 40 部。本世纪以来，中国成人教育协会成人教育优秀科研成果评奖中获得一、二等奖的老年教育科研成果就有 31 项。尤为可喜的是，自 2003 年至今，高校年轻的博士生、硕士生已发表老年教育学位论文 133 篇。在此同时，上海市终身教育研究会学术委员会启动了老年教育学学科建设，组织全市力量，推出了《老年教育理论丛书》（6 部），从教育学、心理学、管理学、经济学、社会学等多学科视角聚焦老年教育学科建设，为老年教育学的学术体系、学科体系、话语体系的建构创造了一个良好的开端。

四、中国特色老年教育学科构建的现状和未来构思

（一）中国特色老年教育学科构建的现状

根据《中华人民共和国国家标准学科分类与代码》（GB/T 13745—2009）规定的学科标准，应该说经多年来老年教育学界和成人教育学界共同努力，中国特色老年教育学科构建已基本达到标准。

就“具备其理论体系和专门方法的形成”而言，老年教育学已基本形成理论体系，包括老年教育学的导论、理论基础论、基本原理论、学习论、教学与课程论、管理与评价论等。其代表作主要有：《老年教育学通论》（叶忠海主编，2014）、《老年教育学》（杨德广主编，2016）、《老年教育学》（陆剑杰主编，2018）。老年教育学专门研究方法也正在形成之中。

就“有关科学家群体的出现”而言，老年教育学专家群体已初步形成。主要表现为，以中国老年大学协会老年教育学术委员会、中国成人教育协会学术委员会为龙头，已形成老年教育研究的专家群。

就“有关研究机构和教学单位以及学术团体的建立并开展有效的活动”而言，其主要表现为，以上海老年教育研究院为代表的一批研究机构不断涌现；全国已有 7 万所老年大学（教学单位）；1988 年成立的中国老年大学协会已成为全国性老年教育学术团体，三十余年来，能有效地开展了各项教学、研究、交流活动。

就“有关专著和出版物的问世”而言，正如前述，我国已出版一批有价值的老年教育专著，如《老年教育与美育》（贾岩，1991）、《老年心理与教育》（王荣刚等，1994）、《老年教育学》（董之鹰，2009）、《老年教育策论》（施祖美，2011）、《教育学视阈中的老年教育》（岳瑛，2012）等。在此同时，创办了《老年教育》《终身教育研究》等期刊。

综上所述，对照《中华人民共和国国家标准学科分类与代码》（GB/T 13745—2009）的标准，老年教育学已基本具备列入《中华人民共和国国家标准学科分类与代码》（GB/T 13745—2009）的条件。另一方面，我们要清醒地看到，老年教育学科建设滞后，老年教育理论体系还不完善，老年教育研究队

伍还很单薄，专家群体年龄老化，研究成果远不能满足老年教育事业发展的需要。

（二）加快构建中国特色老年教育学科的目标

根据习总书记在全国哲学社会科学工作座谈会上讲话精神，《中华人民共和国国家标准学科分类与代码》（GB/T 13745—2009）的标准，以及老年教育学科构建现状的分析，制定出加快构建中国特色老年教育学科的目标。在这里，仅就构建其中最核心、最基础的老年教育学作一论述。

第一，加快构建老年教育学的学术体系，包含知识理论体系和研究方法体系。就知识理论体系而言，主要体现为概念生成、知识创新、理论建构等。学术体系是学科体系的支撑，离开学术体系，学科体系将流于空泛；话语体系是学术体系的呈现和表达，没有学术体系作为内涵，话语体系只能徒具形式。可见，在上述的“三大体系”之间，学术体系是核心。据此，应以学术体系的构建，带动老年教育学的其他两大体系的构建。

构建老年教育学的知识理论体系。要挖掘和梳理中国历史上终身学习和教育思想及其可借鉴的制度，构建中国终身教育思想史、制度史。同时，要从哲学、社会学、发展心理学、人口学等多学科的视角，积极探索老年教育学的知识结构，深入对老年教育的性质、特征、社会属性、形态、功能与价值、发展动力与规律、课程体系等基本问题加以深入研究。特别要在我国丰富而有效的老年教育实践中升华经验，提炼理论。

构建老年教育学研究方法体系。根据老年教育学的学科性质和特点，要着力实践系统研究法、问题导向法、案例分析法、比较法等老年教育学研究方法。特别在大数据时代背景下，要着力使人文方法和数理方法相结合，进一步提高老年教育学研究方法专业化水平。

第二，加快构建老年教育学的学科体系。根据应对我国人口老龄化的需要，以及学科发展自身的内在逻辑，全面规划老年教育学学科体系的建设。

在着力构建老年教育学的学术体系过程中，要拓展研究领域，形成老年教育学分支学科。要着力研究老年教育哲学、老年教育社会学、老年教育法学、老年教育心理学、老年教育管理学等基础性的分支学科。老年教育学与其各分支学科，是母学科与子学科的关系。两者互为推进，母学科为子学科提供理论基础，子学科支撑和巩固母学科。

第三，加快构建老年教育学的话语体系。要增强话语体系建设的意识和能力。在加快建设老年教育学知识理论体系过程中，进一步提炼老年教育学的标识性的概念，包括专业名词、专业术语、专业短语等。

以教学任务带动老年教育学话语体系建设。鼓励和支持有关高校和职业院校开设老年教育及其相关专业，在成人教育学专业研究生教育学位点开设老年教育的研究方向。积极创造条件使老年教育学进入国务院学位办招收本科生、研究生专业的培养目录，使之成为成人继续教育和老年教育工作者培训的必修课。

加强与海外终身教育和老年教育机构和组织的交流与合作。定期或不定期举办老年教育学和老年教育管理国际论坛，增加国际学术舞台的话语权，在交流和合作中扩大老年教育学的学术影响。

（三）加快构建中国特色老年教育学科的途径和举措

第一，深入学习坚决贯彻习总书记关于文化自信和建设中国特色哲学社会科学的讲话精神。

我国老年教育学界要把握好继承性、民族性，深刻领会“越是民族的越是世界的”的理念；把握好主体性、原创性，深刻领会习总书记关于“我们的哲学社会科学有没有特色，归根到底要看有没有主体性、原创性”的意涵；把握好系统性、专业性，深刻领会习总书记关于“理论不彻底，就很难服人”的精神。以此为思想指导，我们要下功夫积极研究和探索老年教育学科的创建，发扬成绩，弥补不足。

第二，着力壮大老年教育学科研究力量。众所周知，老年教育学科建设要有人去实施，老年教育学科研究力量是加快推进老年教育学科建设的关键。对此，可采取如下的举措：一是积极动员专职老年教育工作者，投入研究，成为老年教育学科建设的骨干力量；二是积极吸收相关学科力量参与老年教育学研究，在交叉综合研究中助力老年教育学科建设；三是着力吸纳年轻的老年教育的研究者，要关注掌握在老年教育课题研究中涌现的年轻学者，关注掌握相关专业研究生教育中老年教育研究方向的硕、博士的产生，采取多种举措吸引他们参与老年教育学术活动，成为老年教育学科建设的有生力量。概言之，要汇总多方力量，形成和发展老年教育学科学术共同体。

第三，教育行政部门的行动。通过编制规划、制定政策、加大投入，推进老年教育学科建设，并发动终身教育和老年教育科研院所（中心）、高校终身教育和继续教育机构、终身教育和继续教育研究团体根据各自优势和特点推进老年教育学科建设。

第四，高校、科研机构的行动。高校和研究所是老年教育学科建设的基地和主力，通过科研项目和教学任务带动老年教育学科建设。当前，要增强战略思考，开展老年教育的基础理论研究、政策研究、应用研究。整合校所的教学和科研力量，开设老年教育及其相关专业，并充分发挥现有的成人教育学专业学位点的力量，以解决老年教育的教学和研究队伍。

第五，专业社团的行动。终身教育、老年教育、成人继续教育研究专业社团集聚了一大批学科研究专家学者，是老年教育学科建设的社会推动力。其可发挥组织、纽带、桥梁作用，发动和组织理事、会员参与学科建设，协助行政主管部门为老年教育学科建设贡献力量。

习总书记指出，我们的时代，是一个需要理论而且一定能够产生理论的时代，是一个需要思想而且一定能够产生思想的时代。中国老年教育学界不能辜负这个时代，坚持文化自信的思想定力，敢于和善于创新，加快推进中国特色老年教育学科的建设，为促进老年教育工作科学化、促进老年人的终生而全面发展贡献应有的力量！

主要依据文献

[1]习近平. 在哲学社会科学工作座谈会上的讲话[M]. 北京：人民出版社，2016.

[2]中共中央关于加快构建中国特色哲学社会科学的意见[GB/OL].(2017-05-17)[2019-6-20]. http://www. gov. cn/xinwen/2017—05/16/content_5194467. htm.

[3]中华人民共和国国家质量监督检验检疫总局、中国国家标准化管理委员会. 中华人民共和国国家标准学科分类与代码：GB/ T13745-2009[S]. 北京：中国标准出版社，2009.

主要参考文献

[1]赵银平. 文化自信：习近平提出的时代课题[J]. 理论导报，2016(8)：7-9.

[2]叶忠海. 坚持文化自信和创新推进中国人才学派建设[J]. 人事天地，2016(12).

[3]叶忠海. 老年教育学通论[M]. 上海：同济大学出版社，2014.

[4]叶忠海. 中国当代老年教育发展研究[M]. 上海：华东师范大学出版社，2019.

[5]陈金龙. 学术自信. 构建中国特色哲学社会科学的基础[J]. 中国社会科学，2017(4).

[6]赵红州. 科学能力学引论[M]. 北京：科学出版社，1984.

老年教育学产生的客观必然性和现实基础*

研究老年教育学的产生，是研究老年教育学的前提。它的产生，既有其客观的必然性，又有其现实基础。对此，本文作一具体分析。

一、老年教育学产生的客观必然性

（一）老年教育学产生是应对人口老龄化的迫切需要

所谓人口老龄化，是指总人口中老年人口比重上升的过程。老龄化水平，即老年人口所占总人口的比重。1999年，世界60岁以上老年人口达到了6亿，占总人口的比例首次达到了10%，这意味着世界进入老年型社会。2002年，世界60岁以上老年人口为6.29亿。据预测，2020年老年人口将达10亿，2025年将达到12亿，2050年将达到20亿。到那时，世界60岁以上老年人口的比例将达到20%，老年人口的数量将在人类历史上第一次超过0—14岁人口数。可见，世界人口老龄化快速发展是世界性的发展趋势。

在我国，人口老龄化始于20世纪90年代，将贯穿于21世纪。2012年，老年人口已达1.94亿人，老龄化水平达14.3%。2013年，老年人口达2.02亿人，老龄化水平将达14.8%；到2050年，老年人口将达4.3亿人，届时，平均每三个人中就有一个老年人。可见，中国人口老龄化具有“跑步前进”的特点。其速度超前现代化，“未备先老”和“未富先老”的特征日益凸显。

我们认为，人口老龄化，一方面应该视为社会发展的成就，是社会现代化的一个重要标志，是人口再生产模式从传统型向现代型转变的必然结果；另一

---

* 该文原发表于2014年5月，原系叶忠海主编《老年教育学通论》绪论一部分。

方面应清醒地认识到其将对整个世界经济社会文化发展带来广泛而深远的影响，带来重大挑战，特别在中国“未备先老”“未富先老”的状况下尤为明显。例如，人口老龄化带来人口年龄结构迅速转变，带来了劳动力人口减少，加剧了劳动力价格上升，使我国传统的劳动成本比较优势逐渐损失。又如，人口老龄化带来社会保障、医疗保障、养老金支付等巨大压力，直接关系到人口抚养比的上升，从而导致代际的矛盾不断加剧。

人口是国家的命运。面对上述种种压力，如何加以应对，有效地减轻压力，甚至变压力为动力、变不利为有利呢？有一个战略性应对途径和举措——大力发展老年教育。通过老年教育，对老年人力资源再开发，充分发挥老年人的智慧、专业特长、经验和社会资本，这是积极解决劳动力人口减少而带来的消极影响的有效途径之一。不仅如此，通过老年教育，提高广大老年人的综合素质，正确认识和积极对待老年期所遇到的新问题、新矛盾，正确处理血缘和亲缘、地缘、职缘等方面的人际关系，为社会和谐贡献一分力量。为此，要科学而有效地开展老年教育，就必须研究老年教育。于是，老年教育学随人口老龄化之势应运而生。

（二）老年教育学产生是满足老年人的终生而全面发展的需要

人类文明史表明，人的发展总是沿着一条客观轨迹而展开：由不充分、低级向充分、高级方向发展，由片面向全面方向发展，由依赖向自主方向发展。人的充分、全面而自主发展，是人的本性之一。当人进入到老年阶段，摆脱了职业束缚的局限性，这种本性的需要反映得尤为明显。反映到教育领域内就体现为老年学习者接受教育的终身性、非职业性、丰富性、自主性和个性化的特点。

教育是培养人的社会活动，满足人的学习需求，促进人的全面发展则是教育根本的出发点和落足点。更何况，老年教育实质是老年人的终生发展教育，其目的是为老年人积极老龄化服务，使老年人有尊严、有价值地生活，其内容按老年人需要加以设计，体现无限定性、民主性的特点。可见，老年教育是最能满足老年人学习需求的一种教育形态，是为老年人通向充分、全面而自主发展的桥梁。随着人类文明不断推进，人口老龄化加速发展，老年教育必定日益发展，走向教育舞台中心。老年教育事业的发展，呼唤着老年教育学的产生。

（三）老年教育学产生是老年科学与教育科学发展的内在逻辑

一门学科产生与否，不仅取决于外界有无客观需要，而且还取决于现代科学发展的内在逻辑性。就老年科学而言，随着人口老龄化快速发展，以老龄化现象作为自身研究对象的老年科学，越来越被世界各国所重视，成为国际社会普遍关注的热门学科之一，老年科学成为当采科学，得到了迅速的发展。以老年学为主干的老年科学体系正在形成，老年人口学、老年医学、老年哲学、老年社会学、老年法学、老年心理学等分支学科得到了不同程度的发展。相比之下，老年教育学发展相对迟缓，不能适应老年科学整体发展的需要，不能适应老年事业发展的需要，因此必须顺应老年科学发展之势加以积极发展。

就教育科学而言，作为一门传统科学已有近三百年历史，其研究的广度和深度均有很大的发展。然而，相对于未成年人教育研究而言，成人教育特别是老年成年教育研究，是教育科学研究中的薄弱环节。其中，老年教育研究的力量单薄、研究成果不多。据不完全检索，至 2012 年出版的老年教育学术著作不到 15 部，不能适应教育科学整体发展的需要，不能适应老年教育事业发展的需要，必须要加大老年教育研究的力度。

综上所述，现代科学发展的内在逻辑表明，无论从新兴的老年科学发展来讲，还是从传统的教育科学发展而言，均催生着老年教育学的诞生。

（四）老年教育学产生是由其研究对象的特殊性所规定

科学史表明，一门科学的产生，除上述的因素外，还取决于其内部有无特殊的研究对象，即研究对象的特殊矛盾性。

儿童教育学研究的对象是儿童的教育现象；成人教育学研究的对象是成人的教育现象；老年教育学研究的对象是老年人的教育现象。研究表明，儿童即未成年人与成年人之间，在社会属性、生理心理成熟水平、认知心理特点，以及个性心理意向等基本方面均有一系列明显的差异，因而相对于儿童教育学而言，成人教育学及老年教育学有其研究对象的特殊矛盾性。同时，我们还应认识到，处于老年期的老年人，与处于成年早、中期的成年人之间，在生理、心理、社会性方面又有明显的差异，因而老年人教育现象有其特殊性。这种研究对象的特殊性从根本上规定着老年教育学生成的必要性。

老年教育实践证明，尽管在教育层面上老年教育与成人教育、儿童教育有共性，但是在老年教育层面上，成功的老年教育活动不能用儿童教育学理论，也不能完全用成人教育理论来指导，迫切需要一种反映老年人身心发展规律的老年教育理论加以指导。换句话说，老年教育活动的蓬勃发展强烈地呼唤着老年教育学的问世。

由此可见，老年教育学的产生，是由其研究对象的特殊性所规定，也是老年教育实践深入发展的必然结果。

二、老年教育学产生的现实基础

（一）老年教育实践活动是建立老年教育学的实践基础

老年教育活动的历史可谓源远流长，与人类生存历史相始终。然而大规模、组织化的现代老年教育是在人口老龄化出现后、人口结构发生重大变化的背景下产生的。就国际范围来看，现代老年教育多是在 20 世纪 70 年代后形成发展起来的。其中，具有重要标志意义的法国第一所第三年龄大学创建于 1973 年，并于 1975 年成立了国际第三年龄大学协会（AIUTA）。美国成立“高龄者中心”，为老年人提供学习活动服务。特别在 20 世纪 80 年代后，在终身教育、终身学习、学习社会思潮和国际组织推动下，国际老年教育得到快速发展。仅以英国为例，至 2006 年第三年龄大学建成 614 所，并采用老年学习者自助式的学习形态。

随着终身教育、终身学习思潮的传入，我国于 1983 年成立了国内第一所老年大学，1988 年成立了全国老年大学协会。20 世纪 90 年代，随着人口老龄化的出现，在我国政府高度重视下，老年教育办学系统逐步形成。特别是进入本世纪后，党和国家发出“形成全民学习、终身学习的学习型社会”的号召，《国家中长期教育改革和发展规划纲要（2010—2020 年）》明确提出“发展老年教育”后，我国老年教育又迎来了新高潮。总之，近三十年来我国老年教育积累了丰富而有效的实践经验。

理论来源于实践，几十年国内外丰富而多样的老年教育实践经验，为建立老年教育学打下了扎实的基础。

（二）老年和老年教育研究成果的积累是建立老年教育学的学科基础

早在 1938 年，法国出版了世界上首部关于老年人的调查报告。次年，考德雷（E. V. Cowdry）出版了《老年问题》一书。

二战后，美国社会科学研究协会创办了《老年学》杂志。20 世纪 40 年代，美国出版的大型著作《社会老年学手册》堪称是一部老年学的百科全书。1957 年，法国人口研究所所长皮辙（B. Pichat）代联合国执笔了《人口老龄化及其社会经济后果》一书。该书被认为是最权威、最早一本系统研究世界人口老龄化的著作。1962年，德国教育哲学家兼教育人类学家波尔诺夫发表的《高龄》一文中首次提出“老年教育学”这一概念，视老年期脑力衰退的抗争为“教育之天生使命”。进入20世纪70年代后，美国密歇根大学教授霍华德·麦克拉斯基（H. Y. Meclusky）致力于教育老年学研究，并在博士课程中开设教育老年学的研究课程。1976年1月，《教育老年学》杂志在美国创刊，标志着老年教育研究进入新阶段。在此同时，英国社会学家、英国第三年龄大学创始人之一彼得·拉斯里特（Peter Laslete）出版了《生命新图——第三年龄的出现》一书，提出了第三年龄框架理论，促进了老年教育及其研究的发展。20世纪90年代后，国际第三年龄学习研究会、国际老龄问题研究院等学术组织在研究老年教育方面涌现了一批成果。其中，国际老年教育协会还编辑出版了《教育与老龄化》理论刊物。

在我国，1986年成立了全国老年学会，1988年又成立了全国老年大学协会，推进了老年学和老年教育研究。不仅创办了《老年教育》杂志，且涌现了一批有价值的研究成果。

在老年学方面，代表性著作有《老年学与老龄问题》（熊必俊，郑亚丽，1990）、《社会老年学》（邬沧萍，1999）、《老年学理论与实践》（梅陈玉婵，齐铱等，2004）、《老年学概论》（邬沧萍，姜向群，2006）等；工具书有《新编老年学词典》（李旭初，刘兴策，2009）。在老年教育学方面，代表作有《老年教育与美育》（贾岩，1991）、《老年心理与教育》（王荣刚等，1994）、《老年教育学》（刘书鹤等，1994）、《老年学校教育学》（中国老年大学协会教育研究组，1998）、《老年大学发展研究》（天津老年大学，2002）、《老年教育概论》（陈福星，2004）、《和谐社会与老年教育》（郑令德，高志敏，2007）、《老年教育学》（董之鹰，2009）、《老年教育策论》（施祖美，2011）、《中国老年教育探索与实践》（孙建国等，2011）等。在此值得一提的是，北京东方妇女老年大学在全国妇联主席顾秀莲带领下，2007年向中国成人教育协会申报了“老龄社会与老年教育研究”项目。该项目研究成果是出版了《老龄社会与老年教育导论》《中国老年教育的国际背景研究》《多元化的中国老年教育》《中国老年大学现状与发展趋势研究》《中国老年教育发展战略研究》等系列老年教育著作。

综上可见，国内外一系列老年学和老年教育研究成果的积累是建立老年教育学的学科基础，没有这些研究成果的积累，是不可能一步到位建立老年教育学的。

（三）相关学科研究成果为老年教育学产生提供了科学依据和可借鉴材料

马克思主义哲学与老年教育哲学理论的研究成果是建立老年教育学的哲学基础；成人教育学的研究成果是老年教育学的理论基础；生物老化理论、人生发展心理学（成人晚期部分）的研究成果，是老年教育教学论建设的重要科学依据；社会学与老年社会学的研究成果是建立老年教育学的社会学基础；系统论的研究成果，为老年教育学的建立提供新的科学方法论。值得一提的是，继桑代克之后，一批学习心理学家，如琼斯（Jones）、康拉德（Conrad）、韦克斯勒（Wechsler）、卡特尔（Cattell）、霍恩（Horn）、麦尔斯（Maltz）等人对成人心理过程及其特点、年龄增长与成人智力功能的内在关系等方面的研究成果，以及人本主义心理学家卡尔·罗杰斯（C. R. Rogers）提出的"学生为中心"教学理论的研究成果，均在不同程度上对老年教育学建立提供了丰富的可借鉴的材料和可依照的论据。

此外，中国历史上进步的老年教育与学习思想，给老年教育学产生带来了丰富的养料。

主要参考文献

[1]叶忠海. 成人教育学研究：叶忠海学习与教育文选之三[M]. 上海：同济大学出版社，2011.
[2]顾秀莲. 中国老年教育的国际背景研究[M]. 北京：中国妇女出版社，2009.
[3]李旭初. 新编老年学辞典[M]. 武汉：武汉大学出版社，2009.
[4]黄富顺. 高龄教育学[M]. 台北：五南图书出版公司，2008.

老年教育学研究的对象、内容和方法*

对于老年教育学这门独立的现代科学，我们需对其学科性质、研究对象和内容加以研究，对其研究原则、范式和方法加以阐明。

一、老年教育学的研究对象和特性

（一）老年教育学的研究对象

毛泽东同志在《矛盾论》中指出，科学研究的区分，就是根据科学对象所具有的特殊的矛盾性。因此，对于某一现象所特有的某一种矛盾的研究，就构成某一门学科的对象。老年教育学这门学科同其他各门学科一样，有其独立的研究对象和领域。

老年教育学是老年学与教育学相互交融而产生的一门独立的新兴学科。其既是老年学的分支学科，更是教育学的分支学科。老年教育学，在教育学大系统中属于成人教育学的范畴，是把老年期教育现象的特定矛盾性作为自己的研究对象。它是一门研究老年教育现象，揭示老年教育规律的学科。若从建立学科目的视角而言，老年教育学是一门研究培养老年人生存和发展的智能及其规律，促进老年人积极老龄化，推动老年教育事业可持续发展的学科。

（二）老年教育学的学科特性

老年教育学相对于其他学科而言，更多地体现了如下的特性。

1. 人本性

老年教育是以老年人为对象，老年教育学是研究老年教育现象的特殊矛盾

---

* 该文原发表于2014年5月，原系叶忠海主编《老年教育学通论》绪论一部分。

性。相对于其他教育学科特性来说，人本性尤为突出。老年教育学整个研究过程体现以老年人为本。促进老年人健康老龄化、积极老龄化，始终是老年教育学研究的出发点和落足点。老年教育教学过程，始终以老年人为主体，发挥其在教育教学中的主体作用。特别对高龄老年人教育研究来说，尤应以人文关怀的理念为指导。

2. 复杂性

老年教育现象是一种复杂的社会人文现象，将该现象作为研究对象的老年教育学，复杂性显然是其学科特性。其具体表现为老年个体间差异性大。发展心理学研究表明，随着年龄增长，个体间差异日益明显；特别是进入成年晚期——老年期，个别差异更大。这种差异性与个体健康状况的紧密相关度，要比与年龄增加的相关度大得多。老年教育现象变化快，随机性明显，往往是一种不确定的随机现象。相对于青少年、成人教育而言，老年教育现象涉及的可变因素更多，无论老年主体的内在因素，还是老年所处的外部因素，均是如此。

3. 实践性

老年教育学是一门实践性很强的学科。正如前述，老年教育学研究，其目的是有效地为老年人积极老龄化和为老年教育事业科学发展服务。因此，老年教育学的产生和发展，离不开社会主义现代化建设的实践，离不开老年教育事业创新和发展的实践，也离不开老年人生存和发展的实际。老年教育学的基本理论只有在促进老年人生存和发展、促进老年教育事业科学发展的实践中，才能得到检验、补充、丰富、修正和完善，老年教育学才有存在的价值和发展的可能，才有生命力。

二、老年教育学研究的内容

老年教育学是一门正在形成中的新学科，尚无成熟的理论体系。根据目前我国成人教育学界和老年教育学界的研究，以及本人的研究，老年教育学的研究内容主要有下列的几个方面。

第一，关于老年教育的基本理论研究，包括对老年教育的概念、本质属性、基本特点、中国特色、价值取向、功能作用、结构体系、基本规律等问题研究。

第二，关于老年学习者的研究，包括对老年学习者的社会属性、生理特点、认知水平、人格特征、社会性发展、学习需求意向、群体结构等问题研究。

第三，关于老年教育的实践研究，包括对老年教育的德育论、学习论、教学论、课程论等研究。

第四，关于老年教育的科学管理研究，包括对宏观的老年教育管理、微观的老年教育机构管理，以及老年教育工作者的素质和专业化的研究。

上述四部分研究内容，构成了老年教育学的主要骨架。其中，第一部分是总论，是老年教育的基础理论；第二部分是对象论，即研究老年教育学习者；第三部分是教育实践论，即研究老年教育各部分的实践活动；第四部分是管理论，即研究管理活动及其工作者。他们之间相互联系，整体性地形成了老年教育学的学科体系。

三、老年教育学与相邻学科的关系

老年教育学是一门独立的学科。从它的研究对象和内容来看，它同哲学、社会学、心理学、教育学等学科有着密切联系。在这里，仅就老年教育学与老年学、成人教育学、社区教育学之间的关系分别作概要的阐明。

老年学从总体上研究老年现象，老年教育学则专门深入研究老年教育现象。两者是整体与部分的关系，老年教育学是老年学的分支。老年学的研究成果是老年教育学研究的理论基础，而老年教育学的研究成果又不断丰富充实老年学理论。

成人教育学是研究人生中成人阶段教育现象的一门科学，老年教育学则是研究成人后期阶段——老年成人教育现象的一门科学。很显然，两者不仅是整体与部分的关系，更是母学科与子学科的关系，成人教育学是母学科，老年教育学是成人教育学孕育生成的子学科。成人教育学的研究成果，是老年教育学研究的理论基础，老年教育学的研究成果也同样丰富和充实成人教育学。

社区教育学是专门研究特定社区空间的教育现象，包括该社区空间的老年教育现象，其与老年教育学研究存在交叉部分。老年教育学或社区教育学的研究成果，均可丰富和充实双方的理论体系和基本内容。

四、老年教育学研究的指导原则

（一）坚持理论指导和实证研究相结合的指导原则

理论联系实际是我们党历来提倡和要求的党风、文风和学风，对于老年教育研究尤为重要。具体而言，老年教育研究既要以马克思主义哲学为指导，综合运用系统科学、社会学和老年社会理论、心理学和成人心理理论、教育学和终身教育理论、学习学和终身学习理论，以及公共管理学等研究成果和方法，理性分析老年教育现象；又要深入不同区域、不同类型、不同层次老年人群，开展调查研究，剖析和总结典型案例，在理论和实际紧密结合上，把握老年教育研究。

（二）坚持继承和创新相结合的研究原则

继承和创新是科学研究的一对范畴，反映着科学发展内在的本质联系，是历史与逻辑的统一。从历史角度来看，科学发展总是先经历继承阶段，然后进入创新阶段，在时间上两者具有继承性关系；从逻辑视角来看，继承是创新的基础、条件和准备，创新是继承的目标、超越和升华。在继承基础上加以创新，这是科学发展的基本规律。这对老年教育学研究也不例外。当今老年教育学研究，首先要了解掌握和继承前人关于老年教育的研究成果，并以此为基础加以创新性研究，力求在学科建构、理论体系、基本内容和观点、研究方法等方面有新突破、新进展。

（三）坚持中国特色化和国际化相结合的研究原则

当今世界，全球化趋势正在全方位深入发展。老年教育已成为国际社会教育和社会改革与发展的方向和目标。在这样的背景下，我国当然要跟踪研究和认真吸纳国际社会关于老年教育的先进理念和有效经验，以利于“洋为中用”。然而，作为中国特色的老年教育研究，首先应从中国国情和民情实际出发，植根于我国丰富的老年教育实践和优秀的中华文化土壤之中，从而达到发展中国特色的老年教育学的目标。据此，老年教育研究，要正确处理“国际化”与“中国特色化”关系，在充分吸收国外理论精华和有效经验的同时，更要注重保持自己的理论和实践的特色。

五、老年教育学研究的范式

范式（paradigm）的概念和理论是由美国著名科学哲学家托马斯·库恩（Thomas Kuhn）提出的，1960年后该概念一般指科学领域和知识论行文中的思维方式。在这里，范式指的是科学研究领域内一种公认的模型或模式。

（一）整体研究与专题研究

一方面，基于老年教育现象的高度复杂性，决定了老年教育研究必须开展分解式的专题研究；另一方面，老年教育研究又具有很强的综合性、社会性，更需要进行整体研究。据此，老年教育研究应坚持两者相结合原则。具体来说，从老年教育研究总体要求出发，开展专题研究，把研究引向深入，为整体研究打下坚实的基础，又在专题研究基础上开展综合性的整体研究。整体研究要以专题研究为基础，专题研究又要受整体研究所制约，为整体研究服务。

（二）纵向研究与横向研究

纵向研究是指研究者在较长的时间内，对研究对象的成长和发展过程所做的长时段研究，以求寻找研究对象运行的轨迹和趋势。若我们要了解某个老年学习者积极老龄化过程，则应采用纵向研究。该研究又有两种方式，一是从结果到原因，进行回溯研究；二是追踪研究，从低龄到高龄。

横向研究是指研究者在同一时间内，对不同的研究对象某一问题进行比较研究，以求寻找它们之间的共同点和差异之处。例如，我们在同一时间内，对不同类型老年学习者选择自身的学习需求进行横向比较，分析其异同点。

上述的研究方式各具独特的价值，为了科学而有效地揭示不同类型老年学习者终身发展过程及其特点，就需要纵向与横向两种研究方式的综合运用。

（三）直接研究与间接研究

直接研究是指研究者直接接触研究的对象获取所需信息的方法。比如访谈、观察、问卷调查等。该研究方式可以按研究者的研究目的和意图去获取信息，研究者与研究对象之间能直接进行互动和沟通，从而使收集到的信息更真实、生动、具体，这样有利于更好地揭示老年教育规律。然而直接研究要求研究者有较大的投入，包括时间和精力等。

间接研究是指研究者不直接接触研究的对象获取信息的方法。比如访问第三者、查阅档案资料等。该研究方式显然比较省力也节约成本，然而文本资料是“历史的”“凝固的”，与研究对象现实状况存在时间差，同时访问第三者方式得出的结果容易掺杂第三者的个人情感。因此间接研究的结果有其局限性。

为了科学而有效地研究老年教育学，我们主张直接与间接两种方式结合运用。

（四）定量研究与定性研究、质的研究

科学史表明，定量分析是科学进步的标志。马克思说得好，一种科学只有在成功地运用数学时，才算达到真正完善的地步。社会实践也表明，只有对事物的量做到心中有数，才可能对事物的性质有准确的分析，也才可能较为清楚地进行事物之间的比较。老年教育研究也不例外，特别对老年教育评价更应如此。然而，老年教育毕竟是一种十分复杂的社会人文现象，对这种复杂的社会现象研究，又不能仅作为数学问题来处理。没有科学的定性研究作为先导，没有用科学理论对数据进行科学解释，即使用现代化计算工具作为手段进行定量分析，也不过是一种现代化的数学游戏。据此，作为老年教育的科学研究，其是个定性—定量—定性的研究过程，必须坚持定性和定量相结合的研究原则。

质的研究并不等于定性研究。“质的研究是以研究者本人作为研究工具，在自然情景下采用多种资料收集方法对社会现象进行整体性探究，使用归纳法分析资料和形成理论，通过与研究对象互动对其行为和意义建构获得解释性理解的一种活动。”（陈向明，2000）这一界定明确了下列的问题：就质的研究性质来说，具有解释主义属性；就研究主体来说，是以研究者自身为研究的工具；就研究环境来说，是在自然情景下；就研究方法来说，采用整体研究、归纳分析法；就研究者与被研究者的关系来说，是一种互动的关系。

笔者认为，质的研究具有过程性、情景性和具体性的特点，更能反映客观事物的真实性。然而，若不与定性研究相结合，不以科学理论为指导解释事物现象，往往只停留在归纳总结水平上；若不与定量研究相结合，没有基本数据作背景，其归纳得出的结论往往会以偏概全没有说服力。为了科学而有效地研究老年教育现象，揭示老年教育规律，应注重上述范式的综合性运用。

六、老年教育学研究的方法

研究方法是人们为达到认识客观世界这一基本目的而采用的手段和途径。

学科的研究方法，按其普遍性程度可划分为三个层次，即哲学方法、一般方法、特殊方法。哲学方法是学科研究方法的最高层次，即科学的世界观和方法论。一般方法是指从各类研究方法中概括出来的，具有一定程度的通用方法。特殊方法则是学科研究方法的最低层次，是在前两种方法制约下的具体操作方法。

同理，老年教育学的研究方法也是如此。马克思主义哲学是老年教育学研究的最一般方法，是该学科研究的方法论基础。老年教育学研究的一般方法，常用的有系统研究法、调查统计法、实验法、案例分析法、比较研究法、人文地图法等。

（一）系统研究法

所谓系统研究法，是指把对象放在系统中加以考察的一种方法。具体来说就是，用系统的观点，遵循系统的整体相关性原则，从整体与部分、部分与部分、整体与外部环境之间的相互关系，综合地准确地考察对象，以达到科学地认识对象，最佳化地处理问题的目的。从系统的角度来说，老年教育也是一个系统。相对于整体教育母系统而言，老年教育是个子系统。研究老年教育，既要研究老年教育子系统与教育母系统之间的整体相关，又要研究老年教育子系统与教育其他子系统之间的整体相关，还要研究老年教育子系统与构成其系统的内部诸要素之间的整体相关，从而揭示出老年教育的发展规律，以求得老年教育的发展方向，提出该特定的地域空间老年教育发展的最优目标。

（二）调查统计法

社会调查方法是社会学主要研究方法。它对老年教育学研究同样有效，因为一切结论来自调查的末尾。要深入社会、深入实际进行调查研究，要在对老年教育进行综合和专题调查的基础上，把调查所得的材料进行定性研究和概率统计，从中得出有关的结论。例如，社区老年人素质调查就是其中的一种。它首先依据调查的目的设计出调查征询样本，分寄给有关对象进行回答，然后在调查征询表回收后进行定性和定量相结合的统计研究，最后得出结果。实践证明，要用好调查征询表，首要的问题是调查征询样本要设计得科学。社区老年人素质调查征询表，除了体现时代特征、中国特色、社区特点、老年人素质的特性之外，同时还要体现操作的简易性。就简易性而言，一般调查征询项目不宜太多，目的要明确，针对性要强；不列对方难以回答、捉摸不清、模棱两可的项目；为了方便，应多采用“是/否”式问卷，不采取令对方填写一大堆文字的办法。

（三）实验法

实践是检验真理的唯一标准。教育实验是检验教育理论正确与否的一种重要手段。同理，老年教育的研究也应采用实验法。所谓实验法，是指在特定的地域空间内根据预定的研究目的，有计划地创造一些条件，影响被试对象，考察被试对象的变化是否符合预期设想。为了便于检查实验的结果，一般均进行对比分析，如在社区内选择某一实验小区，进行实验前后的对比；或在社区内选择某一实验小区与另一对比小区，进行相互对比。为了使社区老年教育实验具有科学的价值，并具有推广的意义，应掌握两点：一是实验点（包括实验的范围和对象）的选择应具有代表性，切忌优质化；二是实验选题不宜太大或太小，太大，实验复杂程度增大，不宜控制；太小，实验不能展开，也无推广价值。至于实验选题的确定，一般应视实验的需求和实验人的力量而定。

（四）案例分析法

该研究方法分个体研究和群体研究。个体研究是指对老年学习者的典型剖析，从中考察分析影响其发展的教育因素及其相互关系，以便分析老年学习者发展的规律性。群体研究是指选择某一老年人群为样本，分析影响该群体成长和发展的教育因素及其相互关系，从而揭示老年教育现象中的规律，推进老年教育学的发展。

（五）比较研究法

该研究方法是指选择不同类型不同层次的老年人群，对他们的教育现象及其特点进行比较，从而揭示不同类型不同层次的老年教育现象的形成、分布、发展的状况。

（六）人文地图法

该研究方法是指将所掌握的老年教育及其相关的资料数据绘制成地图，形象地表现一定时期内老年教育资源及其相关要素的空间分布特点，并通过各图组的对比分析，醒目地反映老年教育资源的空间分布变化，以便于综合分析老年教育现象的产生和发展条件，把握其内在规律性。

主要参考文献

[1]叶忠海. 成人教育学研究：叶忠海学习与教育文选之三[M]. 上海：同济大学

出版社,2011.
[2]叶忠海.社区教育学研究:叶忠海学习与教育文选之八[M].上海:同济大学出版社,2011.

老年教育的多学科理论基础*

老年教育的理论依据，是开展老年教育活动的理论基础。只有掌握了老年教育的理论依据，才能更科学而有效地开展老年教育活动。据此，本文从哲学、社会学、心理学、教育学等原理来寻找老年教育的理论依据，并以此作为构建老年教育学的理论支撑。

一、老年教育的哲学基础

（一）社会基本矛盾理论对老年教育宗旨的规定性

历史唯物论告诉我们，生产力和生产关系之间的矛盾、经济基础和上层建筑之间的矛盾是人类社会的基本矛盾。这是因为这两对矛盾存在于一切社会形态之中，贯串于每一个社会形态的始终；这两对矛盾制约和决定着其他社会矛盾；这两对矛盾又是推动社会发展的基本动力，决定着社会发展的必然阶段和客观趋势。从社会主义社会基本矛盾的状况来看，社会主义生产关系和生产力、上层建筑和经济基础之间是既相适应，又相矛盾的。一般说来，相适应的一面是基本的、主要的；不相适应的一面是非基本的、次要的，并可通过社会制度的自我完善求得解决。那么，我国社会主义现阶段的主要矛盾是什么呢？那就是人民日益增长的物质文化需要同落后的社会生产之间的矛盾。这个主要矛盾如何解决好，在这里还需对“人的需要”作一些具体分析。

“需要”是历史唯物主义的重要范畴。它是人的一种欲求状态，是人的“内在必然性”。“人的需要”的实质，是指人对物质生活条件（要素）和精神

---

* 该文原发表于2014年5月，原系叶忠海主编《老年教育学通论》第三章。

生活条件（要素）的依赖关系的反映，是对需要对象的明确指向，并以主观欲望的形式表现出来。相对于动物的需要而言，人的需要不仅具有社会性、积极能动性，而且具有无限发展性、无限丰富性。这正如马克思所说，“人以其需要的无限性和广泛性区别于其他一切动物”①。由此可见，人的需要是个无限丰富和发展的过程。据此，要解决我国现阶段上述的主要矛盾，不断地满足人民群众日益增长的物质文化需要，既要考虑首要的根本对策，还要考虑具体对策。其根本对策——加速发展社会生产力；其具体对策则是多渠道多形式的，其中包括发展老年教育。大力发展老年教育是满足广大老年人群日益增长的精神生活需要的重要途径和手段。老年教育既为满足社区群众精神生活需要而存在，又为满足社区群众不断增长的精神生活需要而发展。所以我们说，从哲学高度上讲，社会基本矛盾理论规定了社区教育的宗旨。

（二）“以人为本”理念对老年教育的指导意义

1. 科学理解“以人为本”理念的深刻内涵

（1）“以人为本”包含着人是发展的根本目的的思想。其回答了为什么要发展、发展为了谁的问题。对此，马克思主义认为，人是世间的最高价值。马克思曾指出：“人就是人的世界。”“人是人的最高本质。”② 在马克思主义看来，未来的新社会是人的社会制约性和社会属人性的统一。一方面，人受其社会性制约，表明人的客观性：另一方面，人的社会性的属人意义，是为了人。未来社会是“以每一个个人的全面而自由发展为基本原则的社会形式”③，人的全面而自由发展则是人类社会历史发展的最终目的。经济发展、政治发展、文化发展、社会发展等出发点和落脚点是人的发展，以人的发展统领各类社会发展。

（2）“以人为本”包含着人是发展的主体和根本动力的思想。其回答了怎样发展、发展依靠谁的问题。对此，历史唯物主义和社会历史进程均表明，人民是历史的创造者，是推动社会发展的主体，是人类发展的根本力量。毫无疑问，人民群众是由每个人构成的，人民群众的作用是构成该群众的每个人作用合力的结果，每个人对这种合力都有其一份作用。不仅如此，在马克思看来，

---

① 马克思，恩格斯：《马克思恩格斯全集》第 49 卷，中共中央马克思恩格斯列宁斯大林著作编译局译，人民出版社，1972，第 130 页。

② 马克思，恩格斯：《马克思恩格斯全集》第 1 卷，中共中央马克思恩格斯列宁斯大林著作编译局译，人民出版社，1972，第 452、461 页。

③ 马克思：《资本论》第一卷，中共中央马克思恩格斯列宁斯大林著作编译局译，人民出版社，2004，第 683 页。

未来社会的历史，是作为主体的个人本质力量的发展史，劳动过程应是表现、确证和发挥个人主体的本质力量的过程。

（3）“以人为本”包含着发展的成果惠及人民的思想。在马克思主义看来，人类社会既有社会物质财富的生产和精神财富的生产，又有人自身的生产。前者的生产目的是为了人，产生的财富应属于人；这样的社会才是合乎人性的社会，未来社会该是这样的社会。

综上所述，“一切为了人民”“一切依靠人民”“一切归人民共享”三者的统一构成了“以人为本”的完整内涵，其对我国老年教育发展具有根本性的指导意义。

2.“以人为本”理念对老年教育的指导价值

（1）发展老年教育，应十分明确“人是目的”的思想。这是发展老年教育的出发点和落足点。尽管人的发展与社会发展是相互决定、互为条件的，然而从归根结底的意义上说，人是最高价值，人的发展是积极的和至高无上的目的。据此，发展老年教育，不仅应以推动社会的科学发展为价值取向，而且应以促进老年人的全面发展为最终价值取向。具体而言，促进老年人的潜能得以充分开发，素质得以整体提升，创造才能得以充分发挥，社会价值得以充分实现，老年人得以自由而全面发展，应作为社会的科学发展的根本取向和最高价值，当然也应成为发展老年教育的最终目的。

（2）发展老年教育，应充分体现“人是主体”的思想。这是发展老年教育的根本动力。具体而言，开展老年教育，既把老年民众作为教育活动的客体，更把老年民众作为教育活动的主体。一方面，要充分肯定老年民众在教育活动中的主体地位，并充分发挥他们的主体性。所谓人的主体性，从根本上说，就是人在同客体的相互作用中所表现出来的能动性、创造性和自主性。这就要求开展老年教育过程中要充分发挥老年民众的能动作用和创造作用，把握教育活动的自主性原则，即体现教育活动的自觉、自愿、自主的特点，老年民众具有学习选择权、教育参与权、管理自主权；另一方面，应尊重老年人作为主体的需要，并以这些需要为出发点来制定老年教育的方针、建立群教育的制度、设计老年教育的内容和方式。概言之，要以老年民众的学习需要，作为老年教育发展的基本依据。从这个意义上说，老年教育应反映对老年民众的服务性。

（3）发展老年教育，应充分体现“人作为尺度”的思想。这是衡量老年教育成效的根本标尺。古希腊智者普罗泰戈拉曾说："人是万物的尺度。"[①] 正如前述，马克思主义也认为：人是最高价值，是一切价值的尺度。这就要求评价老年教育质量和成效，应认真倾听广大老年民众的呼声和意见，应以他们的知晓度、认同度、参与度、满意度作为最基本尺度，并以此作为设计老年教育评价指标体系的根本依据。

（4）发展老年教育，应充分反映"人是过程"的思想。唯物辩证法表明，运动是物质的存在方式，世界万事万物均在不断地运动变化之中；整个世界即为过程的集合体，一切事物都是作为过程出现的，作为具有"两重生命"[②] 的人来说，更是作为过程而存在和发展，人的发展则是阶段性和连续性的统一。这就要求发展老年教育，即要把老年人的全面自由发展作为最高价值追求，又要从社会主义初级阶段的实际出发，根据现实可能努力促进老年人的全面发展。同时，老年教育活动，不仅为老年人某阶段生活需要服务，而且要为老年人终生发展的需要服务，贯穿于老年人生命的全过程、全方位，从而促进老年人的完整自我的实现。

（三）人的全面发展学说对老年教育的指导意义

马克思主义创始人关于人的全面发展学说（以下简称学说），是历史唯物主义的重要组成部分。马克思、恩格斯提出该"学说"，是大工业本性对人的发展规定性的反映，是批判地继承前人有关性格自由全面发展思想的成果。它的形成、发展有一个逐渐完善并深化的过程。

马克思主义创始人在论述人的彻底解放过程中，提出和形成了该"学说"。马克思、恩格斯在《德意志意识形态》一书中，在揭示人的片面发展的社会原因的同时，第一次较为系统地阐述了人的全面发展的含义，指出人的全面发展就是全面发展其才能，全面发展自己的一切能力（其中包括思维能力），没有任何地方和民族的局限性，是个人的独创和自由发展。1847 年，恩格斯在《共产主义原理》一书中又提出，用整个社会力量来共同经营生产和由此而引起生产新发展，需要一种"全新的人"。这种人通晓整个生产系统，能根据社会的需要或他们自己的爱好，轮流从一个生产部门转到另一个生产部门，全面发挥他们各方面的才能。马克思、恩格斯又在考察大工业生产本性过程中，进一步

① 北京大学哲学系、外国哲学史教研室编译：《古希腊罗马哲学》，商务印书馆，1961，第 138 页。

② "两重生命"，指本能生命、自主生命。

论述了生产的发展与分工、阶级以及人的发展的相互关系，从而发展、深化和完善了该“学说”。1867 年，马克思在《资本论》中指出，大工业生产从客观上提出了人的全面发展的必要性和可能性。为了解决这个历史的重要课题，他找到了培养全面发展的人的方法。他说：“未来教育对所有已满一定年龄的儿童来说，就是生产劳动同智育和体育相结合，它不仅是提高社会生产的一种方法，而且是造就全面发展的人的唯一方法。”① 此后，恩格斯在《反杜林论》中又指出，只有彻底改革旧的生产方式，特别是消灭旧的分工，解除资本主义生产桎梏，这个社会才会“造就全面发展的一代生产者”，这些生产者“懂得整个工业生产的科学基础，并且其中每一个人都从头到尾地实际阅历过整整一系列生产部门”②，“生产劳动给每一个人提供全面发展和表现自己全部的即体力和脑力的能力的机会”③。

综上所述，马克思主义创始人所认为的人的全面发展，应是人的“纵向”和“横向”高度统一的发展。在纵向发展上，应是人的一切才能得到自由的充分发展，消灭任何地方和民族的局限性；在横向发展上，应是道德、情操、智力、体力的高度统一。总之，全面发展的新人，需要各方面都有能力，能通晓整个生产系统，懂得整个生产系统的科学基础，把各种社会职能当作互相交替的活动方式。

上述马克思主义创始人所提出的“学说”，其本质在于消灭旧式分工，消灭体力劳动和脑力劳动的分离和对立。它对社会主义国家的老年教育具有重大的指导意义。归纳起来有以下几点。

第一，“学说”指明了社会主义老年教育的长远奋斗目标——培养全面发展的老年人。

第二，“学说”是社会主义老年教育的行动纲领。“学说”是老年教育目的的科学理论基础，它决定着老年教育的目的，既是老年教育活动的出发点，又是其归宿，贯穿于老年教育的全过程。

第三，“学说”为现阶段老年教育的改革指明了方向。21 世纪前 20 年，我国老年教育发展的蓝图和方案，既要立足于当前，从社会主义现代化建设的实

---

① 马克思：《资本论》第一卷，中共中央马克思恩格斯列宁斯大林著作编译局译，人民出版社，2004，第 530 页。

② 恩格斯：《反杜林论》，中共中央马克思恩格斯列宁斯大林著作编译局译，人民出版社，1972，第 292 页。

③ 恩格斯：《反杜林论》，中共中央马克思恩格斯列宁斯大林著作编译局译，人民出版社，1972，第 290 页。

际出发，又要面向未来，朝着培养全面发展的新人这个目标迈进。

（四）生命哲学原理对生命化老年教育的规定性

生命哲学，是阐明生命存在、生命本质、生命意义的完整理论。它是一门建立在生物学、医学和心理学基础之上关于生命科学的学说。德国生命哲学创始人狄尔泰认为，“生命以及生命的体验是对社会——历史世界理解的生生不息永远流动的源泉”，“只有在对生命和社会的反映里，各种人文科学才获得其最高意义”。从生命角度研究人文科学，才使人文科学追寻到其存在和发展的本源。这对社区教育也不例外。

从生命哲学视角来认识老年教育，老年教育即是生命化的老年教育。作为生命化的老年教育，应以生命哲学原理为指导，并将生命哲学理念渗透到老年教育全过程全方位，使老年教育充分体现生命化的特征。归纳起来，至少反映在如下诸点。

第一，老年教育的本源——生命是老年教育之本。这里讲的生命，不仅指属于“物种”规定的“本能生命”，而且指超越并主宰本能生命的属人类的“自主生命”。离开了生命，再发达的老年教育也就失去了价值。老年人的生命，老年人的终生发展，是老年教育存在的根本依据。

第二，老年教育的宗旨——提升老年人的生命质量，促进老年人的生命发展。开展老年教育的目的，在于促进社会可持续发展，提升老年人的素质和生活质量。从生命观视野来看，上述两大目的，最终均是为了提升老年人生命质量，促进老年人生命发展。

第三，老年教育的内容——关注生命，强化生命教育。要在老年民众中开展生命的内涵、价值和意义，尊重、珍惜和保护生命，培育健全而高尚的人性，学会关爱、学会宽容、学会共同生活，防范危机、抗御危机等方面的学习和教育活动。通过学习教育活动，使老年民众确立以生命为本源的价值观；提升生命质量，有尊严地生活，正确认识和对待生命终结；树立人间共生、共进、共荣的共同理念；增强危机意识，培养抗御危机的健康心理，提升应对危机的能力。

第四，老年教育的模式——融入社会生活。生活是生命的表现形式，生命在生活中孕育、延续和发展。作为目的，生活就是生命；作为手段，生活是教育的营养。作为生命化的老年教育，应回归社会生活，实现教育与生活的整合。一则可吸纳丰富的社会生活的教育营养，二则可更有针对性、更有效地提升老年民众生命质量。

（五）质量价值观理论对老年教育评价的指导意义

从哲学高度看，质量观是指一定社会中人们所遵循的一种价值准则。所谓价值准则，即客体对主体需要的满足。教育质量观，既是评价教育所遵循的价值准则，也是一种客体对主体的需要的满足。这对老年教育也不例外。在这里，客体是指老年教育培训机构；主体是指国家、社会、老年学习者等。老年教育质量高低，即是作为客体的老年教育培训机构所提供的教育培训产品和服务，满足作为主体的国家、社会、老年学习者需要的程度。这里所讲的需要，应是多方面的，既有老年教育系统内部的需要，又有老年教育系统外部的需要。老年教育系统内部的需要，又可分为教育“达标”和老年学习者的需要。

由此可见，质量价值观对老年教育质量的评价具有指导意义。它指导我们，分析评价老年教育质量，既要看满足老年教育系统内部需要的程度，包括老年教育培训机构教育目标达成度，即“内适性质量”，以及老年教育活动促进老年学习者个体发展度，即“个适性质量”；又要看满足老年教育系统外部需要的程度，即老年教育培训机构提供的教育培训服务适应社会需求度，即“外适性质量”。据此，老年教育质量应是个适性、内适性、外适性三类质量的整合统一，即是个体发展促进度、教育目标达成度、社会需要适应度的辩证统一。要建立科学的老年教育质量评价指标体系，就应以上述的三类质量的整合统一为依据，与此相应的是其评价主体是多元的。一是老年教育培训机构领导者、老年教育专家、教育行政部门主管等，他们对内适性质量最有发言权；二是人才市场、用人单位、社会团体等，他们对外适性质量最有发言权；三是老年学习者本人，他们对个适性质量最有发言权。总之，对老年教育质量进行价值判断，应是上述三方面的判断意见的总和。在这里，特别要注重老年学习者对教育活动的价值判断。

二、老年教育的社会学基础

（一）人的社会化理论对老年教育目的、内容的规定性

社会是人的社会，人是社会的人。社会的存在和发展，离不开社会的人。要使个体人成为社会的人，就有一个社会化的过程。所谓人的社会化，是指个

体人在一定的社会历史条件下，学习社会智能，接受社会规范，取得社会生活资格，不断适应和促进社会发展的过程。在这里，主要是接受社会规范和行为模式，因而有的学者认为，人的社会化即是一种社会规范在个体中的内化。这种内化活动，是人的终生活动过程。它既有未成年人的社会化，又有成年人的继续社会化和再社会化，当然也包括老年人的继续社会化和再社会化。

未成年人的社会化，主要反映在传授基本生活知识和技能，教导社会规范，指点生活目标，培养社会角色。老年人的继续社会化和再社会化，显然与前者不同。老年人的继续社会化，主要是指老年人要适应并促进变化着的社会环境发展（包括家庭生活环境），以及适应自身社会角色的转换，以满足社会对自身转换后角色的期望。所谓再社会化，是指对那些有越轨行为、危害多数人利益的人一种强制性的教化过程。其重要特点是要改变那些人原有的世界观和行为方式，接受符合大多数人利益的社会规范和行为模式。这种再社会化，与普通老年人的继续社会化有着本质上的差别。

老年教育是人一生最后阶段的教育，是实现老年人的继续社会化的主要途径和手段。为此，老年教育必须以人的社会化理论为依据。

第一，要依据人的社会化目标，进一步明确老年教育基本目的——促进人的社会化。提高人的素质和促进人的社会化，这是一个问题两个不同角度的提法。前者是从教育学角度提出的，后者是从社会学角度提出的。其实质均是人与社会、自然之间保持动态的平衡。

第二，要依据人的社会化对象，进一步明确老年教育对象——全体老年人。既要注重对普通老年人群的老年教育，又要注意对为数不多的越轨行为者、失足者的强制性老年教育。

第三，要依据人的社会化内容，进一步明确老年教育基本内容之一——社会规范。它包括法律规范、道德规范和社会生活规则等。法律规范是最带有强制性的规范；道德规范表现为思想品德、职业道德、社会公德（包括家庭美德）等；社会生活规则反映在社会生活的方方面面所形成的各种规章制度，如交通规则、卫生规则、市民文明守则、单位员工守则、农村乡规民约等之中。

第四，要依据人的社会化作用，进一步明确老年教育功能——社会控制。所谓社会控制，是指通过社会力量使人遵从社会规范，维持社会秩序的过程。在这里，老年教育作为一种社会力量，具有社会控制的功能。事实上，老年教育在促进老年人的继续社会化过程中，同时发挥着社会控制的功能。老年教育这种功能，又是其实现基本目的和其他社会作用的手段和前提。

总之，人的社会化理论，从多方面对老年教育作了规定。对此，老年教育工作者必须掌握它。

（二）老年社会学对老年教育的启示

老年社会学，又称老化社会学，是运用社会学理论和方法，研究老年社会现象，揭示老年人个体和群体与社会各要素之间的关系和互动规律，指导老年人终身发展和老年工作科学发展的一门学科。该学科是在上个世纪 40 年代中期以后兴起的，美国奥托·波拉克于 1948 年出版的《老年的社会调适》一书，被公认为第一部老年社会学调查研究报告。一般认为，老年社会学的理论可从两个层面加以阐述。从微观层面来看，其主要分析个体老化及其适应的过程，主要代表观点有活动理论（Activity Theory）、撤退理论（Disengagement Theory）、角色理论（Role Theory）、连续理论（Continuity Theory）等。从宏观层面来看，其主要研究老年人与社会的关系，主要代表观点有老年次文化理论（Agedsubculture Theory）、年龄阶层化理论（Agestratification Theory）、现代化理论（Modernization Theory）等。

1. 微观层面老年社会学观点对老年教育的启示

活动理论，又称活跃理论，由美国人口社会学家罗伯特·哈维格斯特（R. J. Havighurst）于 1953 年提出的。该理论认为，社会活动是人们生活的基础和核心。每个人都是在社会互动中发现生活的意义，知晓事物的价值，了解自我的社会形象，提高对生活满意程度。老年人为了过好晚年，应积极参与智力、社会活动，以及适当的体力活动，保持较高的社会参与率，用新的角色去取代因退休或丧偶等而失去的角色，以确保其在社会结构中的地位，从而使老年人有着良好的社会适应。尽管活动理论有其局限性，然而对老年教育仍有着一定的启示作用。首先，活动理论为老年教育的开展提供了理论基础；其次，老年教育应引导和帮助老年人积极参与社会和教育活动；最后，老年教育模式应有创新，要注重活动式教学模式。

角色理论，系社会老化理论的一种观点。其是指个体进入老年期后，与社会互动关系发生变化，使得其承担的角色也发生转变，原有的工作角色中断或转换为次一级角色，到了高龄老年阶段，则进入角色撤离阶段。该理论对老年教育具有指导意义。老年教育的重要任务在于引导老年人正确认识和积极对待角色转变，这是个体进入老年期后社会老化的必然反映；引导和帮助老年人角色及期望重新定位，并随着年龄增长，对角色及期望再加以调整，以利于及时适应变化了的内外环境，达到积极老龄化。

连续性理论，系由美国社会学家贝尼斯·钮加天（Bernice Neugarten）与罗伯特·阿奈里（R. C. Atchley）于1976年提出的。该理论偏重发展心理学视角看待老化问题。其主张人类生命周期的每个阶段都有高度的连续性，并且是一个动态的发展历程。其表现为年轻时所形成的个性会一直延续到老年，甚至会更为明显；并认为个体人格的变化则是内外环境互动过程中动态适应的反映。该理论对老年教育启示有两点，一是实施老年教育应是阶段性与连续性的统一，应科学而有效地促进老年人的终身发展；二是老年教育应以连续性理论指导老年人制定终身教育的发展。

2. 宏观层面老年社会学观点对老年教育的启示

老年亚文化群理论，是由美国学者阿诺德·罗斯（Amod Rose）于1956年在其出版的《老年人及其社会环境》一书中首次提出来的观点。该观点认为，由于老年人有着相同的背景、利益、心理倾向和共同语言，再加上社会存在着对老年人的偏见，因而相对与中青年联系而言，老年人之间往往联系较为密切，形成一种隶属于一般文化之中、反映老年人特点的亚文化。正是该文化指导与规范着老年人行为，从而形成老年亚文化群体。老年亚文化群理论对老年教育有着重要的启发价值。一是老年人学习团体本身是老年亚文化群组成部分，应以该理论加以指导与规范。二是老年教育应充分运用老年亚文化群的凝聚作用，发挥老年学习群体在教育教学中的主体性，自我教育、自我管理以取得优化的教育效果。

年龄分层理论，又称年龄阶层理论。该理论是由赖利（M. W. Rile）和福纳（A. Foner）等人提出来的，主张年龄也是社会分层的一种标准，按年龄可把社会成员分为青年人、中年人、老年人等层次。每个层次都有其相应的角色、权利、义务和机会，当社会成员进入某一年龄层时，该层的权利、义务和机会即为其所有。社会就是这样把个体安排在年龄层次的体系之中。尽管该观点用年龄层次的概念来分析老年人的社会地位和人际关系过于简单化，有其局限性，然而对老年教育有着一定的启示作用。老年教育应引导进入老年期的老年人，应自我认同，在此基础上转换角色、重新定位目标、改变行为模式，适应社会对老年人的期望和要求。

老年地位反向理论，主要探讨现代化背景下老年人社会身份地位问题。该理论认为，老年人的身份地位与现代化的科技进步呈反向关系，现代科技越进步，越会降低老年人的社会地位，老年人越可能成为社会边缘人群。该理论被有的学者称为现代化理论。该观点一定程度上反映了当今社会部分老年人社会地位的状况和发展趋势，然而这不是历史的必然。尽管该观点有其局限性，但仍给我们一些启示，一是政府和社会开展老年教育的重要性和必要性，老年人跟不上现代科技的日新月异，成为社会边缘人群，社会就会产生新的二元结构，不利于和谐社会形成和发展。二是老年教育应以此激发老年人参与学习内动力，只有不断地参与学习，才能保持乃至于提升在社会中的地位和价值，不至于被现代社会所淘汰。

3. 合作主义理论对于老年教育推进模式的启示

合作主义（Corporatism）理论又称社团主义、法团主义、统合主义，出现于第二次世界大战期间，是当代政治社会学一个重要的理论。该理论被视为一种国家与社会功能组织间常规性的互动体系的理论升华。合作主义理论关注的核心问题是社会秩序的统一与和谐。其代表人物施密特认为，合作主义作为一种利益代表系统，是一个特指的观念、模式或制度安排类型，它的作用是将公民社会中的组织利益联合到国家的决策结构中。[①] 它既作为一种现实主张，又是一种制度化了的模式。该模式包括政府机构和利益群体之间或明确或含蓄的契约。在契约中既包括这些利益群体应获得的一定的利益，又规定群体成员应遵守的规则和承担的义务。可见，在合作主义理论看来，生活在社会中的个人，是不可能有完全的自由，个人必须受社会制度和规则制约；在个人、社会和国家的关系中，国家处于主导地位，国家和社会以制度引导规范利益群体的行为，以保证社会的统一性。

尽管合作主义理论产生有其历史背景和自身目的，其观点也有局限性，然而对当前我国老年教育推进模式选向有着启示作用，即由政府单力的统包推进模式进一步转向由政府主导下的“多力合一”的合作推进模式，其包括政府主导力、市场调节力、社会参与力、学校教育支撑力、社区自治力和老年民众主体力等。这不仅有利于科学而有效地推进老年教育，而且对和谐社会建设有着积极促进作用。

---

① 参见张静:《法团主义》，中国社会科学出版社，1998，第23页。

三、老年教育的心理学基础

（一）老年教育的身心基础和依据

正如前述，任何教育均受人的身心发展规律所制约，作为老年教育，必然受人的老年期的身心发展规律所制约。人的老年期身心发展规律从根本上规定着老年教育实践活动。

发展心理学研究表明，人进入老年期后，人体的生理机能发生衰老的变化。其反映为感觉器官功能明显减弱，直接影响老年人对客观事物的感知能力；大脑收缩，脑细胞及其树突和突触减少，脑内血流量降低，直接造成细胞之间的联系减弱，导致神经传导速度下降，影响老年人的思维速度和动作反应能力；脑细胞中的脂褐质堆积增加，致使细胞受损和细胞功能减退，甚至导致脑细胞的萎缩和死亡，直接影响老年人的学习能力。

随着上述的生理机能的衰退，老年人的认知能力也发生下降，包括感知力下降、记忆力衰退、思维力和想象力逐渐下降。然而，若一个人在青少年时代受过严格教育，毕业后又有接受继续教育的机会，且能不断地从事创造性脑力劳动，再加上良好的健康状态，那么其认知能力乃至创造能力的衰退是很低的。更何况老年期年龄跨度很大，低中龄老年人的认知能力显然不同于高龄老年人的认知能力。

研究表明，老年期的人格特征可归纳为三种，一是完善感较为突出，以寻求完整的自我克服生命终结绝望感的情绪。二是依赖性逐渐明显，特别到生命晚期在身体和情感上的依赖显得不可避免。三是利他性增长，表现出一种利他倾向和人文关怀的增长。部分老年人通过参加志愿者活动和社区活动，或通过扶持年轻人和帮助他人，能产生一种生命继续富有价值的感觉，并导致自我能力感的产生和自尊性的增强。

基于健康的老年人有着自我完善的人格特征，认知能力和创造能力仍保持一定的水平，尽管他们已离开了原有的工作岗位，然而他们有充裕的时间，可自由选择自己感兴趣的领域加以探索，为社会持续服务。老年人这种社会性发展，往往表现为如下的特点，一是总结性，即指总结一生的丰富知识和经验，写成论著、教科书、回忆录等，传授给年轻一代。二是扶持性，即指扶助支持中青年成长和发展，如担任顾问、导师，继续顾问事业的发展，指导中青年工作。三是咨询性，即指决策咨询服务，如为政府工作和基层服务提供决策咨询服务。四是社会性，即指面向社会服务，如利用声望和一技之长，参与志愿者服务、社区管理和城乡公共治理等。

（二）老年期身心发展规律对老年教育的规定性

1. 对老年教育目标的规定性

根据老年期生理、心理的特点和社会性发展，规定着老年教育目标。一是促进健康。这是指老年人通过老年教育与学习，促进自身的生理健康、心理健康和社会行为健康。正如世界卫生组织对健康概念所界定的那样："健康乃是一种身体上、心理上和社会适应的完好状况，而不只是没有疾病和虚弱现象。"（1989）二是持续服务。这是指老年人通过老年教育与学习，能继续参与社会服务，在服务中老有所为。三是成功老化。这是指老年人通过老年教育与学习，在实现促进健康与持续服务的有机融合中，达到积极老龄化。

2. 对老年教育重点的规定性

根据老年期的生理、心理特点和社会性发展，为实现上述的教育目标，规定着老年教育的重点。一是引导老年人重新定位社会角色、自我期望以及参与模式。二是引导老年人以自我完善应对寂寞感。三是引导老年人以自我超越应对自我关注，克服老年人的消极情绪乃至绝望感。

3. 对老年教育教学内容的规定性

根据老年期的生理、心理特点和社会性发展，以及上述教育目标和重点，规定着老年教育教学内容。一是生命哲学知识（包括生命价值观知识）；二是老年学和老年生理保健知识；三是老年心理学和心理卫生知识；四是持续服务的专业知识和技能；五是积极老龄化案例分析；等等。

4. 对老年教育策略的规定性

根据老年期的生理、心理特点和社会性发展，以及上述的教育目标，规定着老年教育的策略。一是区别对待策略，即指区别老年人的不同情况，实施有针对性的教育策略。根据老年人不同的年龄层次、健康状况、智能基础、兴趣爱好和家庭条件等实际，进行区别对待，力求设计不同的教育教学方案。二是弹性自主策略，即指不给予划一的硬性指标，更多地体现弹性宽松和自主特点的教育策略。三是生命回顾策略，即指引导老年人通过对自己的生命历程和经历事件进行回忆与反思，更好地认识自己的往昔，总结以往经验，进一步体会人生的意义，以达到促进当下积极老龄化的教育策略。四是动态调节策略，即指老年人因为内外环境变化而不断地调节教育教学方案的策略。

四、老年教育的教育学基础

（一）普通教育学理论对老年教育的规定性

1. 教育基本规律理论对老年教育的规定性

教育学基本原理告诉我们，任何教育都受两大基本规律所制约，一是受社会发展基本规律制约。二是受人的身心发展规律制约。对此，老年教育作为教育种概念下的属概念当然也不例外。老年教育要受社会发展规律所制约，社会发展规律和程度直接制约着老年教育的发展。可见，考虑老年教育发展，必须尊重和利用社会发展规律，从社会发展丰裕度、开放度等实际出发。同时，老年教育要受老年人身心发展规律所制约。具体说来，老年教育就要依据老年人的社会属性、心理成熟水平、认知心理特点，以及学习心理意向等因素来开展老年教育活动。这样才能有效地推进老年教育的改革和发展。

2. 教育目的理论对老年教育的规定性

教育学研究表明，教育目的是指对教育预期结果的价值取向，是教育活动的出发点和最终归宿，是制定教育目标，确定教育内容，选择教育方法，评价教育效果的根本依据，对教育实践活动有着根本的导向作用。老年教育作为特定人群的教育活动综合体也是如此。老年教育直接的基本目的是提高老年人素质和生命质量，促进其终生而全面发展；其间接的基本目的是推动社会可持续发展。这应该成为老年教育的目标制定、内容确定、方法选择、效果评价的根本依据。老年教育的目的显然对老年教育活动起着导向作用和评价作用。

（二）终身教育理论对老年教育的规定性

1. 终身教育理论简述

终身教育是指人从出生到死亡的一生的教育，是个人及社会整个教育的统一综合。它包括教育体系的各个阶段和各种形式。其原理之一，强调发展的综合统一性，把各种不同形态的教育训练协调起来，因而其中心问题乃是实现教育一体化，即纵向衔接，横向沟通，纵横整合，整体优化，构成一体化的教育网络体系。关于终身教育的原则，保罗·郎格朗（Paul Lengrand）在 1970 年发表的《终身教育的战略》报告中明确表述如下，第一，要保证教育的连续性，以防止知识过时。第二，要使教育计划和方法同各自社会特有的、独立的目标相适应。第三，要在教育的一切阶段，面向进化、变化和变革的生活，努力培养新人。第四，要解决强加于教育的传统定义与制度的束缚，大规模地配置、利用一切训练手段和信息。第五，要在各种性质的行动（技术的、政治的、工业的、商业的等）和教育目标之间建立密切的联系。此外，终身教育理论还主张教育和生活密切结合，并提出了现代人的生存原则：学会生存，学会关心；在注重个人接受终身教育、发展个人身心的同时，注重个人身心发展与社会进步协调统一，把个人的发展纳入到社会进步中去。

2. 终身教育理论对老年教育规定性的具体体现

老年教育是终身教育的最后阶段，是终身教育体系的重要组成部分，因而终身教育理论所规定的原理和原则同样适用于老年教育，规定着老年教育的育人目标、教育体系、发展模式等。

终身教育理论指出，要努力培养新人。这种新人面向进化和变革的生活，德、智、体、美诸方面和谐发展，个人发展与社会进步相统一。显然，这与马克思主义创始人提出的培养全面发展新人的基本观点是一致的。由此可见，终身教育理论所指出的育人目标，不仅与老年教育基本目的——提高老年人素质和促进老年人终生发展相一致，而且规定了群教育的未来育人目标。老年教育就是要把培养全面发展新人作为长远目标。目前，老年教育应成为老年人通向这个理想高度的金色桥梁。

终身教育的中心问题乃是实现教育一体化，其基本原理强调各级各类教育的综合统一性。这个原理，显然规定着作为特定人群的教育活动综合体——老年教育的体系，应是综合统一的一体化体系。

终身教育原则表明：教育要社会化，要利用一切训练手段和信息解决强加于教育的传统定义与制度的束缚；社会要教育化，要在各种性质的社会行动和教育目标之间建立密切的联系，即把社会各种性质的行动教育化。这就明确规定了老年教育模式应是立足于社会生活，面向社会及老年人群，满足其发展需要的、完全开放的社会化模式。

（三）成人教育学理论对老年教育的规定性

1. 成人教育的基本特征对老年教育的规定性

基于成人教育的宗旨和职责以及对象的广泛性，因而就教育领域而言，开放社会性是成人教育的基本特征。成人教育既向社会开放，为整个社会服务，又依赖于整个社会，深深扎根于社会之中。作为成人教育重要组成部分——老年教育也不例外，开放社会性从根本上规定着老年教育的范围、特点、体系构成和运行机制。老年教育既有自身的办学系统，是教育工作的一部分；又是社会工作的一部分，包含在整个社会之中，应有广泛的社会基础和群众基础。可见，老年教育决不仅是老年学校教育，其体系也决不仅是老年学校系统。老年教育应面向全社会老年人，与老年人社会生活相融合，深深植根于社会之中，依靠全社会力量，为提升老年人生存和发展能力服务。

就教育过程而言，终生性是成人教育的基本特征。相对于普通学校教育来说，接受成人教育是长期的、终生的，与人的生命共始终。基于老年教育是成人教育的最后阶段，终生性体现得更为突出。老年教育处于老年人的教育学习与社会生活的循环往复之中，是两者相融合的过程。据此，终生性从根本上规定着老年教育的实践活动。老年教育不仅为老年人某阶段学习生活服务，而且为老年人终生发展服务。

2. 成人教育的教学理论对老年教育的规定性

基于成人教育受成人身心发展规律所制约，成人学习心理基础从根本上规定着成人教育教学理论模型的独特性。这种独特性格的理论模型，是一种以成人学习者为中心的模型，是强调成人学习者参与教学并成为教学主体的模型，是充分与成人学习者生活和工作情境紧密相结合的模型。概言之，它是“学习者中心”“生活中心”“问题中心”的教学模型。作为成人教育组成部分的老年教育也是如此。该教学理论规定着老年教育的教学活动。一是老年教育的教学，应以老年学习者为中心，以老年学习者的学习需求为导向，依据其学习需求设计教学方案和活动，实施按需施教原则。二是老年教育的教学，应根据老年学习者社会生活中的问题，实施以问题为中心的专题式教学模式。三是在老年教育的教学过程中，应实施参与式教学模式，即由老年学习者参与教学，并成为教学过程的主体，在其中发挥主体作用，满足其参与心理的需要，从而调动其接受认知的积极性，提高教学效果。

主要参考文献

[1]叶忠海. 人才教育学[M]. 石家庄：河北人民出版社，1986.

[2]李青. 科学发展观视域中的“以人为本”[M]. 北京：时事出版社，2009.

[3]邬沧萍. 社会老年学[M]. 北京：中国人民大学出版社，1999.

[4]梁丽萍. 政治社会学[M]. 北京：中央编译出版社，2009.

[5]费尔德曼. 发展心理学:人的毕生发展:第 4 版[M]. 苏彦捷,译. 北京:世界图书出版公司,2007.
[6]夏埃,威里斯. 成人发展与老龄化:第 5 版[M]. 乐国安,译. 上海:华东师范大学出版社,2003.
[7]郎格朗. 终身教育引论[M]. 周南照,陈树清,译. 北京:中国对外翻译出版公司,1985.
[8]叶忠海. 成人教育学研究:叶忠海学习与教育文选之三[M]. 上海:同济大学出版社,2011.

老年教育的涵义、性质和社会属性*

老年教育学是以老年教育现象作为研究对象的一门科学。对老年教育基本涵义及其基本特征的研究，是研究该学科的逻辑起点。老年教育的社会属性既是老年教育学的基本理论问题，又是制定老年教育政策的理论依据。本文就上述三个基本问题加以阐述。

一、老年教育的基本涵义

（一）国外对老年教育内涵的认识

国外老年教育又称为第三年龄教育、高龄教育、长者教育、银发族教育等。国际社会特别在发达国家，随着对老年群体由认为是弱势、被救济的社会边缘群体转向认为是自由、睿智、具有独特作用的社会活跃群体的转变后，对老年教育看法也发生根本性的转变，由救济观、福利观转向教育观，即从带有救济福利性质的老年教育转向文化教育性质的老年教育。换句话说，老年教育从源于社会救济福利的一部分而存在，发展到脱胎于社会救济福利事业，成为独立的老年教育事业。基于上述的发展过程，国外对老年教育内涵的认识，有如下的看法。

第一，老年教育是养老教育。持这种观点者认为，为了解决老年人贫困问题，老年教育其实是对即将退休或已退休的人员所进行的养老教育。

第二，老年教育是休闲教育。持这种观点者认为，为了解决老年人退休后时间空闲，老年教育被视为减轻边缘化、孤独感，对退休人员所进行的丰富生

---

* 该文原发表于2014年5月，原系叶忠海主编《老年教育学通论》第四章第一节。

活的休闲教育。

第三，老年教育是潜能开发教育。持这种观点者认为，老年人是丰富的社会资源，老年教育不仅作为老年人获得丰富和富有意义的生活途径之一，而且作为帮助老年人发挥其潜力，使之成为改善社会的一种手段。其代表人物是美国密西根大学麦克拉斯基教授。

第四，老年教育是参与适应教育。持这种观点者认为，老年人有参与社会发展的权利，必须充分参与发展进程，享有发展进程的成果，老年教育被视为保障老年人接触、参与社会，适应技术和社会变革的教育活动。

上述的第一、二种认识，一般认为是国外早期对老年教育内涵的认识；第三、四种认识，一般认为是20世纪70年代后特别是2002年联合国第二次老龄问题世界大会后的认识，也是目前国际社会对老年教育内涵的主流认识。

（二）国内对老年教育内涵的理解

在我国，老年教育被认为是以老年人为对象而实施的教育。

《新编老年学词典》（李旭初等，2009），将老年教育表述为“由教育者按照一定的社会要求，向老年人施加有目的、有计划、有组织的影响，以使他们的身心发生预期变化的活动”。

以我国老年大学协会为代表，认为我国老年教育的主体理念是健康教育、适应教育、参与教育、快乐文化生活教育，并提出了老年教育应以增长知识、丰富生活、陶冶情操、促进健康、服务社会作为办学宗旨。

台湾地区学者将老年教育称为高龄教育，系指为年满55岁以上的人提供有计划、有目的、有组织的学习活动，其目的在于知能的增进，情意与态度的改变，以达成自我的实现。（黄富顺，2008）

综上所述，我国成人教育学界和老年教育界一般认为，老年教育是成人教育的组成部分，终身教育体系的最后阶段，也是老龄文化事业的组成部分，又是一项社会公益事业。

（三）笔者对老年教育内涵的认知

成人发展心理学表明，老年期是成人发展的第三阶段；老年教育即为成人教育第三阶段教育。或者说，老年教育是从成人教育母体中发育而独立自成体系的教育。可见，对老年教育内涵的认知离不开对成人教育内涵的认识。

1995年，笔者曾在《成人教育与职业教育关系研究》一文中给成人教育作了下列的表述：

> 按人和社会全面发展的需要，有目的、有组织为所属社会承认的成人一生任何阶段所提供的非传统的、具有自身特色的教育活动。它是终身教育中成人阶段一切教育的总和（综合体），是与未成年人全日制学校教育相对称的一种独立的教育体系。

据此，老年教育可作这样的表述："按老年人和社会发展的需要，有目的、有组织为所属社会承认的老年人所提供的非传统的、具有老年特色的终身教育活动。"它是终身教育体系中老年阶段一切教育的总和，是终身教育中的最后阶段。该表述突出了下列三点。

第一，明确了老年教育的双重目的，即老年人终身发展和社会和谐发展。

第二，明确了老年教育的性质，即"终身性"的教育活动。

第三，明确了老年教育的特点，即非传统的、具有老年特色。

若突出老年教育目的的话，还可对老年教育作下列的简要表述："老年教育是促进老年人积极老龄化，提高其生命质量，并推进社会和谐发展的终身教育活动过程。"

所谓积极老龄化，是指人到老年时为了提高生命质量，使其机体、社会、心理方面保持良好的状态尽可能发挥更大效益的过程。该概念，较健康老龄化内涵更为丰富而广泛。其建立在《联合国老年人原则》所强调的老年人独立、参与、照料、自我实现和尊严五原则的基础上，由世界卫生组织于 20 世纪 90 年代后期采用，并于 2001 年以《健康与老龄化》为题，向联合国第二次世界老龄大会提出的一个书面建议。大会确认了这一概念，将其内涵写进了大会的《政治宣言》。

二、老年教育的基本特征

既然老年教育是成人发展第三阶段教育，因而其与成人教育有着天然的联系，并且相对于未成年人教育而言，具有共同的特性：教育领域的社会开放性、教育过程的终身性、教育内容的丰富性、教育组织方式的灵活多样性，等等。

在这里，我们在认识到老年教育与成人教育间共性的同时，作为独立的一门学科，更重要的是分析老年教育区别于成人教育的基本特征。

第一，教育对象：老龄性。成人教育的对象范围甚广，包括成年早期、中期、后期（晚期）所有的成年人，而老年教育的对象局限在老年人的范围，即以 60 岁以上老年人作为受教育的对象。

第二，教育宗旨：促进积极老龄化。即老年教育以使老年人在健康、参与、保障的机会等方面尽可能发挥更大效益为其办学目的，从而提高老年人的生命质量和健康的预期寿命。

第三，教育过程：学、乐、为结合整体化。即把老年人接受教育过程作为其学习、快乐、作为的有机整体过程。这显然区别于成人教育培训的过程，强调工学结合的整体性。

第四，教育原则：弹性和自愿性。基于老年人的社会角色和身心特点，老年教育将弹性和自愿性作为自己所遵循的准则。所谓弹性，指的是老年教育不规定划一的硬性指标，更多地体现出宽松的特点。其包括学习规划、学习进度、选读课目、学习方式等方面的弹性。所谓自愿性，指的是老年教育应建立在老年人自觉自愿基础之上，更多地体现为启发引导和尊重商量，切不可强行行事。

第五，教育模式：教与养结合一体化。正如前述，老年教育与成人教育的组织形式均具有灵活多样性，然而老年教育模式中还有其特殊性，即将教育与养生、养老结合成为有机整体，包括其途径、方式、方法等。

三、老年教育的社会属性

（一）人的终生发展属性

人类文明史表明，人的发展总是沿着一条客观轨迹而展开：由不充分、低级向充分、高级方向发展，由片面向全面方向发展，由依赖向自主方向发展。人的充分、全面而自主的发展，是人的本性之一，也是人类社会的最高目标。随着社会生产力的不断发展，人们生活水平的不断提高，人的这种本性反映日益明显，特别在老年阶段反映得尤为突出。其反映在教育活动领域内，就体现为人特别是老年人接受教育的终身性、非职业性、丰富性和个性化的特点。可见，老年教育的产生和发展是人的终生发展的内在要求。换句话说，人的终生发展是老年教育产生和发展的强有力的内在动力。老年教育与人的一生共始终，是个体人通向充分、自由而全面发展的桥梁，可使老年人与自然、社会保持和谐的协调发展。据此，老年教育具有人本属性，即人的终生发展属性。其实质是老年人终身发展教育。

（二）社会公益属性

首先，从老年教育产生背景和发展条件来看。西方发达国家早期老年教育均是在社会福利的大背景下产生的，从社会老年救济和福利事业中脱胎出来的。以后，老年教育得以发展，其中一个基本条件也是将老年教育纳入社会公共保障事业，由国家投资，纳入政府财政预算，或来自社会慈善彩票事业的捐赠。前一种情况，即为政府投资型模式，以法国、瑞典、日本和西班牙为代表，如法国老年大学是该国老年人福利内容的重要组成部分。后一种情况，即自治自助型模式，以英国、澳大利亚为代表，如英国第三年龄大学的经费来自社会和私人多方面的捐赠。可见，国外老年大学产生和发展历程，充分反映出老年教育的社会公益性。

其次，从政策法规规定来看。综观世界老年教育史，大凡发展老年教育的国家和地区，均制定了关于老年教育的政策法规，以从制度法制上保障老年教育发展。这些政策法规一个共同的特点，即规定了老年教育的社会公益性质。如美国自 1961 年开始制定了有关老年教育政策。1965 年颁布了《老人法》。该法明确规定每个州政府要为老年人提供资源和服务，其中，中老年教育占很大的比例。纽约州立法机构还通过一项法律，为所有老年公民免费提供学习机会。以我国而言，根据《宪法》于 1996 年颁布了《中华人民共和国老年人权益保障法》。该法明确规定，国家和社会应当采取措施，健全对老年人的社会保障制度，实现老有所养、老有所医、老有所为、老有所学、老有所乐。并规定“保障老年人合法权益是全社会的共同责任”。还把“发展老年教育”放在社会保障范围内。可见，在我国老年教育也被纳入老年人社会保障制度，具有社会公益性。

最后，从国际社会共识来看。从 1982 年联合国召开第一次世界老龄问题大会通过的《维也纳老龄问题国际行动计划》，到 2002 年联合国第二次老龄问题世界大会通过的《马德里老龄问题国际行动计划》，均体现了老年教育的社会公益属性。特别是第二次行动计划明确指出，国家和社会要为老年人提供机会、方案和支持，鼓励老年人参与或继续参与文化、经济、政治、社会生活和终身学习。

（三）上层建筑属性

唯物史观表明，教育的性质为政治、经济所决定，并随政治、经济变革而变革。任何历史时代的文化教育总是从属于该时代的政治经济，并受其制约和为其服务。具体而言，政治和经济决定着教育的性质，表现为教育的领导权和受教育权、教育的目的方针政策、教学中某些内容以及教学中的思想政治方向。可见，教育具有上层建筑的社会属性。

老年教育属于教育范畴，尽管其具有普惠成分，人本性和社会公益性，然而其性质仍然受一定的社会政治和经济所决定、所制约，体现其政治方向性。就我国而言，老年教育的政治方向性表现为以下几点。一是为建设社会主义文明和谐社会服务，为社会主义现代化建设服务；二是把提升老年人道德价值放在首位，强化老年人的爱国主义精神，中华民族的自尊心和自信心，实现中华民族伟大复兴的历史使命感；三是切实把社会主义核心价值体系融入老年教育全过程。尽管老年教育具有上层建筑的社会属性，但它毕竟是一种终身教育实践活动，受其自身的规律性所制约，因而老年教育不能等同于上层建筑。

当然，对低龄老年人（60—70 岁）教育，其中具有老年人力资源再开发的重任。这种教育还有着挖掘生产力的社会属性，然而其毕竟不是整个老年教育的主要部分和主要社会属性。

主要参考文献

[1]叶忠海.成人教育学研究:叶忠海学习与教育文选之三[M].上海:同济大学出版社,2011.
[2]李旭初.新编老年学词典[M].湖北:武汉大学出版社,2009.
[3]顾秀莲.中国老年教育的国际背景研究[M].北京:中国妇女出版社,2009.
[4]黄富顺.高龄教育学[M].台北:五南图书出版公司,2008.

老年教育的目的和功能*

老年教育的目的和功能，既是老年教育学基本理论重要组成部分，又是研究老年教育实践活动的重要理论依据。本文仅就此两大问题加以具体分析。

一、老年教育的基本目的

（一）教育目的的概述

教育的目的，是指对教育预期结果的价值取向，是教育的出发点和最终归宿，也是制定教育目标、确定教育内容、选择教育方法、评价教育效果的根本依据。可以说，教育目的从根本上规定着教育活动，是教育的各育研究的总纲和基础。

教育作为培育人的社会活动，其植根于一定的时空背景之中，是一定的时空条件的产物。从时间角度来讲，一定历史时期教育的目的，是该时期社会和人的发展对教育客观要求的突出集中反映，其是历史地发生变化的。从空间角度来看，不同国家和地区教育的目的具有空间分异性，有该区域教育目的的特点。这是地域间社会和自然的空间系统不平衡的反映，其中政府行为的选择导向性起着重要的作用。尽管教育目的的具体提法随时空条件的变化而动态地发生变化，然而归纳起来，教育预期结果的价值取向为两个方面：一是以推进社会可持续发展为价值取向；二是以促进人的自由而全面发展为最终价值取向。老年教育作为教育的分支系统，上述的教育目的理论同样适用于老年教育。

---

* 该文原发表于2014年5月，原系叶忠海主编《老年教育学通论》第四章第三节。

（二）老年教育的两大基本目的

1. 促进老年人终生而全面发展

正如前述，人的全面发展的问题，马克思主义创始人曾作过系统而深入的论述，创立了人的全面发展学说。马克思主义创始人认为，人的全面发展是人的“纵向”和“横向”高度统一的发展。一般认为，人的全面发展则是人的德（品德）、识（见识）、才（才能）、学（知识）、体（体质）、美（审美观）等方面充分而全面发展。在当今时代，全球化趋势正在全方位深入发展，不只是经济发展全球化，更为重要的是“共存共荣”的价值观念在世界上逐步被认同和接受，人类从来也没有像今天这样理性而较为深刻地意识到地球是作为家园的唯一选择。基于这样的思考，我国应培养兼备“国家公民”和“世界公民”基本素质的全面发展的新型中国公民。

从“国家公民”层面而言，中国公民应具下列素质：增强中华民族的自豪感，增强参与社会主义现代化建设，促进中华民族伟大复兴的历史使命感；具有“三个面向”的创新意识和改革创新为核心的时代精神；形成与社会主义市场经济体制和全国文明行动目标相适应的道德结构和行为规范，建立和谐的人际关系；树立以能力为本的观念，具有适应社会变革发展的知识和能力，特别是跨文化沟通能力、信息接收和处理能力；具备健康的体质和良好的心理状态，具有自我保健和心理调适能力。

从“世界公民”层面而言，中国公民应具备的基本素质：要放眼地球，具有全球意识；要保护地球，为人类共同命运着想，负责任地工作和生活；要热爱和平，尊重生命，确立以生命为本源的价值观；具有博爱精神，树立“共存共荣”的理念等。作为“世界公民”的中国人，应在“和谐哲学”指导下建立起作为“地球公民”的新道德观，并体现在日常工作和生活之中。

老年期是人的一生后期阶段，老年教育是人的一生教育的最后阶段。一般来说，老年人具有较为突出的完善感。人进入老年，摆脱了原来的岗位，有了追求自由选择和探索的机会和条件，于是产生了可凭借一生积累的知识和智慧来完善自己的愿望。针对老年人完善自我的需求，老年教育应理所当然地为满足老年人这种需求服务。根据当今时代的全面发展的公民素质要求，针对老年人身心发展的特点，老年教育通过促进老年人积极老龄化，从而促进老年人终生而全面发展。

2. 促进社会可持续发展

《中国21世纪议程》认为，可持续发展，即“努力寻求一条人口、经济、社会、环境和资源相互协调的，既能满足当代人的需求，而又不对满足后代人需求的能力构成危害的（可持续发展的）道路”。从空间角度上说，可持续发展是一个集人口、经济、社会、环境、资源“五位一体”的协调发展的更为综合的战略；从时间角度而言，可持续发展既考虑当前发展的需要，又考虑未来发展的需要，整个发展不以牺牲后代人的利益为代价。可见，社会可持续发展是指在特定的区域范围内，经济、人文、社会、自然环境等诸要素的整体协调发展。它是一种人与自然和谐共存，人与社会共同发展的新型发展战略。该战略所追求的是环境效益、社会效益、经济效益三者的统一。

研究表明，老年教育对社会可持续发展具有积极的推进作用。一是，老年教育通过提高老年人的素质，来推进社会可持续发展。唯物史观告诉我们，人对环境既有依存性一面，又有促进性一面。人是社会发展诸因素中唯一能起到主导性作用的因素。其中老年人特别是老年人才在社会发展中又起着中、青年起不到的作用。而人的主导作用大小又取决于人的素质高低，要提高人的素质，必须依靠教育。同理，提高老年人的素质，有赖于老年教育。具体来说，通过老年教育增强老年人的参与意识和社会责任感，提升老年人为社会可持续发展服务的能力，来推进社会可持续发展。二是，老年教育通过整合老年人认同感，来推进社会可持续发展。人类社会发展史表明，任何一个社会发展均需要对社会各因素进行整合，这对社会可持续发展也不例外。一般而言，社会整合，包括制度性整合、功能性整合、认同性整合等。其中认同性整合是首要的，是其他社会整合的心理基础。基于老年人是社会的长者，成熟是老年人的典型特征，又基于尊老是社会传统文化，因而在社会发展的认同性整合中，老年人在其中起着举足轻重的关键作用。而老年人有效的认同性整合，也有赖于老年教育。可见，老年教育可以以此来推进社会可持续发展。三是，老年教育本身就是社会可持续发展的内涵和标志。

二、老年教育的功能分析

（一）老年教育功能的意义和分类

老年教育的功能，关系到老年教育作用和价值。对其认识的高度，直接关系到老年教育在社会和教育发展中应有的地位，因而直接关系到对其重视的程度和实施的力度。作为教育的分支，老年教育具有与其他类型教育相通的功能，然而在各种功能的内涵、重点、效果等方面，又具有区别于其他类型教育的特殊之处。

关于教育功能的分类，我国教育学界从不同的视角对其加以划分，大致有如下的几种。

第一，从作用对象看，可分为育人功能（主体功能）和社会功能（工具功能）。

第二，从作用层次看，可多为基本功能和派生功能。

第三，从作用性质看，可分为预期功能和实际功能。

第四，从作用效果看，可分为正向功能和负向功能。

第五，从作用表现形式看，可分为显性功能和隐性功能。

第六，从作用时间看，可分为传统功能、现实功能和未来功能。

笔者曾于 1996 年从系统论的角度探讨过系统的功能的问题，又曾于 2000 年运用系统论探讨过社区教育功能的分类。在这里也可运用系统论探讨老年教育功能的分类。从系统论角度来看，功能是系统所具有的作用能力、行为和功效。一般说来，系统的功能可分为外部功能和内部功能两大类。所谓外部功能，指系统整体对其外部系统（环境）的作用能力、行为和功效；所谓内部系统，指系统整体对其内部系统诸要素的作用能力、行为和功效。

同理，教育也是系统。其外部功能即指教育系统整体对其外部环境的作用和功效，具体反映为对社会的经济、政治、文化等环境的作用和功效，分别简称为教育的经济功能、政治功能、文化功能等。教育的内部功能，指教育系统整体对其内部诸要素的作用和功能，主要反映为对教育对象的成长和发展所发挥的作用和功效，即教育促进人的发展的功能。

由上述可知，教育的内部功能，其基本内涵与育人的基本功能相一致；教育的外部功能，其基本内涵与社会的派生功能相一致。教育通过其内部的基本功能——育人功能，派生出外部的社会功能。老年教育作为教育系统的分系统，其功能也不例外。在这里，我们就着重分析老年教育的内部基本功能，即育人功能，以及老年教育的外部派生功能，即社会功能，以此与老年教育两大基本目的相呼应。

(二) 老年教育的育人功能

老年教育的育人功能，可从两个维度加以分析。横向维度：促进老年人全面发展的育人功能。其包括保健养生教育，促进老年人健康长寿；专（职）业智能教育，增长知识、更新和调节智能；文化修养教育，陶冶情操、完善人格；休闲教育，丰富生活、享受快乐。纵向维度：促进老年人终生发展的育人功能。不同年龄层次的老年人的生理特点、认知水平、人格特征以及社会性发展是不尽相同的，因而他们的学习需求也是有差异的。据此，我们可把老年期教育分为四个阶段。

第一阶段：准老年期的预备性教育。一般认为 55—60 岁为人的准老年期。进入该时期的准老年人，由于离退休年限不远了，往往易产生各种消极心态，如消沉心态、等待心态等，甚至于发生不应有现象，如“59 岁现象”。不仅如此，若退休前心理准备不足，当退休后，又会产生所谓的“退休综合征”。可见，开展准老年期预备教育很有必要。该教育主要目的是引导准老年人正确认识和对待退休问题，作好退休前认知、态度、规划等各种准备，以积极心态迎接退休期到来。

第二阶段：低龄老年期的角色转变和潜能开发教育。笔者认为，60—70 岁为低龄老年期。该时期是人一生重要的转折期。人进入 60 岁后，生理、心理和社会角色等方面均处于急剧变化的状态。其表现为人体的生理机能发生衰老的变化，认知能力也逐步下降；社会角色由在编人员转变为编外人员，随之而来的是人们对老年人角色期望也发生变化。若老年人不能正视这些明显变化，及时转变社会角色，以原来角色的思维和行为惯性行事，会产生下列结果，一则不受人们的欢迎，二则本人也会带来困境和失落感，甚至会产生“退休综合征”。可见，对于处于转折期，主要是 60—65 岁老年人开展角色转变教育很有必要。该教育目的就是引导转折期老年人重新定位社会角色和自我期望，重新选择和设计老年期人生，调整自我心态，以适应变化了的社会生活环境。

正如前述，成熟是老年人典型特征，老年人在社会发展中有着不可取代的社会价值。这正如第二次联合国世界老龄问题大会发布的《政治宣言》中指出“老年人的潜力是未来发展的强有力的基础”。可见，该时期老年教育，不仅是角色转变教育，并在此基础上，对老年人实施潜能开发教育，即对老年资源再一次开发。该教育目的在于提升老年人生存和发展能力，从而使他们老有所为，继续在自主选择的方向和岗位上服务，达到继续发展自己，又继续为促进社会发展服务。

第三阶段：中龄老年期的持续发展教育。笔者认为，70—80 岁为中龄老年期。该时期老年人生理机能衰老较为明显，认知能力特别是其中的记忆能力下降明显；部分老年人，主要是较高层次老年人又面临“第二次退休”。针对该时期老年人的身心特点和社会性发展状况，开展中龄老年期的持续发展教育很有必要。该教育目的是引导该时期老年人根据自己的健康状况、兴趣爱好和专业特长，调整老有所为的途径、方式和方法，做到量力而行，持续服务，从而达到促进健康与持续发展的有机统一。

第四阶段：高龄老年期的自我保护和超越教育。笔者认为，80 岁以上为高龄老年期。一般认为，该时期老年人生理机能明显衰老，记忆力衰退，其中部分老年人患失忆症、老年痴呆症，生活不能自理；并因亲人离去而产生寂寞感、孤独感，甚至少数老年人面对生命终结而产生绝望感。可见，在高龄老年人群中开展自我保护和超越教育很有必要。其教育目的有两条。一则，引导高龄老年人善于自我保护。根据高龄老年生理心理特点，以及自身的身心状况，科学有价值的生活，以求自我完善和健康长寿。二则，引导高龄老年人以自我超越应对自我关注。以健康的人生哲学观和价值观，引导高龄老年人再探索和再认知生命意义和最终目的，整合自己一生有价值的东西，并将其作为超越自我存在而继续延续下去，以达到埃里克森在人格发展阶段理论中所概括的那样，“我是我死后还能留下来的东西”，以超越自我积极坦然的姿态面对生命终结。

（三）老年教育的社会功能

老年教育的经济建设功能：促进社会经济实力的增长，经济发展方式的转型。第二次联合国世界老龄问题大会《政治宣言》确认“老年人是资源”，并指出“老年人的潜力是未来发展的强有力的基础”。老年人具有丰富的智慧、经验和技能，老年人力资源有着不可取代的经济社会价值。研究表明，人才是生产力发展中最活跃、具有决定性意义的要素，在经济活动中唯一具有创造性，起主导作用的因素。通过老年教育对老年人力资源的潜力开发，将老年人力资源转化发展为人才资源，由低层次人才资源转化发展为高层次人才资源，能促进社会经济实力的增长，有利于经济发展方式的转型。

老年教育的政治建设功能：促进民主法制政治的推进。成熟，是老年人的典型写照；智慧，是老年人的典型特征。老年人是社会发展的一支重要力量，特别是其中的老年人才在社会发展中起着掌舵、压阵、调节、扶持、指导等作用。通过老年教育，增强老年人参与意识，提高老年人参与能力与水平，带动年轻一代把握参与的正确方向和态度，显然有利于整个社会民主、法制政治的推进。

老年教育的文化建设功能：促进民众的精神家园的建设。这是全面建成小康社会，实现中华民族伟大复兴的必要条件，也是满足社会民众日益增长的精神生活的需要。何况老年教育本身是社会文化的重要组成部分，具有上层建筑社会属性；老年人在人文社会领域创作有其明显优势，表现出终生观察与智慧的融合。因此老年教育理所当然应为民众精神家园建设服务。一则，通过提升老年人的综合素质和文化素养，传承和发扬中华民族优秀文化，营造终身学习和创新文化。二则，通过老年教育的学术活动和成果、教材、作品和教学实践活动等促进精神家园的建设。

老年教育的社会建设功能：促进和谐社会的形成和发展。正如前述，老年人是社会的长者，智慧的代表，在一个具有悠久历史的尊老敬老传统美德的社会里，老年人言行对社会稳定和谐有很大作用，是其他年龄群体无法比拟和替代的。可见老年教育通过提高老年人的综合素质，发挥老年人优良品行的示范效应和人际关系的协调作用，能促进和谐社会的形成和发展。老年人潜能开发后，不仅提高了生存和发展的能力，继续为社会服务，减轻劳动力人口承担社会保障的负担，从而缓和在社会保障问题上代际的矛盾。

老年教育的生态文明建设功能：促进环境生态保护，形成人与自然的和谐发展。生态文明，包含生态意识文明、生态制度文明、生态行为文明。基于上述的理由，老年人是社会生态文明建设中一支不可取代的重要力量。通过老年教育，老年人树立了生态文明意识、具备了生态文明知识和能力、改善了生态文明行为、提升了生态文明素养，是社会生态文明改善和提高的力量源泉，以利于形成人与自然的和谐发展新格局。

主要参考文献

[1]叶忠海. 人才教育学[M]. 石家庄：河北人民出版社，1986.

[2]叶忠海. 社区教育学基础[M]. 上海：上海大学出版社，2000.

[3]叶忠海. 老年教育基本理论问题[J]. 现代远程教育研究，2013(6)：11-26，23.

老年教育的体系*

研究老年教育体系，既是研究老年教育学的基本问题，又是老年教育研究的重要组成部分。本文以系统论为指导，对老年教育体系及其特色、构成、整体优化，以及与相关教育体系的关系等问题分别作了阐述。

一、系统论和老年教育体系涵义

（一）系统论简述

1. 系统论的内涵和特征

随着现代科技的发展，人们对客观世界的研究已从单值的考察发展到多值的研究。从对单目标函数的考察发展到对整体结构的研究。用系统论的观点考察问题，已日益成为现代思维的常用方法。研究成人教育体系，显然应运用系统论方法。

系统论是研究一切系统的模式、原理和规律的科学，是本世纪中叶形成和发展起来的一门具有方法论性质的综合学科。其主要创立者是美籍奥地利生物学家贝塔朗菲（L. V. Beralanfy）。他于 1947 年发表了《一般系统论》。系统论使当代科学家思维方法发生了革命性的转变，向人们提供了一种跨越学科界限、从整体上分析和处理问题的新思维和新方法，在自然科学、军事科学、社会科学等领域已得到了广泛的应用。

“系统”的概念，是系统论最基本的概念，指的是若干个相互有关的要素，按一定的方式构成具有特定功能的有机整体。宇宙中的任何一个客观事物都是

---

* 该文原发表于 2014 年 5 月，原系叶忠海主编《老年教育学通论》第五章。

以系统形式存在着、发展着。系统无处不在，无处不有。系统具有下列的特征。

第一，集合体。系统必须由两个以上的要素组成整体，一个要素构不成系统。

第二，整体相关性。其体现为整体联系的统一性，即整体与部分、部分与部分、系统与环境之间整体联系的统一性；体现为系统整体呈现出各个组成要素所没有的新质，即具有每个构成成分所不具有的整体效能。在系统论中，该特征不仅为系统的首要特征，而且是作为该理论的原理提出来的。

第三，特定功能性。就整个系统来说，系统总是构成某种功能和作用的。换句话说，作为某一系统，均有该系统的特定功能和作用。在人类社会大系统中，某一系统的构成，总是以达到某一特定的目标为目的的，因而又体现为目的性的特征。

第四，动态性。系统不仅是作为状态而存在，而且具有时间性程序的过程变化。

2. 系统论的范畴

系统论具有重要的范畴，这里着重阐述系统与要素、结构与功能、过程与状态这三对范畴。

（1）系统与要素

处在一定相互联系中，与环境发生关系，构成特定功能的各个组成部分的有机整体，即系统；组成系统的各个单元、因子、部分，即要素。系统包括要素，要素是系统的组成部分，两者是整体与部分的关系。没有要素组成的系统与没有系统加以维系的要素，在自然、社会、思维领域中均是不存在的。系统使要素具有新的作用，要素使系统具有新的特征。改变系统会影响要素的功能，改变要素会影响系统的性质。这对范畴的方法论意义在于为分析和综合相统一的科学方法提供了手段。分析各要素间的联系方式，综合诸要素成为有机的综合体，并重现系统与环境的相互影响，这就是系统方法的重要启示。

（2）结构与功能

系统内部诸要素的构成方式，即结构，它是要素与系统之间的联系形式。功能是系统所具有的作用能力、行为和功效，既反映为系统整体对其诸要素的作用能力、行为和功效，又反映为系统整体对外部环境的作用能力、行为和功效。结构和功能相互依存、相互作用、相互制约。结构决定功能，功能影响结构。这对范畴的方法论意义在于启示人们运用结构功能法认识和改造客观世界。

(3) 过程和状态

过程是指系统状态的变化，是系统功态性的一面；状态是指系统特定时空下特性的量度，是系统稳定性的一面。两者既有区别又是相互联系和依存的。系统的状态决定和影响着过程，系统的过程又决定和影响着新的状态。这对范畴在方法论上的意义在于启示人们研究系统的状态时，应与研究系统的过程结合起来，这有利于研究科学化。

(二) 老年教育体系的基本涵义

老年教育体系，是指在一定的环境中，一系列有关老年教育的要素为达到成人教育目标，按一定的结构所构成的动态统一体。对这个“统一体”的理解，应把握下列五点。

1. 集合性

老年教育体系是由一系列有关的老年教育要素所组成的。该体系是相互关联的诸要素的集合体，体现了老年教育体系的集合性。

2. 相关性

老年教育体系是按一定的结构所构成的。具体来说，该体系是由其内部诸要素按一定的结构构建成一个相互联系统一的有机整体，充分体现了老年教育体系的整体相关性。

3. 目的性

老年教育体系是为达到老年教育这个特定的目标而产生、存在和发展的。换句话说，特定的老年教育目标，是产生、存在进而发展老年教育体系的社会、心理基础，体现了老年教育体系的特定功能性，即目的性。

4. 关联互动性

老年教育体系是在一定的环境中的系统。具体说来，它不是孤立存在的，总是存在并受制于一定的外部环境。老年教育系统总是存在于社会系统之中，是社会系统的子系统，并与社会系统发生相互联系和作用，一方面受制于社会系统，另一方面又作用于社会系统，充分体现了老年教育系统与外部环境的关联互动性。

5. 统一性

老年教育体系是一个动态的系统。它总是随着其内部诸要素及构成方式，以及外部环境的变化而变化。老年教育作为系统不仅是作为状态而存在，而且具有时间性程序的过程变化，是状态和过程的辩证统一。这充分体现了老年教育体系的动静态辩证统一性。

二、老年教育体系的构成

就老年教育范畴而言，老年教育体系是母系统，它可分为若干个子系统，每个子系统又是由一系列相关要素通过各类结构所构成。老年教育体系，是个多序列、多层次、多形式的立体网状结构体系。

（一）多序列的老年教育系统

1. 按教育对象来划分

（1）按教育对象所承担的职责不同来划分，可把老年教育体系分为两个子系统，即持续服务老年人教育子系统、非持续服务老年人教育子系统。前者，大致有两种情况，一种尽管年龄已达老龄，然而仍在原单位延聘或返聘工作；另一种尽管已离开原单位在职编制，然而继续在另一单位工作或在社会某一领域持续服务。

（2）按教育对象户籍或居住所在地来划分，可把老年教育大致分为城市老年教育子系统、农村老年教育子系统、牧区老年教育子系统、海岛老年教育子系统等。

2. 按老年教育功能和内容来划分

（1）按老年教育功能划分，可分为老年人非职业教育子系统和老年人职业教育子系统。后者，包括职业（专业）性继续教育子系统、职业资格证书教育子系统等。当然，老年人职业教育不是老年教育主要部分。

（2）按老年教育内容划分，可分为老年保健类教育子系统、老年休闲类教育子系统、老年人文类教育子系统、老年科普类教育子系统、老年社会政法类教育子系统、老年职业（专业）类教育子系统等。

3. 按老年教育办学主体来划分

（1）学校老年教育子系统，即指学校主办的老年教育。其包括普通教育机构、老年教育机构、社区教育机构等主办的老年教育。目前，此类老年教育是我国老年教育的主阵地。

（2）社区老年教育子系统，即指社区主办的老年教育。其由社区教育教学点来实施，但大量的老年教育依靠社区文化、健身、卫生等设施来开展。

（3）社会福利慈善机构老年教育子系统，即指社会福利机构和慈善组织主办老年教育。该系统老年教育的特点，一般是教育与养老一体化。

（4）自主老年教育子系统，即指老年人自主举办的老年教育。其大量通过自主组织老年学习团队来开展。这是老年教育深入发展的必然，也是老年教育一大特色。

（二）多样性的老年教育结构

老年人群结构的复杂性，决定了老年教育结构的多样性。一般而言，它至少由下列次一级结构组成。

1. 层次结构

层次结构是指老年教育体系内，各种层次教育之间的比例构成及其相互关系。

（1）以老年人年龄为依据划分，老年教育层次结构由准老年期老年教育、低龄老年期老年教育、中龄老年期老年教育、高龄老年期老年教育等层次组成。

（2）从老年人文化程度角度划分，老年教育层次结构又由老年人扫盲教育、老年人初等教育、老年人中等教育、老年人高等教育、老年人大学后继续教育等层次组成。

2. 形式结构

形式结构是指老年教育体系内，各种形式教育之间的比例构成及其相互关系，按不同的方法分类，组成不同的老年教育形式结构。

（1）按教学手段分类，老年教育的形式结构，由以电授为主的老年教育、以函授为主的老年教育，以面授为主的老年教育等组成。

（2）按教学组织形式分类，老年教育的形式结构，又主要由家庭教育式、团队学习式、社区活动式、教养结合式、游学结合式、学校课堂式、自学考试式等老年教育组成。

三、老年教育体系的整体优化

构建老年教育体系，是一项复杂的教育系统工程。作为教育系统工程的建设，其强调的是整体效益优化。在这里，就老年教育体系整体优化的思路和必备条件分别加以简要的阐明。

(一) 老年教育体系整体优化的思路

1. 以终身教育思想为指导

终身教育是人们在一生中所受到的各种培养的总和。国际终身教育专家保罗·郎格朗(Paul Lengrand)认为:终身教育其原理之一,就是强调发展的综合统一性,终身教育的目的就是把这些教育训练的各不相同的形态和谐地协调起来,终身教育的中心问题乃是实现教育一体化。从纵向来看,人的一生各阶段教育应前后衔接和贯通;从横向来看,人所接受的各类教育,应左右协调和结合。

以终身教育思想为指导,实施老年教育体系的整体优化,就要做到以下三点。

第一,老年教育各阶段之间,即老年人扫盲教育、老年人初等教育、老年人中等教育、老年人高等教育、老年人大学后继续教育之间应前后相继,上下连贯。前阶段的老年教育是后阶段老年教育的必要准备,后阶段的老年教育又是前阶段老年教育的发展结果。

第二,老年教育的各个侧面,如面授老年教育、电授老年教育、函授老年教育、自学考试老年教育等,应左右协调,有机结合。各序列、各种形式的老年教育之间应充分沟通,互相依存,互为补充和结合。

第三,要实现上述两者的结合,就要使老年教育连续化、网络化,最终实现一体化。

2. 以系统论的整体相关性为指导

整体相关性是系统论的首要特征和基本原理。作为系统工程的老年教育体系构建,要达到老年教育体系整体效益最优化,必须要遵循整体相关性基本原理。换句话说,整体相关性从根本上规定着老年教育体系的整体优化。

(1) 老年教育体系内部诸要素的优化

老年教育体系的整体相关性是其诸要素及关系之总和。只有其各个分系统、子系统和要素的优化,才能达到老年教育体系的整体优化。因此,必须从中国国情、人口老龄化的实际出发,深入而细致地研究老年教育体系内部诸要素的优化问题。

(2) 老年教育体系内部诸要素之间的一体化

要使老年教育体系整体优化,不仅有构成该体系诸要素的优化问题,而且有必须使其诸要素之间一体化的问题。因此，就必须遵循整体相关性原理，实现其体系内部要素与要素、要素与子系统、子系统与子系统、子系统与母系统之间整体联系的统一。

(3) 老年教育体系与外系统之间和谐统一化

系统论原理告诉我们，要使系统整体优化，就必须与其外系统协调和谐发展。具体来说，老年教育体系必须与经济社会系统、其他教育系统之间保持和谐协调发展，成为一个有机的综合体。

(二) 老年教育体系整体优化的必备条件

1. 老年教育的社会共识

要达到老年教育体系整体优化，必须形成整体优化的社会共识和舆论环境，这是该体系整体优化的思想保证。

2. 老年教育的立法

及早制定老年教育法规或终身教育法规，并在该法规中对“老年教育体系”作必要的法律规定，这是老年教育体系整体优化的法律保证。法规是管理人员行动的准绳。有了法规，就可有法可依、有法必依、执法必严、违法必究，改变过去无法可依，执法不严和因人而异的状况。

3. 老年教育的管理体制

建立和完善中央和地方老年教育统筹协调机构，是使老年教育体系整体优化的组织保证。国家和地方政府应成立由各个部门参加的老年教育工作委员会，统筹协调老年教育工作。其办公室可设在教育行政部门。

4. 老年教育的发展规划

制定老年教育发展规划，把其体系整体优化纳入其中，是老年教育体系整体优化的计划保证。有了发展规划，就可有目的、有步骤、有组织地实施该体系整体优化。当然，制定老年教育发展规划，要以终身教育思想和系统论理论作为指导。

5. 老年教育的工作积累

推行老年教育体系整体优化的实践经验积累，是老年教育体系整体优化的工作基础。因此，要寻求整体优化的工作突破口。事实证明，加强横向联系，沟通多种办学形式推动联合办学，从而促进老年教育体系整体优化是一种行之有效的战略性措施。

四、老年教育体系和相关教育体系的关系

（一）老年教育体系与终身教育、成人教育体系的关系

终身教育是人们一生中所受到的各种教育的总和。其体系包括教育系统的各个阶段、各个方面、各种形式，既有婴幼儿、青少年、中老年的正规教育和非正规教育，又有家庭、学校、工作单位和社会的教育。总之，终身教育包含教育的一切方面，是人从生到死的连续的有系统的教育。

成人教育（Adult Education）是指按人和社会的可持续发展的需要，有目的、有组织为所属社会承认的成人一生任何阶段所提供的非传统的、具有自身特色的教育活动。

综上可知，终身教育体系包含成人教育体系，其内涵更为广泛，成人教育体系是终身教育体系中的成人阶段各种教育的总和。老年教育体系，既是终身教育体系中的成人教育阶段的成人后期教育部分，又是人生中统一教育系统的最终阶段。

（二）老年教育体系和社区教育体系的关系

社区教育（Community Education）体系，是指以社区为范围，以社区内的全体成员为对象，同社区民众利益和社会发展的需要紧密相连，旨在建设和发展社区，消除社会问题，全面提高社区成员的素质和生活质量为目的的教育活动系统。美国于 1976 年出版的《联邦任务》列举了有关社区教育及其系统的六个因素。

第一，利用学校之类的公共设施。

第二，参加者包括所有年龄、所有阶层、所有种族集团。

第三，人们认识自己的需要和问题。

第四，发展多种计划，以适应社区成员的需要。

第五，社区内的各种机构和部门相互协作。

第六，多方面的资金来源，包括公共的和私人的、地方、州和联邦各级的。

社区教育体系的形成和发展过程，是学校教育和社会教育相结合的过程，是实现教育社会化和社会教育化为一体的过程。该教育体系在国际社区教育协

会的推动下，已在许多国家蓬勃开展，在美国、澳大利亚社区教育已逐渐成为教育的主流。

由此可见，老年教育和社区教育既有区别又有联系。其区别是社区教育对象为社区内的全体居民，并非纯以老年人为对象，同时又有特定的空间限制——一定范围内的社区。其联系是，社区教育体系的子系统——社区老年人教育，是老年教育体系的重要组成部分，也是老年教育中的一种重要类型模式。

主要参考文献

[1]毛祖桓.教育学的系统观与教育系统工程[M].成都:四川教育出版社,1988.
[2]叶忠海,等.成人教育学通论[M].上海:上海科技教育出版社,1997.

老年教育教学的原理和设计*

老年教育的教学理论是老年教育学的核心内容。老年教育的教学实践是老年教育工作的中心环节。本文就老年教育教学的原理与设计加以阐述，包括老年教育教学的身心基础和依据、老年教育教学的意义和设计、老年女性教育教学的差异性等基本问题。

一、老年教育教学的身心基础和依据

从年龄分布来看，我国一般认为处于60岁以后的生命阶段属于老年期。其中，60—70岁为低龄老年期；70—80岁为中龄老年期；80岁以上为高龄老年期。

（一）老年期的生理特点和认知水平

1. 老年期的生理特点

（1）感觉器官功能明显减弱

从视觉来说，老年人眼的晶状体硬化并变浑浊、成黄褐色，因而分别造成了皮层及核层的屈光率的差异减小，物像的清晰度下降，晶状体硬化和睫状体的睫状肌的功能减退，造成焦点调节功能下降。从听觉来说，老年人耳鼓膜混浊度加重，导致老年性听觉衰退，特别对高音丧失听觉。研究表明，有大约30%的65—74岁老人存在某种程度的听觉损伤，而75岁以上老人的相应比例已超过50%。由于感觉器官功能明显下降，直接影响到老年人对客观事物的感知能力。

---

* 该文原发表于2015年4月，原系叶忠海主编《现代成人教育学原理》第十章。

（2）大脑收缩，脑细胞及其树突和突触减少，脑内血流量降低

就大脑收缩而言，70 岁老人的脑与颅骨之间空隙会是 20 岁时的两倍。大脑皮层细胞约减少 25％，小脑浦肯野氏细胞减少 20％。研究表明，导致脑内血流量减少的部分原因，是心脏在整个循环系统中泵血的能力下降，一位 75 岁老人的心脏泵血量还不到他成年早期泵血量的四分之三。上述的脑生理退化，直接造成细胞之间的联系减弱，导致神经传导速度下降，影响老年的思维速度和动作的反应能力。此外，脑细胞中的脂褐质堆积增加，致使细胞受损和细胞功能减退，甚至导致脑细胞的萎缩和死亡，直接影响老年人的学习能力。

2. 老年期的认知水平下降

（1）感知力下降

正如前述，由于老年个体视觉、听觉器官生理功能的衰退，因而感觉迟钝，接受外部世界的信息比青年与中年少得多；同时由于生理原因，老年人反应能力水平下降，表现为反应减慢，动作灵活性降低，协调性差。

（2）记忆力衰退

心理学家曾对年龄与记忆的关系进行了大量的研究。有人作了如下的概括：假定 18—35 岁的人的记忆成绩平均为 100，那么 61—85 岁的人的记忆成绩平均为 80—85。具体来说，瞬间和短时记忆较差，识记保持率下降，再现能力明显不如中青年人，但再认能力不亚于中青年人。老年人往往对过去事情，即自己年轻时所发生的事情记得很清楚。

（3）思维力和想象力逐渐下降

有人根据麦尔斯的研究，就比较与判断力而言，60 多岁老人虽有下降，但仍保持一定的水平。据苏联医学科学博士 A. O. 纳瓦卡季克扬和 B. B. 克雷扎诺夫斯卡娅对脑力劳动者工作能力指标的年龄性动态的研究表明，生产技术人员即使进入老年，其独创性和创造性想象力与中青年比较，虽有下降，但差异仍不大。

从上可知，人到老年，各种认知能力衰退时间和速度是不尽相同的。正如古德伊洛弗指出的那样，直接依靠感觉器官作用的知觉技能最早最快衰退，运动技能其次，而智力技能则最后才出现显著减退。据夏埃（K. Warner Schaie）关于老年人智力研究表明（1999），就普通人来说，在 37 岁以前个体的某些认知能力会下降，但下降的幅度很小，80 岁以后才会很明显。即使在 81 岁时，也只有不到一半的人在测验中的成绩比 7 年前有所下降。

在这里，还必须指出的是上述的认知能力的龄差是从总体上一般情况而言。研究表明，一个人如果在青少年时代受过严格教育，毕业后又有接受继续教育的机会，同时又能不断地从事创造性脑力劳动，再加上良好的健康状态，那么人到老年，其认知能力乃至创造能力的衰退是很低的。更何况老年期年龄跨度很大，低中龄老年人的认知能力显然不同于高龄老年人的认知能力。事实上，任何一个年龄段，人的认知能力的个别差异均比年龄差异大得多。根据国外学者的横断研究，年龄越大学习能力的个别差异越大。特别对老年人来说，认知能力与个人的健康状况的联系，要比与年龄增加的联系更为密切。

据此，健康的、受过严格训练的、从事创造性劳动的脑力劳动者进入老年后其仍有相当水平的工作能力。A. O. 纳瓦卡基克扬和 B. B. 克雷扎诺夫斯卡娅曾研究了生产技术人员的生产心理特征与年龄之间的关系，其结果表明，有些特征（在集体中的交往能力和工作能力、自制力、在逆境中保持沉着的能力），随年龄的增长而逐渐下降，另一些特征（正确安排本职工作和合理利用工作时间的能力、完成工作的准确性以及组织能力）的分数到 55—59 岁为止是上升的，即使到老年衰退也是无足轻重的。各年龄组生产心理特征评定的总平均分数如表 1-1。

表 1-1　各年龄组生产心理特征评定的总平均分数

组别	年龄（岁）	M±m
1	20—29	4.11±0.03
2	30—39	4.17±0.03
3	40—49	4.18±0.02
4	50—54	4.14±0.03
5	55—59	4.12±0.03
6	60—64	3.97±0.04
7	65—69	4.17±0.05

（二）老年期人格特征和社会性发展

1. 老年期人格特征

（1）完善感较为突出

一般来说，人进入老年，离开了在职岗位，有了追求自由选择和探索的机会，于是产生可凭借一生积累的知识和智慧，来完善自己的愿望，并以此克服亲人离去而产生寂寞感、孤独感，以及面对临近生命终结而产生的绝望感。事实证明，许多老年人人格在解决完善与绝望两者的冲突中进一步得到了发展。对此，夏埃和威里斯夫妇把“重塑完善与绝望”作为老年期的典型人格特征。艾里克逊则称老年期为自我完善和绝望阶段，他认为“老年是这样一个阶段，处在其中的人必须努力地在寻找完整的自我的努力与绝望感的侵袭之间保持平衡”。

（2）依赖性明显

独立性与依赖性之间的平衡贯穿人的一生。人进入老年，特别到达高龄老年阶段，由于经济因素，尤其是身体因素和情感因素，会产生依赖性。从个体出生以来独立性不断增强的趋势发生了逆转，随增龄依赖性逐渐强化，特别生命晚期在身体和情感上的依赖显得不可避免。

（3）利他性增长

研究表明，人进入老年表现出一种利他倾向和人文关怀的增长。他们往往把幸福理解为关心、同情和帮助他人，且与周围的人保持良好的关系。事实证明，部分老年人通过参加志愿者活动和社区活动，能避免因依赖和无助而引起的情感问题。一部分老年人通过扶持年轻人和帮助他人，能产生一种生命继续富有价值的感觉，并使自身能力感产生和自尊性增强。

2. 老年期的社会性发展

基于健康的老年人有着自我完善的人格特征，认知能力和创造能力仍保持一定的水平，尽管他们已离开了原有的工作岗位，然而他们有充裕的时间，可自由选择自己感兴趣的领域加以探索，为社会持续作贡献，并且本人在其中得以持续发展，以寻求更多的满足感。研究表明，他们持续贡献和发展，往往表现为如下的特点：①总结性，是指总结丰富的知识和经验。譬如，写论著、教科书、回忆录等传授给年轻一代。②扶持性，是指扶助支持中青年成长和发展。譬如，担任顾问、导师继续事业的发展，指导中青年工作。③咨询性，是指决策咨询服务。譬如，为政府工作和基层发展提供决策咨询服务。④社会性，是指面向社会服务。譬如，利用自己的声望和一技之长，参与志愿者服务、社区管理和城市公共治理等。

二、老年教育教学的意义和设计

（一）老年教育教学的意义

1. 从社会发展来看

老年阶段是人生中具有不可替代社会价值的生命阶段。老年人具有丰富的经历，几十年的奋斗积累了丰富的阅历，取得了正反两方面经验。成熟是老年人的重要特点。这正如《夕阳红》节目中所概括的那样：老是人生的结晶，老是成熟的写照，老是深刻的标志，老是智慧的代表。正因为如此，老年人在社会发展和人类进步中起到中青年起不到的作用。在当今世界上，有不少国家和地区老年政治人才正起着掌舵、压阵、调节、扶持、指导等作用。就学术界而言，研究表明人文社科领域（历史、哲学、文学）的学者，往往在他们晚年更多产。老年人所创造的作品，通常有成熟感、复杂性和对事物之间关系的洞察力，表现出其终生观察与智慧的融合，这是其早期作品所没有的。无数事实证明，老年人同样是社会和国家宝贵的财富，人们称 60 岁以上的老年人才为“银色人才”。他们虽没有“黄金时代”那样光辉耀眼，却依然有着不可取代的社会价值。

不仅如此，人口老龄化正在迅速改变社会人口结构。据预测，全球 60 岁以上老年人口 2002 年为 6.29 亿，2020 年将达到 10 亿，2025 年将达到 12 亿，2050 年将达到 20 亿。到 2050 年时，全世界 60 岁以上人口比例将达到 20%，老年人口数将在人类历史上第一次超过 0—14 岁人口数。另有预测，2002 年，全世界 65 岁以上人口与 15—64 岁的比例是 1∶9，至 2050 年将是 1∶4。其中，发达国家 2002 年是 1∶5，2050 年将是 1∶2；发展中国家 1999 年是 1∶12，2050 年将是 1∶4。面对社会人口结构这样的发展态势，一方面老年人在社会中作用不可忽视；另一方面人口扶养比上升，加剧了社会保障问题上两代人之间的矛盾。

综上所述，就不难看出，成人晚期教育的意义：可进一步开发老年人的潜能，使他们持续有所作为，提高他们的社会作用和价值；在此同时，也可缓解人口扶养比上升带来的社会矛盾，从而推进社会发展和人类文明。

2. 从人的发展来看

随着人口老龄化，老年期约占人生命中三分之一的时光。在法语中，“老年”一词意为第三次生命。显然，人在人生的三分之一生命阶段内，还有个持续发展的问题。对此，联合国于 1982 年、2002 年召开了两届“世界老龄大会”，先后通过了《老龄问题国际行动计划》《联合国老年人原则》等文件，把“积极老龄化”的内涵写进了上述文件之中，指出“应该把老年人当作社会发展的一支重要力量”，“应该得到终身继续学习的机会”。所谓积极老龄化，世界卫生组织于 1996 年在《健康与老龄化宣言》中认为，“积极老龄化是人到老年时，为了提高生活质量，使健康、参与和保障的机会尽可能发挥最大效益的过程”。其比“健康老龄化”的内涵更为广泛更为积极。积极老龄化也称成功老年化。无数事实表明，老年人要达到积极老龄化，离不开终身教育与学习。可见，老年期教育，对人的最后三分之一生命阶段持续发展具有“造血功能”，使老年人继续保持活力，活跃在社会舞台上。

（二）老年教育教学的设计

1. 教育教学目标

根据老年期的身心特点，以及社会性发展，该时期教育教学的目标应为：促进健康，持续服务，成功老化。

（1）促进健康

老年人通过教育与学习，促进生理健康、心理健康和社会行为健康。正如世界卫生组织于 1948 年对健康概念所界定的那样，“健康乃是一种身体上、心理上和社会适应的完好状况，而不只是没有疾病和虚弱现象”。这样利于老年人延长参与社会能力及其服务社会的时间。

（2）持续服务

老年人通过教育和学习，能继续在参与社会、经济、文化、精神和公益事业服务中做出贡献。概言之，老年人通过老有所学，达到老有所为。

（3）成功老化

老年人通过教育与学习，在实现促进健康与持续服务的有机融合中，达到积极老龄化。

2. 教育教学重点

根据老年期的身心特点和社会性发展，为实现该时期教育教学的目标，其教育教学重点可归纳为如下的方面。

（1）引导老年学习者重新定位社会角色和自我期望

人进入老年时期，生理、心理和社会等方面均处于急剧变化时期。老年人尽管具有“成熟”的优势，参与能力还保持在一定水平上，但毕竟体力、精力不足，认知能力与创造能力逐渐趋于衰退，这是不以人们主观意志为转移的客观规律。与此相应的是，社会角色，由在编人员转变为编外人员，有的由领导干部转为退休干部；家庭角色，由父（母）变为祖父（母），由家庭主要经济收入者变为家庭辅助经济收入者；等等。由于老年的角色改变，随之而来的是人们对老年人角色期望也发生变化。老年人以原来角色的思维和行为惯性行事的话很显然会有问题，一则不受人们的欢迎，二则本人也难以持续发展。据此，该时期教育教学，应引导并帮助老年学习者转变社会角色，调整发展目标以及参与内容和方式等。

（2）引导老年学习者以自身完善应对寂寞感

正如前述，人到老年，由于参与社会活动机会减少，特别是周围亲近的人相继离去，往往产生寂寞感。发展心理学家认为，寂寞感是与独身相联系的心理感觉，既有可能使人变虚弱，又有可能促生出内在心理能量强大者的力量。老年教育教学就应引导老年学习者克服前种的状态，努力激发出后种的力量。成功经验表明，老年人的自我完善，则是达到上述目的的有效的基本途径。为此，该时期老年教育教学应引导和帮助老年学习者制定老年期生涯设计，选择运用最优化的发展模式，以自我完善的专注投入，以参与公益活动的人文关怀，以保持健康的身心修养，使老年学习者增长知识，陶冶情操，丰富生活，享受成功，克服老年人的消极乃至于恐惧的情绪。

（3）引导老年学习者以自我超越应对自我关注

人进入老年，特别是高龄老年阶段，不可避免地出现生理机能的衰老，不可避免地总有生命终结，由此，老年人往往关注自我，产生种种消极情绪乃至于绝望感。对此，该时期老年教育教学，就要以健康的人生哲学观和价值观，引导老年学习者再探索和再认知生命意义和最终目的，以超越自我应对自我关注，以积极姿态成功老年化。

3. 教育教学内容

根据上述的教育教学目标和重点，教育教学内容可侧重如下的方面。

（1）生命哲学知识（包括生命价值观知识）。

（2）老年学和老年生理保健知识。

（3）老年心理学和心理卫生知识。

（4）持续服务的专业知识和技能。

（5）积极老龄化案例分析。

4. 教育教学模式

除传统常用的学校课堂式等教育教学模式外，根据老年期教育教学目的和重点、老年人社会角色和身心特点，反映老年教育教学模式特色有如下多种。

（1）团队式

该模式是指老年人自主组织和管理学习团队，在团队中自主学习、相互交流、经验分享，以达到共同提高的教育教学模式。

（2）活动式

该模式是指通过组织老年人活动，让活动与教育有机结合，从而使教育寓于活动之中，以达到老有所乐、老有所学的教育教学模式。

（3）游学结合式

该模式是指组织老年人在旅游过程中开展教育与学习，使旅游与学习有机结合，以达到促进老年人全面发展的教育教学模式。该模式一般适合低、中龄老年人。

（4）养教一体式

该模式是指有目的、有计划、有组织将养老活动与教育活动有机结合一体化，以达到促进老年人终身发展的教育教学模式，该模式一般更多地适宜高龄老年人。

5. 教育教学策略

根据老年期个体的身心变化特点，以及社会性发展，为有效地实现该时期老年教育教学的目标，宜采取如下的教育教学策略。

（1）区别对待策略

该策略是指区别老年学习者的不同情况，实施有针对性教育教学的策略。老年人不是同质人口，而是一个多类型、多层次的复杂群体。体力型老年人与智力型老年人之间，低龄老年人、中龄老年人、高龄老年人之间的身心基础差别很大，即使同一年龄层次不同老人之间的情况也千差万别。这就要求老年期教育教学，既要考虑老年人的共同需要，更要重视每位老年人的具体情况，切忌强求一律。应根据不同的年龄层次、健康状况、智能基础、兴趣爱好和家庭条件等实际，进行区别对待，力求设计不同的教学方案。

（2）坚持弹性自主策略

该策略是指根据老年学习者的身心特点，不给予划一的硬性指标，更多地体现出弹性宽松和自主特点的教育教学策略。其具体应体现为：学习规划弹性——老年学员可自主规划自己的学习计划；学习进度弹性——老年学员可自己决定修读进度；选读课目弹性——老年学员按个人需求和兴趣可自由选读课程；等等。总之，通过老年期教学和学习，老年学员既学有所获，又不至于影响甚至损害老年人健康。

（3）生命回顾策略

该策略是指引导老年学员通过对自己的生命历程和经历的事情进行回忆与反思，更好地认识自己的往昔，总结以往经验，进一步体会人生的意义，以达到促进当下积极老龄化的教育教学策略的目的。研究表明，生命回顾也称生活回顾，对老年个体当前的生活起着重要的促进作用。它可以提高老年人记忆力；可以产生和他人相互联系的分享感和亲密感；可激活与人群的连接以及与社会的交往；可提供过去与现在之间的联结以及提供对待过去事件和他人的新认识，从而使老年人的人格继续稳定发展，并在当下更好地持续地为社会服务。

（4）动态调节策略

该策略是指随老年学员生活内外环境变化而不断地调节教育教学方案的策略。事实表明，每位老年学员都在动态变化，其所处的外部环境也在不断变化，因而教育教学计划不可能固定不变，而应随主客体变化不断地加以调节，以满足老年学习者的学习需求，从而有效地促进他们的持续发展。

6. 老年期诸阶段教育教学的特殊性

第一阶段：低龄老年期（60—70 岁）的角色转变和潜能开发教育。笔者认为，60—70 岁为低龄老年期。该时期是人一生重要的转折期，人进入 60 岁后，生理、心理和社会等方面均处于急剧变化。其表现为人体的生理机能发生衰老的变化，认知能力也逐步下降；社会角色由在编人员转变为编外人员，随之而来的是人们对老年人角色期望也发生变化。若老年人不能正视这些明显变化，及时转变社会角色，仍以原来角色的思维和行为惯性行事，很显然会产生问题，一则不受人们的欢迎；二则也给本人带来困境和失落感，甚至会产生退休综合征。可见，对于处于转折期的老年人，主要是 60—65 岁老年人开展角色转变教育很有必要。其目的就是引导转折期老年人重新定位社会角色和自我期望，重新选择和设计老年期人生，调整自我心态，以适应变化了的社会生活环境。

实践证明，成熟是老年人的典型特征，老年人在社会发展中有着不可取代的社会价值。这正如第二次世界老龄大会发布的《政治宣言》指出“老年人的潜力是未来发展的强有力的基础”。可见，该时期老年教育，不仅是角色转变教育，还应在此基础上对老年人实施潜能开发教育，即对老年人力资源再一次开发。其目的在于提升老年人生存和发展能力，从而使他们老有所为，继续在自主选择的方向和岗位上服务，达到继续发展自己，又继续为促进社会发展服务。

第二阶段：中龄老年期（70—80 岁）的再调整发展教育。笔者认为，70—80 岁为中龄老年期。该时期老年人生理机能衰老较为明显，认知能力特别是其中的视听能力、记忆能力下降明显。部分老年人，主要是指较高层次仍在工作的老年人，又面临“第二次退休”。针对该时期老年人的身心特点和社会性发展状况，开展中龄老年期的再调整发展教育很有必要。目的在于引导该时期老年人根据自己的健康状况、兴趣爱好和专业特长，调整老有所为的途径、方式和方法，做到量力而行持续服务，从而达到促进健康与持续发展的有机统一。

第三阶段：高龄老年期（80 岁以上）的自我保护和超越教育。笔者认为，80 岁以上为高龄老年期。一般认为，该时期老年人生理机能明显衰老，记忆力衰退，其中部分老年人患失忆症、老年痴呆症，生活不能自理。随亲人离去而产生寂寞感（孤独感）甚至少数老年人面对生命终结而产生绝望感。可见，在高龄老年人群中开展自我保护和超越教育很有必要。其目的有二，一是引导高龄老年人善于自我保护。根据高龄老年人生理心理特点以及自身状况，科学地有价值生活，以求自我完善和延年益寿。二是引导高龄老年人以自我超越应对自我关注。以健康的人生哲学观和价值观，引导高龄老年人再探索和再认知生命意义和最终目的，整合自己一生有价值的东西，并将其作为超越自我存在而继续延续下去，以达到艾里克森在人格发展阶段理论中所概括的“我是我死后还能留下的东西”的状态，以超越自我积极坦然的姿态面对生命终结。

三、老年女性教育教学的差异性

（一）老年女性教育教学差异性的身心基础和依据

1. 生理特点

20 世纪 70 年代的统计表明，世界各国女性的平均寿命一般较男性长 5—10 岁，见表 1-2。20 世纪 90 年代研究也表明，到了 65 岁，女性中有 84%的人还活着，而男子活着的只有 70%；对 85 岁以上的老人而言，这种差异更大，男女比例为 1∶2.57（AARP，1990）。

表 1-2　一些国家男女平均寿命比较

国家	年代	平均寿命（岁）		差（岁）
		男	女	
苏联	1971—1972	64.0	74.0	10
芬兰	1972	66.6	74.9	8.3
法国	1974	69.0	76.9	7.9
美国	1974	68.2	75.9	7.7
葡萄牙	1974	65.3	72.0	6.7
西德	1971—1973	67.6	74.1	6.5
挪威	1972—1973	71.3	77.6	6.3
英国	1970—1972	68.9	75.1	6.2
阿根廷	1970—1975	65.2	71.4	6.2
荷兰	1973	71.2	77.2	6.0
瑞士	1968—1973	70.3	76.2	5.9
丹麦	1972—1973	70.8	76.3	5.5
瑞典	1970—1974	72.1	77.5	5.4

资料来源：叶忠海著《女性人才学概论》（1987）第 61 页。

至 20 世纪 90 年代后期，国外有的学者对男女两性平均寿命作了长时期比较研究，绘制了1990—2040年男女两性平均寿命比较曲线图（图1-1）。由图表明，当今女性平均寿命较男性长6—7年。分析其原因，一般认为有以下观点。

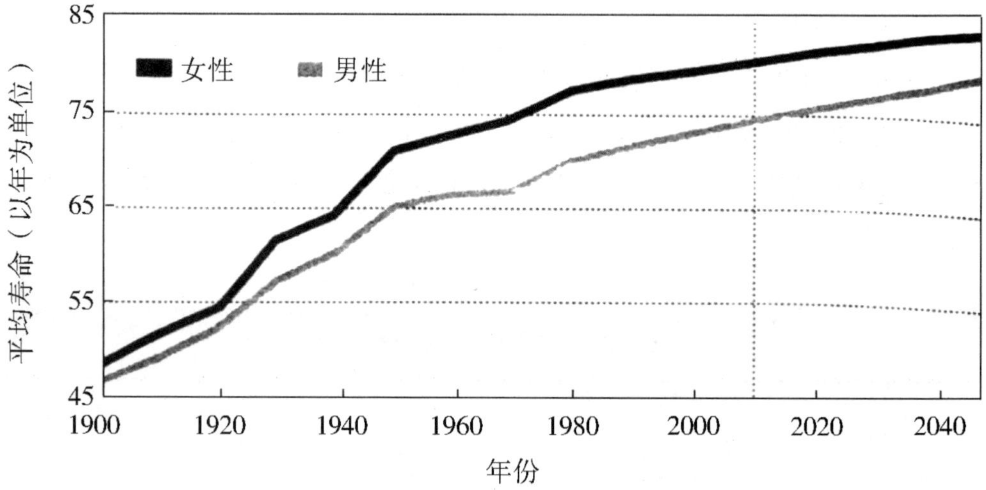

图1-1　男女两性平均寿命比较图

资料来源：［美］罗伯特·费尔德曼著《发展心理学——人的毕生发展》2002，第658页。

（1）女性机体免疫功能较强，免疫系统衰退较慢

多数科学家认为这是由于男女染色体有区别所致。除男女相同的22对常染色体外，还有1对性染色体男女不一样。女性性染色体为XX型配对，即有两条X染色体；男性性染色体为XY配对，即有一条大的X染色体，一条小的Y染色体。有的学者认为，因为产生免疫物质的基因主要存在于X染色体上，因而女性体内的免疫物质比男性将近多一倍，女性体内的M免疫球蛋白比男性高得多，这使得女性对病毒性传染病有较强的免疫力。正因为如此，患癌症女性显著少于男性。据统计，我国每年死于癌症的约为70万人，男女比例为1.48∶1。这个比例与世界上大多数国家相近，见表1-3。

表 1-3　世界各国死于癌症的性别比例（男/女，女为 1）

亚洲	泰国	1.46	欧洲	丹麦	1.22
	新加坡	2.00		荷兰	1.85
非洲	毛里求斯	1.64		瑞典	1.33
	埃及	2.15		挪威	1.37
美洲	智利	1.25		罗马尼亚	1.52
	美国	1.50		希腊	1.73
	委内瑞拉	1.01		南斯拉夫	1.54
	多米尼加	1.01		保加利亚	1.55
欧洲	捷克斯洛伐克	1.80		马耳他	1.63
	匈牙利	1.47		德意志民主共和国	1.54
	比利时	1.75	大洋洲	新西兰	1.43
	德意成联邦共和国	1.51		澳大利亚	1.58

资料来源：转引自李书桢《遗传・性别・健康》。

美国学者的研究结果也表明，美国老年人中男性死于癌症的比率高于女性（Kramarow et al，1999），见图 1-2。

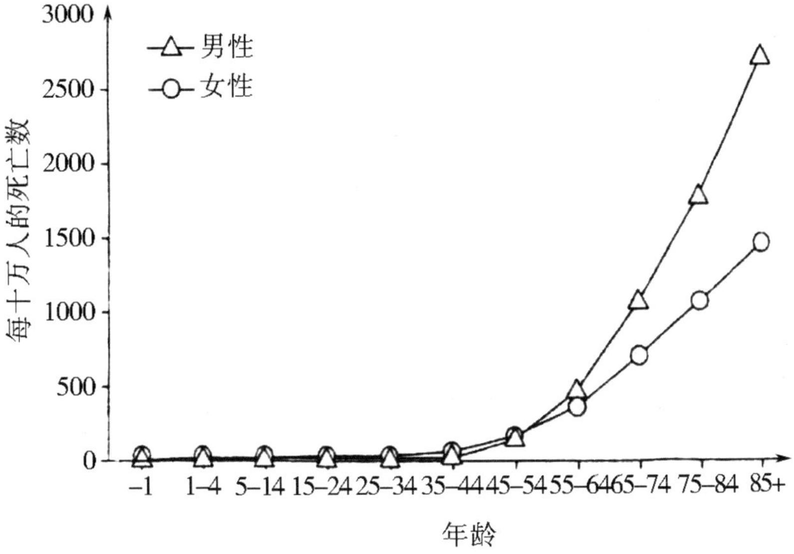

图 1-2　不同年龄段男女两性癌症死亡数

资料来源：转引自 K. W. 夏埃等著《成人发展与老龄化》。

（2）女性分泌的激素（如雌性激素、黄体酮）更多，这在一定程度上保护女性免受心脏病之类疾病的困扰。同时，科学家又进一步研究证明，男女两性含血清高密度脂蛋白的数量是有区别的。随着年龄的增长，尽管男性含血清高密度脂蛋白量逐渐增加，然而这一脂蛋白水平仍然低于女性，直至 65 岁左右时才接近女性水平，见表 1-4。由于这种脂蛋白可防止或推迟人的动脉粥样硬化，因而女性不易患心血管病。据统计，女性得心脏病的年龄平均比男性晚 10 年，实际发作心脏病要晚 20 年。

表 1-4 HDL——胆固醇含量（毫克/140 毫升）

年龄	HDL——胆固醇含量（平均值±标准差）	
	男	女
新生儿	40.9±6.0	40.7±7.8
10—19 岁	50.6±9.5	54.7±10.4
20—29 岁	55.3±10.9	57.5±10.6
30—39 岁	57.0±10.8	62.8±12.6
40—49 岁	57.7±10.8	63.1±12.9
50—59 岁	59.0±10.7	63.2±10.7
60—69 岁	62.4±12.2	63.3±12.4
70 岁以上	59.3±10.9	60.5±12.5
80 岁以上全部	58.7±11.2	62.5±12.2

资料来源：转引自叶忠海著《女性人才学概论》（1987）第 57 页。

总之，由于上述种种生理因素，再加上种种社会因素，导致女性的平均寿命比男性长。

2. 人格特征和社会性发展特点

（1）孤独感尤为明显

正如前述，基于女性的平均寿命比男性长，这就意味着老年女性要经历失去配偶生活比例更高。研究表明，几乎没有什么事件比丧偶更让人感到悲痛，配偶的去世会产生巨大的丧失感，使丧偶的老年女性不得不认同突然到来的，自己并不熟悉的身份——寡妇，面对单身生活，于是孤独感骤然上升，这是常人所不能体会的。

（2）依赖性上升

老年女性丧偶后的寡居，带来了很多新的要求和担忧，再也没有伴侣可以分担每天发生的事情——于是依赖性增强，特别对身体不佳、行动不便的老年独居女性来说尤为如此。

（3）适应丧偶的生活

研究表明，适应丧偶生活一般分为三个阶段：第一阶段为准备期，需学习适应性行为，发展出技能和能力，以及预期的行为。第二阶段为伤痛和悼念期。第三阶段为适应期，接受丧偶，重新生活。

（二）老年女性教育教学差异性的探讨

第一，引导老年女性调适丧偶后的起伏情绪，度过伤痛和悼念期，适应寡居的生活。为此，要引导老年女性以唯物主义态度面对现实，重新定位社会角色和重整生活圈，重新发掘和利用社会资源，积极参与社会（社区）活动，与亲友保持密切联系，以新的形象、观念和积极态度面对人生。

第二，引导老年女性积极策划生命的第三年龄段。研究表明，当给老年人适当的刺激、练习和激励时，老年人就能够保持他们的智力。据此，应以“用进废退”理论指导老年女性晚年生活，使老年女性活到老、学到老，使生活丰富而健康，以达到积极老龄化的目的。

第三，政府、社会要给予老年女性，特别是寡居的老年女性更多的教育关怀。与其说是“教育关怀”，其实质是“人文关怀”。为此，要调查研究，了解和掌握老年女性的需求，以热心、细心、耐心的态度，给予针对性的教育服务。

主要参考文献

[1]叶忠海. 成人教育学研究：叶忠海学习与教育文选之三[M]. 上海：同济大学出版社，2011.

[2]夏埃，威里斯. 成人发展与老龄化：第 5 版[M]. 乐国安，译. 上海：华东师范大学出版社，2003.

[3]亚格曼，瑞德尔. 生命全程发展心理学[M]. 陈英和，审译. 北京：北京师范大学出版社，2009.

[4]叶忠海. 女性人才学概论[M]. 长春：北方妇女儿童出版社，1987.

老年教育的课程设计[*]

课程是老年教育教学的中心问题。课程体系建设是老年教育教学工作的中心环节。其中，课程设计和研发又是课程建设的“龙头”。其直接关系到老年教育的质量、宗旨目的实现问题。

一、老年教育课程设计的指导思想和原则

（一）老年教育课程设计的指导思想，是坚持以老年人为本

党的十八大将以人为本的思想强调到前所未有的高度，将它作为深入贯彻落实科学发展观的核心立场。这就意味着，以人为本贯彻落实的问题不是认识问题，也不是一般的立场问题，它是核心立场。不仅如此，党的十八大把以人为本提高到两个“最高”：检验党的一切执政活动的最高标准，始终把人民放在心中的最高位置。一个核心立场，两个“最高”，充分说明了党和国家把以人为本的思想强调到前所未有的高度。党的十八届三中全会再次强调：“坚持以人为本，尊重人民的主体地位，发挥群众首创精神，紧紧依靠人民推动改革，促进人的全面发展。”以后，习近平总书记在多个场合多次强调必须把人民放在心中最高位置，多次强调坚持以人民为中心的思想。

老年教育是我们党执政活动的内容之一，应该以老年人为本，这也应是老年教育改革发展的指导思想，必须贯穿于老年教育改革发展的全过程及其各个环节、各个方面之中。老年教育及其课程设计，怎么体现以老年人为本？可从

---

* 该文发表于2017年9月，系在“2017年上海老年教育（东方绿舟）高峰论坛”上的发言稿，刊于《上海老年教育研究》2017年第4期，题目为《老年教育课程设计的若干基本问题》。

以下四个方面加以体现。

1. 要进一步体现“人是目的”的思想

这就要进一步明确老年教育及其课程设计，其最终的价值取向在于促进老年学习者终身而又全面发展。这是老年教育课程设计的出发点和落脚点。马克思主义认为，人是世界上最高的价值，尽管人的发展和社会发展是相互影响、互为条件的。从根本意义上说，人的全面而自由发展是人类社会历史发展的最终目的。老年教育及其课程设计最终的价值取向在于促进老年学习者的终身而全面的发展。

2. 要进一步体现“人是主体”的思想

这就要求老年教育及其课程设计应该充分体现老年学习者的主体性。一是体现在整个课程设计的全过程，要考虑怎么发挥老年学习者的主体作用。二是要考虑如何满足老年人主体性的学习需要。老年人具有丰富的智慧、经验、技能，我们应该把老年人丰富的智慧、经验和技能看作老年教育课程设计的一个宝贵资源。这是开展老年教育课程设计的根本动力。

3. 要进一步体现“人作为尺度”的思想

这就要进一步明确老年学习者是评价老年教育及其课程的主体，应该以他们的知晓度、认同度、参与度、满意度作为衡量老年教育及其课程质量和成效的根本标准。前几年，我参与了《中华人民共和国国家标准社区服务指南第 3 部分：文化、教育、体育服务》（GB/T 20647.3—2006）的制定。该标准将社区民众对社区教育的知晓度、认同度、参与度、满意度，作为衡量社区教育质量和成效的最基本的衡量标准。我们搞社区教育也好，老年教育也好，都要思考，老年学习者对我们搞老年教育知道不知道，知道以后认同与否，认同以后参与程度怎么样，参与了以后满意度又怎么样。应以他们的知晓度、认同度、参与度、满意度作为衡量老年教育及其课程质量和成效的根本标准。

4. 要进一步体现“人是过程”的思想

这就要求老年教育及其课程设计，不仅为某个年龄段的老年学习者服务，而且为整个老年期终身发展服务。其包括低龄老年期、中龄老年期、高龄老年期。我们老年教育不仅要为低龄老年人、中龄老年人服务，为高龄老年人的服务也是不可缺少的，这种服务应该贯穿于老年人生命老化的全过程，并力求做到阶段性和连续性的统一，这是拓展和深化老年教育及其课程设计的基本要求。

（二）课程设计原则问题

作为设计的原则或者说要点，我们要把握“两取向三中心”。“两个取向”是指，以促进老年人积极老龄化为最终的价值取向，以促进和谐社会建设为价值取向。“三个中心”是指，以老年学习者为中心，以生活为中心，以问题为中心。

所谓以老年学习者为中心，就是要根据一定时间内老年学习者的主体性的学习需求来设计和研发老年教育课程，以满足老年人终身学习需要。老年教育工作者应该了解和把握在一定时间内本区域里面不同类型、不同层次的老年人，他们不同的主导性的学习需求。不仅要了解他们的主导性的需求，而且要把握在不同时间的变化规律，实施分人群、分层次的设计和研发老年教育课程。

所谓以生活为中心，即指围绕老年学习者生活中心来设计和研发老年教育课程，为提高老年人的生命质量和积极老龄化服务。我国民主革命时期的教育改革先驱陶行知先生曾经按照生活教育理念设计生活教育课程的体系。其生活教育课程的体系包括健康生活类、劳动生活类、科学生活类、艺术生活类、社会生活改革类等五大类、七十多种课程。尽管他设计这些具体课程内容打上了当时的时代烙印，然而他的生活教育理念和导向可作为今天设计研发非学历老年教育课程的依据之一。

所谓以问题为中心，就是习总书记再三强调的要以问题为导向。我们要围绕老年学习者终身发展和他们社会生活中所需要解决的问题来设计和研发老年教育的课程，为使老年学习者终身发展与社会发展保持动态平衡。非学历老年教育课程，显然不强调学术性、知识体系性，而强调针对性、实用性。因此，非学历老年教育课程不是以学科为中心，而是以问题为中心，以专题为中心。

二、注重老年教育特色课程的设计和研发

对于特色课程的理解应是多维的。从对象来讲，特色课程是相对于非老年人的课程来讲的；从空间来讲，就是中国特色、地区特色课程；从单位来讲，是校本课程。在这里，是从对象来讲，特色课程是相对于非老年人的课程来讲的。老年教育的课程有学历性老年教育课程、非学历性老年教育课程，这里主要探讨非学历性老年特色课程。这里讲的老年教育特色课程，并不等同于老年

大学课程。老年大学课程是老年教育课程中的一个重要组成部分，不是老年教育课程的全部。这里主要探讨整体性的老年教育特色课程，不完全是老年大学的特色课程。

（一）特色课程设计和研发的依据

第一，依据老年人身心发展规律和特征。教育学基本原理告诉我们，任何的教育都受两大基本规律所制约，不仅受到社会发展规律所制约，而且还要受到人的身心发展规律所制约。老年教育很显然受老年教育身心发展规律所制约。老年教育及其课程设计和研发，均取决于老年人的身心发展规律，要以老年人的身心发展规律和特征为依据。研究表明，老年人的社会属性、发展任务、生理机能、心理成熟水平、认知心理特点、学习心理意向、人格发展特征等显然不同于前成年期未成年人，也与成年早期、成年中期的成年人有明显的差异。老年教育课程设计和研发要符合老年人身心发展规律和特征，有它显著特色的问题。比如社会属性，前成年期未成年人的属性是接班人，成年早、中期成年人的社会属性是当班人，老年期老年人的社会属性是传班人。他们的社会属性显然不一样。因为社会属性不一样，所以带来发展任务也不一样。未成年人发展任务的本质属性是具有预备性的本质属性。未成年人是为了今后进入到成人世界作准备，因而他们的发展任务是带有预备性的本质属性。成年人是当班人，是在职人员，他们的发展任务带有确定性和现实性的本质属性。老年人是传班人，他们的发展任务带有传承性和完善性（人格完善）的本质属性。未成年人、成年人与老年人社会属性和发展任务不一样，因此老年教育教学内容和课程有它的显著特色。又如，老年人的人格发展特征也不同于未成年人和成年早、中期成年人，归纳起来有下列特征：一是完善感较为突出。二是依赖性比较明显，特别高龄老年人，由其健康问题、经济问题、情感问题等因素所致。三是利他性增长。于是，反映在老年人对课程有不同的要求。总之，基于老年人的社会属性、发展任务、生理机能、心理成熟水平、认知心理特点、学习心理意向、人格发展，均不同于未成年人、成年早、中期成年人，因而他们对老年教育课程设计和开发有着特殊的要求。我们搞老年教育的同志，一定要对这些基础理论作很好的学习和研究。

第二，依据老年教育的宗旨和目标。老年教育是指促进老年人积极老龄化，提高其生命质量，并推进社会和谐发展的终身教育活动过程。促进老年人积极老龄化是老年教育的首要宗旨。如果从老年教育育人目标来说，老年教育应该促进老年人成为乐于学习，融入社会，康乐向上的现代老年人，成为中华优秀传统文化的传承人，成为社会主义现代化建设的传班人。无论是老年教育的宗旨还是育人目标，显然均不同于青少年教育，也不同于成年早、中期成年人教育。据此，老年教育课程设计和研发要为实现老年教育的宗旨和育人目标服务，有它显著的特色。综上所述，要以老年人身心发展规律和特征，以老年人教育的宗旨和育人目标作为依据来设计老年人教育的特色课程。

（二）老年教育特色课程的表现形式

老年教育特色课程的表现形式是微型的、专题性的，是多类型、多层次、多形式的。就微型课程而言，由于是以问题为中心，一个问题就成为一门课，课时长一般来讲是一个小时以内。就多类型来说，有退休准备类、养生保健类、文化修养类、闲暇生活类、代际沟通类、生命终结类。比如关于代际沟通问题。我们中国学者和实际工作者都在研究。现在政府实施二孩政策，家里两个孩子，年轻父母没有能力带，还是要靠老年人带，这就有代际问题了，就有个对祖辈再培训的问题。当前，这个问题在老年教育中已是个突出问题，任务相当重，是今后我们老年教育特色课程的一个重点。北京朝阳区老年大学搞了一个教学大纲，分成退休前、退休后、临终等阶段，共 11 大类 128 门课。对退休准备类设计了退休心理准备、退休的角色转变、退休生涯设计、退休理财规划等课程。在生命终结类里，有老年人的生命教育、老年人的死亡教育、老年的护理常识，还有遗产继承常识等课程。韩国的老年课程还有一个临终关怀课程。韩国成立了死亡学会，由神学、宗教、民俗、医疗等方面人士组成。由死亡学会对老年人生命终结进行临终关怀的教育。在这些方面，我们中国的老年教育还有大量工作要做。至于多形式，除课堂式以外，还有团队式、活动式、体验式、游学式、教养式等教学新模式。现在，老龄办和卫生部搞医养结合，能否再加上教育，搞医养教结合？我看完全可以。老年人在接受医疗过程中肯定要接受医生的教育。医养教结合，这样更有实际意义。

三、探索老年教育课程体系的设计和研发

老年教育课程体系设计和研发是系统工程。从系统论视角来讲，课程体系是系统。课程体系设计和研发是一项复杂的教育系统工程，老年期课程设计和研发也不例外。何况，老年期是人生运行的最后阶段，是人的生命老化的过

程。这个过程由四个基本阶段构成，准老年期 55—60 岁，低龄老年期 60—70 岁，中龄老年期 70—80 岁，高龄老年期 80 岁及以上。这个划分是动态的，随着人类生命增长，上述的划分也会随之变化。关注生命老化过程的课程体系必然是系统的。根据这样的道理，老年教育课程不是单独的或零星的课程，也不是随意性的散装式课程组合，而是个具有生命规律性的课程体系的建设。老年教育课程系统设计和研发，必须遵循系统论的基本原理——整体相关性，即指系统与部分、部分与部分、系统与环境之间的整体联系一体性。老年教育课程系统设计和研发，既要考虑课程系统内部各个要素一体化，又要考虑课程系统与外部系统相协调问题。从课程系统内部各要素一体化来讲，就有不同的老年阶段课程纵向衔接问题，还有一个不同性质和类型的老年教育课程的横向沟通问题。就不同老年阶段课程纵向衔接而言。要达到课程纵向衔接的要求，就要对整个老年期课程进行总体设计，并围绕不同老年阶段的教育主题，设计特征性核心课程使其相互衔接。

准老年期教育，主题是退休准备。其主要目的是引导准老年人正确认识和对待退休问题，做好退休以前的认知、态度和各种打算，以积极的心态迎接退休期的到来。这个阶段，围绕准备退休的主题设计特征性的核心课程。

低龄老年期阶段，主题是转变角色，开发潜能。从转变角色来讲，要引导转折期的老年人重新定位社会角色和自我期望，重新选择和设计老年期的人生，调整自我心态，以适应变化了的社会生活环境。从开发潜能来讲，要提升老年人生存发展能力，使他们老有所为，继续在自主选择的方向和岗位上服务，达到继续发展自己，又继续服务社会的目标。我很赞同 60—70 岁是人生创造第二个黄金时代的观点。我自己就有这个体会。我在这段年龄期内，出版了两套个人文选。一套是《叶忠海学习与教育文选》（9 种），一套是《叶忠海人才文选》（7 种），并主编了全国第一套《社区教育理论丛书》，以及《新编人才学大辞典》等。因此说，在这段年龄里，我们可以在自主选择的方向和岗位上去服务，继续发展自己又继续服务社会。该阶段老年教育，就要围绕“转变角色”“潜能开发”两大主题设计和研发特征性核心课程。

中龄老年期阶段，主题是再调整发展。根据中国国情，以及老年学习者的健康、兴趣爱好和家庭等变化原因，70 岁有个第二次退休，比如要从原来的社团领导岗位退下来，从民办高校校长岗位上退下来，从聘用岗位上退下来。这样，人到了 70 岁，人生目标要进行再调整。这段时期老年教育的主要目的是引导中龄老年人根据自己的健康状态、兴趣爱好和专业特长调整老有所为的途径、方式和方法，做到量力而行，持续参与。这阶段老年教育，就要围绕“再调整发展”主题设计和开发特征性核心课程。

高龄老年期教育，主题是自我保护和超越。其主要目的是引导高龄老年人善于自我保护，以自我超越应对自我关注，以健康的人生哲学和价值观，再探索和再认知生命的意义，积极坦然地对待生命终结。该阶段老年教育就要围绕“自我保护和超越”主题设计特征性的核心课程。

当然，每个阶段老年教育课程不是机械割裂的，要力求做到每阶段老年教育特征性核心课程之间，环环紧扣，前后衔接，螺旋式上升。这是本人对老年教育课程体系总体上提出的一个系统性、原则性、框架性的设计。当然，在实际操作层面上还要针对特定区域、特定的老年学习者实际需要设计研发特定的课程。

主要参考文献

[1]叶忠海等.成人教育学通论[M].上海:上海科技教育出版社,1997.
[2]叶忠海.社区教育学基础[M].上海:上海大学出版社,2000.
[3]黄政杰.成人教育课程设计[M].台北:台湾师大书苑印行,1995.

老年教育的评价*

老年教育的评价理论，是老年教育学的重要组成部分；老年教育的评价工作，是老年教育教学质量和成效的重要保证。本文就老年教育评价的内涵和功能、内容和特点、指标体系，以及制度建设等问题作了概要的论述。

一、老年教育评价的内涵和功能

（一）老年教育评价的内涵

所谓老年教育评价，指的是按照一定的价值标准，运用科学的方法，对老年教育受教育者的发展变化及构成其变化的诸因素所进行的价值判断的过程。这一界定，强调以下三点。

第一，明确了老年教育评价的对象是受教育者的发展变化及构成其变化的诸因素。这就是说，老年教育评价的核心对象是受教育者，但又不局限于受教育者，影响受教育者发展变化的各种因素均为评价对象。

第二，指明了老年教育评价必须按照一定的价值标准，运用科学的方法进行。强调这一点是为了加强评价的科学性和客观性，力求提高评价的信度和效度。

第三，强调了老年教育评价的本质在于价值判断。强调这一点是为了更好地揭示教育评价的内涵，充分体现现代评价即评定其价值的目的。

（二）老年教育评价的类型

过程与结果是教育评价学的一对基本范畴。它是哲学上量变质变规律在教

---

* 该文原发表于2014年5月，原系叶忠海主编《老年教育学通论》第九章。

育评价领域中的具体反映。据此，在老年教育评价领域内，形成了过程评价和结果评价两种基本的评价模式。

1. 老年教育的过程评价

过程评价又称形成性评价，是一种对评价对象在实现教育目标过程中运作系统所处状态的评价。老年教育过程评价，是老年教育过程中所处的运作状态的评价，从而获得修改、完善的反馈信息，以保证老年教育实现目标并获得更好的效果。分析老年教育的过程评价，其有下列的特点。

第一，老年教育过程评价的性质是一种事态进行中的评价，即事中评价。这种性质的评价更具有随机性和真实性。

第二，老年教育过程评价的着眼点是“过程”，即老年教育活动动态过程中的即时运作状态或趋势。

第三，老年教育过程评价的目的在于收集反馈信息，提供给老年教育的编制设计者和主办者，作为修改、完善社区教育的依据。

第四，老年教育过程评价的方法较多地采用定性分析，并采用多次系列性的评价方法，而不是一次性的评价。

第五，老年教育过程评价者可以是老年教育活动的编制设计者和主办者。

2. 老年教育的结果评价

结果评价也称总结性评价，是一种对评价对象运作过程完成后所反映出的成效的评价。老年教育结果评价，是指对某阶段老年教育活动开展后成效的总结性价值判断。这类评价往往以目标来衡量，因而结果评价又可称为目标评价。相对于老年教育过程评价而言，结果评价主要有下列特点。

第一，老年教育结果评价的性质是一种过程结束后的评价，即事后评价。这种性质的评价，具有总结性、鉴定性的特点。

第二，老年教育结果评价的着眼点是“结果”，即老年教育活动开展后的成效。

第三，老年教育结果评价的目的在于对开展的老年教育活动的有效性进行全面的鉴定。

第四，老年教育结果评价的方法采用定量和定性相结合的方法，并尽量采用定量分析方法，以提高评价的精度，减少评价主观随性。

第五，老年教育结果评价的主体也区别于过程评价。编制设计者、主办者可进行自我评价，但一般不参与最终评价。

（三）老年教育评价的功能

1. 价值判断功能

该功能指的是通过老年教育评价，判断其价值的功能。这一功能是老年教育评价本质属性的反映。正如前述，老年教育评价的本质在于价值判断。所谓价值，即为客体对主体需要的满足。在这里，老年教育作为客体，社会和老年人的发展需要作为主体，老年教育的价值就是作为客体的老年教育对作为主体的社会和老年人的发展需求的一种满足。老年教育的评价，就是通过评价来判断上述的满足度，以反映发展老年教育的价值。

2. 规范导向功能

该功能指的是通过老年教育评价，规范评价者和被评价者的行为，并引导被评价者朝着评价主体所预定的目标发展的功能。实践证明，这一功能主要是通过评价的准则和标准来实现的老年教育评价主体性和目的性的具体体现。

3. 诊断反馈功能

该功能指的是通过老年教育评价，及时找出老年教育实践中存在的问题，并经过对问题产生原因的分析，找出症结所在，然后及时将诊断结果反馈给被评价者的功能。老年教育评价的这一功能，使得评价成为现代老年教育管理的调控手段之一。

4. 强化激励功能

该功能指的是老年教育评价，给予被评价者正确而又充分的激励，从而使被评价者的创新动机得到激发，创新积极性得到调动，朝着评价主体期望的目标积极行动的功能。经验研究表明，成功的老年教育评价过程，实际上是个激励创新过程，是个以评价促发展过程。

二、老年教育评价的内容和特点

（一）老年教育评价的内容

1. 老年教育教学评价的内容

美国学者柯克帕特里克（D. L. Kirkpatrick）博士曾将评估分成四个层级，用于测量学习者对于教育培训活动的体验及学习结果不同程度的反应，依次为反应评估、学习评估、行为评估和结果评估，是目前教育培训领域在理论上和实践中最为广泛使用的。这对老年教育教学评估同样适用。

反应评估（reaction assessment）是指对老年学习者在老年教育培训刚结束时所持有的主观感觉和满意程度进行的评价和估量。其是教育培训的最低层次，这种反应涉及老年教育培训的各方面，如教育培训的目标是否合理、内容是否适用、方式方法是否合适等。

学习评估（learning assessment）是指对老年学习者通过老年教育培训所学的知识、技能的掌握程度进行的评价和估量。这种评估是目前最常见也是最常用到的评估内容，可反映老年学习者知识水平的提高程度和技能的掌握程度。

行为评估（behavior assessment）是指对老年学习者运用老年教育培训所学内容的程度进行评价和估量。这种评估一般在教育培训结束后的3—6月进行，可以通过老年学习者周围的相关人员对学习者的工作和生活表现进行衡量。

结果评估（result assessment）是指对由老年教育培训活动引起老年学习者工作和生活结果的变化情况进行的评价和估量。这种评估一般在教育培训结束后的6—12月内进行，是用来判断教育培训转化为效果的，衡量老年学习者在教育培训中获得的知识、技能等是否能引起其行为的变化，是否能够有效地实现学习成果与实际应用之间的转化。

在这里需指出的是，上述四个层级老年教育教学评估的结果，一般而言其评估结果是一致的。然而，也不是绝对的，有时并非完全一致。有的教育培训活动，反应评估满意度高，但行为评估和结果评估不一定效果很大。由此，我们说，理想的老年教育教学评估，应是四个层级均开展，综合来看四个层级的评估结果。

2. 老年教育工作评价的内容

该评价着重点是一定区域范围内整个老年教育工作。

第一，评价该区域老年教育的基础建设，包括该区域老年教育的领导与管理、制度建设、基地与网络、队伍建设、经费保障等。

第二，评价该区域老年教育的特色和创新。

第三，评价该区域老年教育活动开展状况及其成效等。

（二）老年教育评价的特点

老年教育评价，作为教育评价的组成部分，当然具有教育评价的一般特点，然而相对于其他教育评价而言，其又有自身的特点。

1. 老年教育评价目的导向突显人本性

基于老年教育对象的老龄性，老年教育又具有社会公益性的社会属性，因而老年教育评价目的的人本性导向较其他教育而言尤为突出。特别对高龄老年人教育，其人文关怀更为集中体现。据此，积极老龄化的促进度，应作为评价老年教育目的导向。其既是评价老年教育的基本标尺，也是老年教育评价有效度的根本体现。

2. 老年教育评价指标体系设计的挑战性

基于老年教育目的导向突显人本性，教育宗旨促进积极老龄化，让健康、参与、保障的机会尽可能发挥更大效益，教育教学过程又体现学、乐、为结合整体化，教育教学原则要贯彻弹性和自愿性，教育教学模式又强调教育与养生、养老结合，上述这些老年教育的基本特征，显然不同于其他教育，于是带来了老年教育评价指标体系设计的挑战性，设计的老年教育评价指标体系应是具有自身特色的创新指标系统。

3. 老年教育评价过程控制的高难度性

相对于其他教育而言，老年教育对象个体内在因素变化快、个别差异性大，教育过程涉及的不可控随机因素更多，再加上教育教学原则强调弹性和自愿性，因而老年教育评价控制更具有复杂性、高难度性。据此，要达到老年教育评价预定的效果，必须对评价全过程及其各基本环节加以精心的设计和组织，以及科学的控制，其工作量远大于其他教育评价。

4. 老年教育评价成效的多重性

老年教育评价成效的多重性是基于现代教育目标与教育评价成效一致性，而老年教育目标在于促进老年人积极老龄化，具体反映在增进健康、增长知识和技能、积极参与、保障服务等多方面取得成效。这充分体现了老年教育成效评价的多重性。

5. 老年教育评价主体构成的多序列性

正如前述，老年教育具有社会公益性的社会属性，既是终身教育事业的重要组成部分，又是老龄事业不可缺少的组成部分，还是涉及民生的社会保障事业的一部分，因而其评价主体的组成，具有多序列性特点。第一，需要教育系统人员，包括领导、专家、老年教育工作者和老年学习者等参与评价；第二，又需要老龄委系统人员，包括领导、专家、老龄工作者等参与评价；第三，还需要民政系统的领导、专家、民政工作者等参与评价。只有组成这种多序列性“官民结合”的评价主体，进行“立体式”的评价，才能适应老年教育高难度评价的要求，作出较为客观而全面的老年教育评价，从而达到其评价的预期效果。

三、老年教育评价的指标体系

（一）构建老年教育评价指标体系应把握要点

老年教育评价指标体系的科学构建，这是老年教育评价科学化的依据和尺度，必须加以认真地对待。实践证明，要科学构建评价指标体系，还必须把握下列的要点。

1. 老年教育目标与老年教育评价指标的一致性

评价指标是教育目标的展开，也是教育目标的具体化。这是现代评价的特点，也是老年教育评价的经验总结。发展目标与评价指标的一致，有利于明确发展方向，形成合力，产生聚焦效应，提高老年教育的实效性（效度）。据此，我们构建老年教育评价指标体系时，要首先考虑其发展目标。

2. 应以老年民众的“四度”作为老年教育评价的最基本依据

正如前述，我国老年教育的发展，必须坚持以人为本思想。这就要求，在老年教育评价中应充分体现“人作为尺度”的思想。具体来说，对老年教育进行价值判断，就必须要以广大老年民众对老年教育的知晓度、认同度、参与度、满意度作为最基本尺度加以衡量。对此，要在老年教育评价指标体系加以体现。

3. 构建老年教育评价指标体系应遵循的原则

第一，综合性原则，指构建的评价指标体系应综合地反映被评价对象，这是判断评价对象的全面性所必需。第二，针对性原则，指构建的评价指标体系应针对性地反映被评价对象，这是判断评价对象的准确性所必需。第三，简易性原则，指构建的评价指标体系在实施评价时要简单可行，这是老年教育评价工作的可行性所必需。

（二）老年教育教学质量评价的指标体系

教学质量应由教学成效来体现。据此，该指标体系，应由下列的几方面成效构成。

1. 认知成果（cognition achievement）

指老年学习者在理解、接受和掌握老年教育中所提出的理论和知识方面所达到的结果。

2. 技能成果（skill achievement）

指老年学习者在掌握和应用老年教育中所指出的操作技巧、技术或能力以及行为方式方面所达到的结果。

3. 情感成果（affective achievement）

指老年学习者通过老年教育在形成态度、动机方面所达到的结果。

4. 绩效成果（performance achievement）

指老年学习者通过老年教育在对个人生活和工作成效产生影响方面所得到的结果。

5. 社会资本积累（social capital accumulation）

指老年学习者通过老年教育对其结构性社会资本提升与认知性社会资本培育方面所得到的结果。社会资本，指人、社团、组织与给定人群联系程度与社会关系质量，包括结构性成分（相关联系或活动的范围和强度）与认知性成分（对支持、互惠和信任的感知）。

上述的认知成果、技能成果的评价，就是体现了“学习评价”的内容；情感成果、社会资本积累的评价，就是反映了“行为评价”的内容；绩效成果的评价，就是体现了“结果评价”的内容。全面衡量老年教育的教学质量，应是上述几方面评价的综合结果。

（三）老年教育工作的评价指标体系

根据上述的一个区域老年教育工作的评价内容，可形成区域老年教育评价指标体系，具体见表 1-5。

表 1-5　老年教育评价指标体系

序号	一级指标	二级指标
1	领导与管理	指导思想 规划与计划 管理机构 宣传动员（社区居民知晓度）
2	制度与经费	制度建设 经费保障

续表

序号	一级指标	二级指标
3	基地与网络	老年教育机构 老年教育载体 老年教育资源整合利用 远程教育网
4	队伍与建设	管理者队伍 专职教员队伍 兼职教员队伍 志愿者队伍 队伍培训
5	教育活动	老年教育参与率 老年学习团队活动
6	教育成效	老年人满意度 老年人全面素质的提高 老年人生命质量的提升 老年人社会活动参与度 老年教育事业发展 老年教育研究成果
7	创新和特色	创新性 特色性

四、建立和完善多方结合的老年教育评价制度

实践证明，建立多方结合、立体式的老年教育评价制度，其评价结果更符合实际。这种评价制度，包括自我评价、学习者评价、组织评价和社会评价等。

（一）自我评价

指由老年教育的组织和人员根据评价标准，对其组织参与影响老年教育活动对象的发展变化所进行的自身评价活动。这类评价组织方式的优点和积极作用有以下几点。第一，评价活动组织容易，程序简化，资料收集方便，阻力小；第二，能使老年教育评价经常化；第三，其是组织评价和社会评价的基

础；第四，使老年教育管理更为自觉而扎实。其缺点和局限性有以下几点。第一，评估活动不能横向比较；第二，容易自我陶醉，文过饰非，评价客观性较差。

（二）学习者评价

学习者评价也称顾客评价。指由接受老年教育的老年学习者根据评价标准，对其老年教育服务所进行的评价活动。这种评价组织方式体现了老年教育以老年学习者为本的思想，学习者不仅是教育教学过程的主体，而且应是教育评价的主体。他们对自身接受老年教育服务后的变化，即个适性质量最有发言权。学习者评价制度应成为老年教育评价的最基本制度，可综合采用顾客满意度调查评价等方法。当然，这种评价前期准备要充分，投入较大。

（三）组织评价

组织评价是政府主导的评价方式，也称行政评价或政府评价。指由老年教育的组织和实施者的上级主管部门作为评价者，根据评价标准对其所辖地区的老年教育所进行的评价活动。其优点和积极作用有两点。第一，评价活动权威性较高，容易得到政府各部门的认可；第二，有助于老年教育活动规范化、法制化。其局限性在于评价活动往往很难听到老年人的真实反馈。

（四）社会评价

社会评价也称社会中介机构评价。指由接受政府委托的社会中介机构，根据评价标准对某一地区的老年教育所进行的评价活动。这种中介的社会机构，往往以教育评价机构和老年教育研究机构最为普遍，因而其又称为专业组织评价。这类评价，其优点和积极作用有以下几点。第一，评价活动科学性和客观性较强；第二，评价可进行横向比较；第三，还具有社会协同作用。其局限性是社会评价制约性较弱，评价过程难度较大，且要有较多的经费投入。

综上所知，上述四类评价各有其优点和局限性。为了全面地准确地有效地对老年教育评价，成功经验证明，应采用自我评价、学习者评价、组织评价、社会评价相结合的组织形式，即建立和完善以自我评价为基础、学习者评价为基本的，由政府牵头、专家参与指导和评价的，多方结合的立体式教育评价制度。这样，既能综合发挥各类评价的优势，又能弥补各类评价的局限性或不足，以保证老年教育评价的科学性和实效性。

主要参考文献

[1]胡中锋.教育评价学[M].北京.中国人民大学出版社,2008.

[2]中国国家标准化管理委员会.中华人民共和国国家标准成人教育培训服务术语:GB/T 28913—2012[S].北京:中国标准出版社,2012.

[3]中国国家标准化管理委员会.中华人民共和国国家标准社区服务指南第3部分:文化、教育、体育服务:GB/T 20647.3—2006[S].北京:中国标准出版社,2007.

第二部分 老年教育的发展探索

中国当代老年教育发展的历程回顾和阶段分析*

我国当代老年教育是随着国家经济社会发展和老龄事业发展的进程而展开发展的。在这里，以对老年教育产生重要积极影响的重大社会事件为依据划分老年教育发展阶段，即以 1996 年《中华人民共和国老年人权益保障法》的颁布、2002 年党的十六大报告提出形成全民学习终身学习的学习型社会、2012 年党的十八大提出“办人民满意的教育”为依据，将我国当代老年教育的发展历程划分为初创期、推展期、发展期、繁盛期四个阶段。

一、初创期（20 世纪 70 年代末 80 年代初—1995 年）

20 世纪 70 年代末 80 年代初至 1995 年，为我国老年教育发展的初创期。该阶段，老年教育初创的社会背景有两个。一是 1978 年党的十一届三中全会召开；二是 90 年代国家经济体制转型。党的十一届三中全会作出了改革开放、全党工作重心转移到社会主义现代化建设上来的战略决策。于是把知识、人才问题上升到决定现代化建设成败的战略问题。为此，将教育和科学视为最为关键的因素。这就为老年教育的初创提供了良好的社会背景。在此同时，终身教育、终身学习的理念成为国际社会的一种新思潮，对我国的教育改革发展产生重要影响。

1. 理论准备

20 世纪 70 年代，国外老年教育理论开始勃兴。1975 年国际第三年龄大学协会（AIUTA）的成立，1976 年《教育老年学》杂志在美国创刊，以及英国

---

* 该文形成于 2018 年 9 月，发表于 2019 年 4 月，作为《中国当代老年教育发展研究》一书总论篇的内容。

第三年龄大学创始人之一彼得（Peter Laslete）提出的第三年龄框架理论，都标志着老年教育学科开始形成新的独立学科。在我国，随着老年教育活动的开展，迫切需要理论的指导，加上国外老年教育思想的引入，我国老年教育研究开始兴起。1985年7月，中国首个老年教育研究的群众性团体——哈尔滨老年教育学会成立。同年12月，全国老年大学经验交流会促进了老年教育研究。此后，老年教育研究活动在各地相继开展。1989年，在武汉召开了“老年教育国际研讨会”，通过了《武汉宣言》。20世纪90年代，我国涌现出一批老年教育相关学术成果。代表性的有《老年学和老龄问题》（熊必俊，1990）、《老年教育与美学》（贾岩主编，1991）、《教育老年学》（邱天助，1993）、《老年心理与教育》（王荣刚等，1994）等，这些学术成果为老年教育初创作了理论准备。

2. 政策准备

1982年2月，中共中央发布的《关于建立老干部退休制度的决定》废除了干部领导职务实际存在的终身制，实施国家工作人员退休制度。大批老干部骤离岗位，急需角色转变，建立一种新的生活方式，以适应退休后的生活。在这样的背景下，老年大学应运而生。干部制度改革直接引发老年教育的发育。1994年12月，国家计委、民政部、劳动部等10个部门联合制定了《中国老龄工作七年发展纲要（1994—2000年）》。该纲要提出了“五个有所”，即老有所养、老有所医、老有所为、老有所学、老有所乐。其中强调“实现老有所学，保障老年人受教育的权利，不断提高老年人的素质”，并肯定老年大学、老年学校是老年教育的重要形式，要进一步巩固和提高。此后，1995年3月全国人大会议又通过了《中华人民共和国教育法》，其第十一条规定：“完善现代国民教育体系，健全终身教育体系，提高教育现代化水平。”这些文件和法规的出台，均为老年教育初创和发展作出了政策上的准备。

3. 实践初创

在废除干部终身制的背景下，1983年我国第一所老年大学山东红十字会老年大学建立。紧接着，1984年成立了广东岭海老年大学，上海市杨浦区四平街道成立了社区老年学校——四平老年大学。之后，在全国多地，如长沙、哈尔滨、贵阳、南京、北京、广州等省市，离退休人员相继自发地创办了一批老年大学。在1985年全国老年大学经验交流会上，国家领导人充分肯定了老年大学作用。在此基础上，中国老年大学协会作为全国一级协会于1990年成立。该协会作为全国非营利专业社团，协助政府负责老年大学业务指导，并组织全国各地老年大学开展协作和交流，推动老年教育机构的初创。

在此期间，在国家经济体制转向社会主义市场经济体制的背景下，1993 年后我国的社区教育取得了突破性进展，进入到以全员、全程、全方位为发展导向和特点的新的发展阶段，其中社区老年教育崛起，老年人群开始活跃在基层社区教育的舞台上，成为基层社区教育的主要角色。

二、推展期（1996—2001 年）

1996 年至 2002 年，为我国老年教育发展的推展期。1996 年，全国人大颁布了《中华人民共和国老年人权益保障法》。从此老年教育开展有了法律上的依据。国家经济体制转向社会主义市场经济体制后，日益影响和改变着人们传统的价值观念、思维方式、工作方式、学习方式、生活方式等，对社会成员，包括老年人群的整体素质提出了崭新的要求，从而较为普遍地产生了内在的学习需求，成为推动老年教育的动力。

1. 理论探索

这一时期老年教育研究有了新的探索和进展。1995 年，在北京举办了第三年龄学习国际研讨会。研讨会中，老年教育研究开始列入全国教育科学规划项目，并取得了新的研究成果。代表性的著作有中国老年大学教育研究组编著的《老年学校教育学》（1998）、邬沧萍教授主编的《社会老年学》（1999）。列入全国教育科学“十五”规划教育部重点课题有马超的“中国大中城市老年教育组织实施的实验性研究”、姚远的“人口老龄化过程中的中国老年教育研究”。另外，我国派代表出席了在西班牙马德里召开的联合国第二届老龄问题世界大会。会议通过了《政治宣言》和《老龄问题马德里国际行动计划》，确认了积极老龄化的三个支柱：健康、参与、保障。该会议给我国老年教育研究带来了新的理论依据。

2. 政策颁布

全国人大颁布的《老年人权益保障法》明确提出“老年人有继续受教育的权利。国家发展老年教育，鼓励社会办好各类老年学校。各级人民政府对老年教育应当加强领导，统一规划”。1999 年，国务院批转教育部的《面向 21 世纪教育振兴行动计划》提出了要逐步建立和完善终身教育体系。2000 年，中共中央国务院发布的《关于加强老龄工作的决定》强调“各地要重视发展老年教育事业”，并明确提出基本实现“六个老有”，其中包括老有所教和老有所学。2001年中组部等五部门联合下发《关于做好老年教育工作的通知》，要求“培育和树立一批条件较好、质量较高、制度较全、颇具规模的规范化老年大学示范校”，规范老年大学办学。同年，《中国老龄事业发展“十五”计划纲要（2001—2005年）》又强调“大力发展老年教育”，并提出了“建立老年教育网络”和“开展适合老年人特点的教育活动”的要求。上述的法规、决定和计划等，有力推进了老年教育的推广。

3. 实践推展

该阶段老年教育办学有了法律依据，走上了依法办学的新阶段，老年教育有了较大的推广。其反映在：一是老年大学和老年学校有不断地发展，在校人数也在不断地增加，并创办了一批示范性老年大学。二是远程老年教育相继开办。北京、上海等大城市相继开办了空中老年大学、网上老年大学，或在老年大学内开设多门电视课程和网络课程。三是基层社区老年教育有新发展。

三、发展期（2002—2011年）

2002年至2011年，为我国老年教育的发展期。在此期间，党的十六大提出全面建设小康社会的目标。其中，包含基本形成全民学习、终身学习的学习型社会。2010年《国家中长期教育改革和发展规划纲要（2010—2020年）》提出要“重视老年教育”。这就为老年教育发展直接提供了良好的社会环境和强有力的动力。

1. 理论发展

该阶段老年教育研究有了新的发展。一是与中国的社会变革紧密结合，围绕建设社会主义和谐社会为中心研究老年教育，代表性著作有郑令德等主编的《和谐社会与老年教育》（2007）等。二是对老年教育多种模式加以研究，如顾秀莲的“老年远程教育研究”（2009）、吴云龙的“社区老年教育研究”（2009）、杨守吉的“高等院校老年教育服务模式探析”（2010）等。三是群众学术团体积极推动老年教育研究。中国成人教育协会学术委员会将老年教育研究列入“十五”“十一五”成人教育科研规划课题，并参与成人教育优秀成果评奖。中国老年大学协会召开理论研讨会，探讨老年教育的理念、规律和发展经验。在此期间，据不完全统计，出版了13部老年教育著作，如董之鹰的

《老年教育学》（2009）、孙建国主编的《中国老年教育探索与实践》（2011）、施祖美的《老年教育策论》（2011）等。这些学术研究成果为我国老年教育发展提供了理论上的先导。

2. 政策发展

正如前述，党的十六大为我国绘制了全面建设小康社会的蓝图，其中提出构建终身教育体系，构建学习型社会的目标，这强有力地推动了老年教育的发展，使我国老年教育发展进入一个新阶段。2003 年党的十六届三中全会强调以人为本的科学发展观，为老年教育提供了发展理念——以老年人为本。2006 年颁布的《中国老龄事业发展“十一五”计划纲要（2006—2010 年）》中明确要求“各级政府要加大对老年教育资金投入，同时动员社会力量，因地制宜办好老年人电视大学、老年网上学校，倡导社区办学”，这些要求对该阶段老年教育发展起到很大的促进作用。尤为值得注意的是，2007 年颁布的《国家教育事业“十一五”规划纲要》第一次将老年教育列入国家教育发展规划，之后《国家教育改革和发展规划纲要》又强调要“重视老年教育”。这标志着老年教育的教育属性得到党和国家正式确认，从而加快了各地政府教育行政部门对老年教育的统筹规划和制度保障。2011 年颁布的《中国老龄事业发展“十二五”规划（2010—2015 年）》提出的“创新老年教育体制机制，探索老年教育新模式，丰富教学内容”，以及提出的“在加大财政投入的同时，支持社会力量参与，扩大老年大学办学规模”等要求，又进一步指明老年教育改革和发展的方向。

3. 实践发展

该阶段老年教育发展反映在以下几点。一是老年教育纳入终身教育体系，由教育行政部门对老年教育业务加以统一指导。尤为令人瞩目的是，上海市建立全市统一的老年教育工作管理体制，将老年教育纳入市教委管理体制中；二是各地政府制定了老年教育发展目标，提出了具体的发展举措，老年大学（学校）规模又得到了发展，2010 年老年大学（学校）数量达到 41 887 所，并又创办了一批示范性学校；三是企事业单位和民间组织投入到发展老年教育的行列中；四是社会老年教育产生和发展，图书馆、博物馆等公共文化服务设施向老年人提供学习机会；五是基层社会老年教育遴选了 28 家全国社区教育示范区。

四、繁盛期（2012 年至今）

自 2012 年至今，为我国老年教育的繁盛期。以 2012 年党的十八的召开为划分依据。该阶段老年教育繁盛的主要社会背景有《全国老年发展规划（2016—2020）》的颁布，党的十九大的召开。

1. 理论繁盛

该阶段的理论研究，不仅表现为横向拓展，而且表现为向纵深发展，开始了老年教育学科体系的研究。代表性的有，复旦大学出版的《老年生命教育系列》丛书、岳瑛《教育学视阈中的老年教育》（2012）、钱源伟《老年教育教学论》（2016）、杨德广《老年教育学》（2016）等。尤为令人关注的是，由上海市终身教育研究会组编，叶忠海总主编的《老年教育理论》丛书（6 部），包括《老年教育学通论》叶忠海主编、《老年教育心理学》张永等著、《老年教育管理学》张少波、李惟民主编、《老年教育经济学》金德琅主编著、《老年教育社会学》张东平主编、《海外老年教育》齐伟钧主编，填补了我国老年教育学科体系的空白。这些研究成果，对老年教育实践活动起到了导引和促进作用。同时，该阶段老年教育研究与国际交流对接更为活跃，一方面积极参与国际第三年龄大学协会（AUITA）主办研讨会，并在会上作主题发言；另一方面，在国内举办国际老年教育论坛，自 2013 年以来，已在中国国际教育年会框架下举办了三届。上海老年教育研究院也于 2018 年举办老年教育东方论道的国际论坛，请国际第三年龄大学协会执委会成员参会，会上成立了中国老年大会协会国际老年教育研究中心。

2. 政策繁盛

党和国家出台了系列文件，使我国老年教育呈现繁盛的景象。2012 年 11 月，党的十八大给老年教育规定了“努力办好人民满意的教育”的最高准则和“2020 年教育现代化基本实现”的宏伟目标。同年，《关于进一步加强老年文化建设的意见》颁布，要求“文化教育部门要把老年教育纳入到终身教育和社区教育体系”。2013 年党的十八届三中全会提出了全面深化改革的要求，指引和推进老年教育转型发展。之后，修订的《老年人权益保障》再次强调把老年教育纳入终身教育体系，并要求各级政府不仅要加强领导，统一规划，而且要加大投入。2016 年，国务院办公厅印发的《老年教育发展规划（2016—2020

年）》是我国第一部老年教育专项规划，对老年教育发展的指导思想、基本原则、主要任务、重点推进计划、保障措施等基本问题作了明确的阐述和规定。其作为发展蓝图和行动指南，鼓舞着全国老年教育界拓展而深化我国老年教育发展。翌年 1 月，国务院印发的《国家教育事业发展“十三五”规划》进一步要求“推进老年教育机构逐步纳入地方公共服务体系，完善老年人学习服务体系”。党的十九大提出要加快建设学习型社会，这给加快发展老年教育注入了强劲的动力。

3. 实践繁盛

老年教育蒸蒸日上，呈现出崭新的面貌。一是提升了老年教育的高度，强调让每一个老年人都能安享晚年作为实现中国梦的重要内涵；二是各地政府积极制定本地区老年教育发展规划，提出了老年教育发展的目标和任务；三是远程老年教育迅速发展，远程老年教育“三个一”行动计划普遍开展，成立远程教育工作委员会，组建远程老年教育试验区指导中心，远程老年教育成为老年教育新的模式；四是社区老年教育进一步发展，在北京召开了全国社区教育与老年教育专题研讨会，会议提出两者协同工作和协同研究的发展方式；五是老年大学规范化有了新发展，中国老年大学协会表彰了全国示范性老年大学 176 所。

主要参考文献

[1]学习型社会建设研究课题组.学习型社会建设的理论与实践[M].北京:高等教育出版社,2010.

[2]马丽华,叶忠海.中国老年教育的嬗变逻辑与未来走向[J].南京社会科学,2018(9):150-156.

中国当代老年教育发展的成就、特点和规律性*

20世纪末世界已进入老年型社会。中国人口老龄化速度超前于现代化速度。2017年底，老年人口已达2.4亿，老龄化水平已达17.3%，“未备先老”“未富先老”的特征日益凸显，这显然会对经济社会发展带来重大挑战。面临人口老龄化的压力，如何变压力为动力？其中，一个战略性的有效途径和举措，就是大力发展老年教育。老年教育随人口老龄化显得越来越重要，对其系统而全面的研究显得日益迫切。今年，又是中国改革开放四十周年，还是中国颁布老年教育发展规划后第三个年头，需要对改革开放四十年来老年教育作系统总结和研究。本文仅就中国老年教育四十年发展的成就、特点和规律性分别加以简要的阐明和论述。

一、中国老年教育发展的成就

近四十年来，在改革开放大背景下，中国老年教育呈现出从未有过的蓬勃发展之势，取得了前所未有的成就。其展开的范围之广、规模之大、类型之多、发展之快、收效之著，令世人瞩目。

（一）终身学习思想逐渐深入人心，形成了发展老年教育的社会共识

近四十年来，中国老年教育经历着多个发展阶段，现已进入繁盛的新阶段。随着老年教育在各地逐渐展开，参与的老年人群日益扩大，终身学习思想逐渐深入人心，对“终身学习”认同度明显得到提高。据本课题组调查，在被问及“对终身学习成为一种生活方式”的态度时，上海市、广州市等地高达

---

* 该文与华东师大马丽华博士合作完成，发表于《当代继续教育》2018年第6期。

80%以上老年人表示赞同和比较赞同。“活到老，学到老”“学无止境”的终身学习思想已广为人知，成为一种新的生活方式。

（二）制定了相关老年教育政策法规，开始依法实施老年教育

中国老年教育从创办到发展，始终得到党和国家的重视和支持。从本文历史回顾部分可清楚地看到，中央发了一系列文件用于推进老年教育发展。1996年《中华人民共和国老年人权益保障法》（以下简称《老年人权益保障法》）颁布，明确规定“老年人有继续受教育的权利”“国家发展老年教育，鼓励社会办好老年教育”，并提出了“五个老有”的工作方针，即老有所养、老有所医、老有所为、老有所学、老有所乐。2000年，中共中央国务院又下发了《关于加强老龄工作的决定》，其中要求“各地要重视发展老年教育事业”。直至2016年《全国老年教育发展规划（2016—2020年）》（以下简称《老年教育规划》）的出台，展示了未来中国老年教育的发展蓝图，是中国老年教育发展的行动指南。这一切，均体现了党和国家发展老年教育的意志和决心，为依法实施老年教育创造了十分有利条件。在上述的背景下，有些地方人大及政府颁布了加强老年教育的地方性法规。天津市人大于2002年7月就通过了《天津市老年人教育条例》，自2002年9月起施行，老年教育进入了依法施教阶段。

（三）确立了老年教育管理体制，形成了政府与社会相结合的办学机制

经过近四十年的发展实践，中国老年教育确立了符合现阶段中国国情的管理体系，即党委领导，政府统筹，教育、组织、民政、文化、老龄部门密切配合，其他相关部门共同参与的管理体制。对此《老年教育规划》作了阐明。不仅如此，整个老年教育发展历程中，坚持了“党委领导、政府主导、社会参与、全民行动”的老龄工作方针，突破了传统的单一政府办学机制，形成了政府和社会相结合的办学机制。政府投资办、高等学校投资办、行业企业投资办、社会团体组织投资办、个人投资办等多渠道、多层次的老年教育办学格局。

（四）实施多样化老年教育，初步形成了老年教育框架体系

基于老年人群是一个多类型多层次的复合群体结构，学习需求具有明显的差异性特点。为了满足这种差异性学习需求的特点，中国老年教育经长期的实践积累，在实践中形成了多样化老年教育，包括教育模式多样化、课程内容多样化、教学形式多样化、教学手段多样化等。就教育模式多样化而言，既有以老年大学为代表的学校老年教育，又有大量的学习共同体为特征的老年人自主教育，广泛的基层社区老年教育，还有线上线下相结合的远程老年教育，以及以社会公共文化设施为载体的社会老年教育等。就课程内容多样化而言，既有以大众的养生保健类、休闲生活类为主的课程，又有文化修养类的博雅课程，还有专（职）业类智能再开发课程等。就教学形式而言，除课堂式以外，还有活动式，并且创新出现场体验式、养教一体式、游学结合式等教学形式。就教学手段多样化而言，除积极利用现代信息技术，实施数字化、网络化教学外，还开发利用社会多种潜在的隐性资源，作为老年教育活动的载体和手段。由上可见，我国老年教育，在政府重视和支持下，在社会各界和老年教育界努力下，已初步形成多类型、多层次、多形式、多手段的老年教育框架体系。对此，老年学习者对已参加的学习活动满意度相当高。据本课题组调查，上海市达到 95%以上，广州市达到 93.6%，太原市也达到 87.2%。与此相应的是，老年学习者收获感相当高，上海市达到 95%以上，广州市也达到 84.3%。

（五）老年教育研究呈现良好态势，学科建设开始启动

在促进老龄事业发展过程中，随着老年教育实践活动广泛而深入的展开，老年教育研究呈现出良好的态势。一是老年教育列入高层次研究。自本世纪以来，有多项老年教育课题在国家社科基金、全国教育科学规划课题立项。2000 年就有“老年教育问题研究”在国家社科基金项目中立项。2001—2015 年全国教育科学规划老年教育立项课题就有 16 项。二是高校年青的博士生、硕士生参与了老年教育研究。据不完全统计，自 2003 年至今，已发表了 133 篇博士、硕士学位论文。三是老年教育研究涌现了一批成果，得到了学术界的认可。据不完全统计，截至 2017 年，公开出版老年教育专著就有 40 部。本世纪以来，中国成人教育协会学术委员会成人教育科研成果评奖，其中得一、二等奖的老年教育科研成果就有 31 项。四是启动了老年教育学学科建设。正如前述，2013 年上海市终身教育研究会学术委员会组织全市学术力量，推出了《老年教育理论丛书》，从教育学、心理学、管理学、社会学、经济学等多学科视角聚焦老年教育研究，为老年教育学的学术体系、学科体系、话语体系的建构迈出了可贵的一步。

（六）推进国际交流和合作，扩大了中国老年教育的国际影响力

正如前述，中国自 20 世纪 90 年代以来，积极参与国际老年教育交流和合作。特别近几年来，中国实施国际议题、国内研究的“1+1”研讨模式，即针对国际第三年龄大会协会每年的国际议题，在国内老年教育界组织专家学者先行研究，把研究成果拿到当届国际会议上发表。该模式的确立，不仅使中国老年教育理论研究与国际关注问题能有效地交流互动，而且能有效地宣传中国老年教育的成就和经验，体现中国老年教育学术水平。正如国际第三年龄大会协会主席维拉斯教授给中国老年大会协会信中所写：“国际老年大会协会同中国老年大会协会之间的合作可以成为促进全世界老年大会发展的合作典范。”

二、中国老年教育发展的特点

（一）以人为本，服务成功老化的发展理念

坚持人本性为老年教育发展导向，是中国老年教育首要的特点。1996 年 8 月国家颁布的《老年人权益保障法》总则第三条所提出的“五个老有”，就充分体现出人本精神。自 2003 年 10 月党和国家正式提出“坚持以人为本思想”，党的十八大把以人为本思想提高到前所未有的高度，作为检验党的一切执政活动的最高标准。党的十九大习总书记又再次强调以人民为中心发展思想，并再次提出“始终把人民放在心中的最高位置”。近四十年来，中国老年教育一直坚持以人为本思想为指导，明确其最终价值取向在于促进老年人终生而全面发展，并将其贯穿于老年教育改革发展的全过程各环节、各个方面之中，服务老年人积极老龄化。2016 年 10 月国家发布的《老年教育规划》中，就以提高老年人的生命和生活质量作为老年教育目的，使老年人获得更多的幸福感，作为发展老年教育总体指导思想。

（二）政府主导，多力融合的运行机制

纵观中国老年教育发展历程，一个显著的发展特点就是，逐渐形成了政府主导、多力融合，政府和社会相结合的办学机制。一方面，党和国家高度重视老龄工作，积极推进老年教育事业发展。通过编制规划、制定政策法规、营造环境、加大投入等方面，在老年教育发展过程中起着主导保障作用。在编制规划方面，我国政府颁布实施了《中国老龄工作发展纲要（1994—2000 年）》《老年教育规划》。在制定政策法规方面，全国人大颁布了《老年人权益保障法》等文件。另一方面，社会多方发力，包括社会参与力、教育支撑力、市场

调节力、社区自治力、老年群体主体力等多力融合运行，推进老年教育发展。

（三）实验先行，示范引领的推进策略

近四十年来，中国老年教育发展迅速的因素之一，即采取了实验先行，示范引领推进的策略。从基层社区老年教育来看，1999 年国务院批转的《面向 21 世纪教育振兴行动计划》中就提出“开展社区教育实验工作，逐步建立和完善终身教育体系，努力提高全民素质”，并于 2001 年 11 月公布了第一批 28 家全国社区教育实验区。其目的就在于通过实验，积累有关社区教育，包括社区老年教育的经验，为其他地区开展社区教育起了示范引领和带动作用。自 2008 年开始，为贯彻落实党的十六大提出的“构建终身教育体系”“形成学习型社会”的目标，全国和省级教育行政部门又决定遴选设立社区教育示范区。截至 2016 年 6 月，教育部已遴选设立 122 个全国社区教育实验区和 127 个国家社区教育示范区。各省设立了逾 500 个省级社区教育实验区和示范区。实践证明，这种通过实验区—实验街镇—实验项目，然后遴选出示范项目—示范街镇—示范区的举措，涌现了一大批终身学习的“百姓之星”，培育了一批社区老年教育的特色品牌，从而形成了以点带面的推进策略。基于中国基层社区教育服务对象主要是老年人，因而该策略极有力推进着基层社区老年教育广泛而深入发展。学校老年教育和远程老年教育也均体现这个特色。正如前述，前者，通过培育和遴选老年大学示范校；后者，通过建立远程老年教育试验区，以试验先行，以示范引领，以点带面推进上述两种老年教育模式发展。

（四）五位一体，实现多类型发展的办学模式

为了解决老年教育供不应求的矛盾，我国正在创新老年教育体制机制，着力推进老年人自主教育、基层社区老年教育、学校老年教育、远程老年教育、社会老年教育等“五位一体”的老年教育发展新模式，在力求满足老年人学习需求过程中，使各类老年教育得到发展。就老年人自主教育而言，各种不同类型和形式的老年学习共同体和学习团体正在不断涌现。例如，上海现有老年人学习团队有 2.3 万个，人数 64 万人。杭州市老年人学习共同体蓬勃发展，召开了社区学习共同体研讨会。就基层社区老年教育而言，形成了东部沿海地区广泛开展，中西部地区逐步推进的发展格局，在县级范围内，一般是建立县（市、区）—乡镇（街道）—村（居委会）三级社区老年教育系统。就学校老年教育而言，全国已有 7 万所老年大学，在校学员 800 多万人，办学规模 1 万人次以上的老年大学有 18 所。就远程老年教育而言，各省市正在积极推动开放大学和广播电视大学开办老年开放大学和网上大学。东部地区将其延伸至街镇乡、基层社区，与社区数字化学习紧密结合。就社会老年教育而言，各地区公共文化设施向社会开放，开展了各种形式的社会老年教育。有些地区积极探索“养教结合”老年教育，建立内容多样的老年教育体验基地，积极探索“体验式”老年教育。

三、中国老年教育发展的规律性

任何事物的产生和发展都有其规律性。不论其发展形势如何，规律总会制约着事物的发展。老年教育发展作为一种特殊事物的运动形式也不例外。老年教育发展规律，从根本上左右着老年教育的发展，从而规定着老年教育实践活动。要科学而有效开展老年教育，使老年教育可持续发展，就得从老年教育发展过程中寻求其发展规律性。

（一）老年教育发展取决于老年人学习需求满足度，应在不断满足老年人学习需求过程中发展老年教育

唯物辩证法认为，事物发展的根本原因不是在事物外部而是在事物的内部，在于事物内部的矛盾。老年教育发展也不例外。老年教育实质是老年人的终生发展教育，其目的是为老年人积极老龄化服务。满足老年人的学习需求，促进老年人的终生发展，是老年教育根本的出发点和落足点。老年教育是为满足老年人学习需求而存在而发展的教育形态，满足老年人学习需求是老年教育发展的根本的内源性动力。

四十年来，中国老年教育发展史也表明，老年人学习需求度越高，就对发展老年教育的要求越强烈，这就要求老年教育发展与老年人学习需求相匹配，包括老年教育的数量、质量和结构与老年人学习需求的广度、高度和结构相对应。当老年教育发展与老年人学习需求不相适应时，就得改革和发展老年教育。老年教育就是在不断产生和解决满足老年人学习供需矛盾中得以发展。

（二）老年教育发展受制于老龄终教事业发展度，应置于老龄终教事业发展中发展老年教育

老年教育体现着教育的终身性，是终身教育体系的最后阶段和重要组成部

分。建立和完善终身教育体系离不开老年教育，老年教育可持续发展，又必须置于终身教育体系构建和完善、终身教育事业发展之中。近四十年中国老年教育史实也表明，中国老年教育得以发展迅速的阶段，也就是有效地推进建设终身教育体系阶段，老年教育就在建立和完善终身教育体系中得到发展。

老年教育又是老龄事业系统的重要内容和方面，发展老龄事业离不开老年教育，老年教育可持续发展又必须融入到老龄事业系统发展之中。近四十年中国老年教育发展充分说明这一点。大凡老年教育有着跨越式发展之势，也就是老龄事业进入新阶段之时，老龄事业发展强有力地带动着老年教育发展。

（三）老年教育发展取决于老年人主体性发展度，应充分发挥老年人主体作用中发展老年教育

老年教育是以广大老年人为对象的教育活动。其根本宗旨在于促进老年人积极老龄化。老年人又具有丰富的智慧、经验和技能。第二次老龄问题世界大会《政治宣言》明确指出“老年人的潜力是未来发展的强有力的基础”。广大老年人对老年教育的取向、内容、重点和模式最有发言权，对老年教育发展的质量和成效最有切身体会，他们是老年教育发展的参与主体、评价主体和推动主体。在老年教育中，发挥老年人主体性是老年教育的“天职”。只有老年人主体性和主体作用得到充分发挥，老年教育才能有效地得到发展。

实践证明，大凡老年教育开展得好的地区，他们均十分注重老年人参与的主体性。包括参与的广度、深度和高度。由老年人以多种形式参与老年教育的全过程及其策划、实施、监督、评估、激励等基本环节，发挥其主体作用。不仅如此，他们还十分注重优化对老年人学习的优质服务，提高老年人学习需求的满足度，从源头上激发老年人参与的内源性动力，从而从本原上推动老年教育的深入发展。

（四）老年教育发展取决于政民意向统合度，应在政府统筹全民合力下发展老年教育

老年教育事关全国2亿多老年人的大事，也是关系到老龄事业和社会发展全局的大事。又基于老年教育具有明显的公益性本质属性，作为执政的党和政府当然要加以重视和投入。然而，要满足世界上老龄人口最多、学习需求最大的社会需求，仅靠政府力量是不够的，还必须依靠社会民众的力量，只有当政府的选择导向性与民众的需求选择性统合一致，即政府的意志与民众的意愿高度契合形成合力时，老年教育才会生气蓬勃广泛而深入持久地展开。

近四十年来，我国老年教育发展的丰富实践也充分证明此点。一方面，我们党和政府高度重视老龄事业，包括老年教育事业，有着强大的政治优势、制度优势、组织优势，强有力推进老年教育发展。特别当国家作出关于老年教育发展的重大战略决策和制定老年人权益保障法规后，这种强大推动力尤为显著地反映出来。另一方面，开展老年教育已成为社会共识。“家家都有老，人人都会老”，老年教育成为社会各方参与和支持的行动。自上而下、自下而上、上下结合已成为中国老年教育发展的特色。

主要依据文献

[1]中华人民共和国老年人权益保障法[M]. 北京：法律出版社，2015.

[2]国务院办公厅. 国务院办公厅关于印发老年教育发展规划（2016—2020 年）的通知[EB/OL].（2016-10-05）[2018-04-01]. http://www.gov.cn/gongbao/content/2016/content_5129496.htm.

[3]教育部第九部门. 教育部等九部门关于进一步推进社区教育发展的意见[EB/OL].（2016-06-28）[2018-04-01]. http://www.moe.gov.cn/srcsite/A07/zcs_cxsh/201607/t20160725_272872.html.

主要参考文献

[1]叶忠海. 老年教育若干基本理论问题[J]. 现代远程教育研究，2013(6)：11-16.

[2]叶忠海. 老年教育学通论[M]. 上海：同济大学出版社，2014.

[3]叶忠海. 中国老年教育发展的若干基本问题[J]. 河北师范大学学报教育科学版，2017(5)：47-50.

[4]叶忠海，马丽华，杜君英，等. 在老龄事业大局中发展老年教育的思路和对策[J]. 当代继续教育，2016(2)：4-7.

[5]叶忠海. 国际老年教育发展的特点、模式和未来取向[J]. 当代继续教育，2017(5)：45-49.

[6]马丽华，叶忠海. 中国老年教育的嬗变逻辑与未来走向[J]. 南京社会科学，2018(9)：150-156.

新时代中国老年教育发展的战略思考*

人口老龄化已在世界快速发展，20世纪末世界已进入老年型社会。同样，我国人口老龄化速度超前现代化。2017年底，老年人口已达2.4亿，老龄化水平已达17.3%，“未备先老”“未富先老”的特征日益凸显，这显然给社会经济发展带来重大挑战。面临人口老龄化的压力，如何变压力为动力？其中，一个战略性的有效途径和举措，就是大力发展老年教育。今年，又是我国改革开放四十周年，还是我国颁布老年教育发展规划后第三个年头，需要对改革开放四十年来老年教育作系统研究，需要对未来老年教育作进一步可持续发展研究。本文仅就新时代中国老年教育发展加以战略思考，包括发展的理论导引、战略取向和基本路径。

一、新时代中国老年教育发展的理论导引

老年教育的发展，除要依据老年人身心发展规律和老年教育发展规律外，还要依据以人为本理念。在这里，仅就以人为本理念、终身学习理论和积极老龄观等问题加以阐明。

以人为本理念。以老年人为本，是老年教育改革发展的指导思想，必须贯穿于老年教育改革发展的全过程及其各环节、各方面之中。具体来说，应充分体现以下方面：一是应充分体现“人是目的”的思想。这就要明确老年教育最终价值取向在于促进老年学习者的终身而全面发展。这是发展老年教育的出发点和落足点。二是应充分体现“人是主体”的思想。这就要求老年教育充分发

---

* 该文形成于2018年9月，发表于《教育界》增刊《老年教育研究》2019年第1期。

挥老年学习者主体作用，满足老年学习者主体性需要。这是发展老年教育的根本动力。三是应充分体现“人作为尺度”的思想。这就要明确老年学习者是评价老年教育的基本主体，应以他们的知晓度、认同度、参与度、满意度作为衡量老年教育质量和成效的根本标准。四是应充分体现“人是过程”的思想。这就要求老年教育，不仅为某个年龄段的老年学习者服务，而且要为整个老年期终身发展服务，应把这种服务贯穿于老年人生命老化的全过程，力求做到阶段性与连续性的统一，这是拓展和深化老年教育的基本要求。

终身学习理论。终身学习是指个人在生命全过程中所从事的各类学习活动的总和。一般认为，终身学习概念涉及“终身”与“全面”两维视角。前者系指学习贯穿个人的一生，个人在整个人生中均应有实质的学习机会；后者系指学习发生于各种环境与情境之中，涵盖正规学习、非正规学习和非正式学习。

研究表明，由下列要素共同构成终身学习理论。学习对象是社会全体成员；学习目的是促进人的终生而全面发展；学习时程是人的生命全程；学习空间是人类整个活动空间；学习内容是人终生发展所需的全方位内容；学习资源是社会各种资源的整合和共享；学习类别包括正规学习、非正规学习、非正式学习；学习方式是多样化。

老年教育是终身学习的终结阶段。其最能体现学习终生的特征。基于老年人学习的人生定位和基本特性，很显然，终身学习理论应成为发展老年教育的理论基础和导引。

积极老龄观。其是指积极、正确和全面认识和对待老年人群以及人口老龄化的系列观点的总和。该观点来源于世界卫生组织，经过联合国老龄问题大会确认并传播。早在 1982 年，英国学者罗伯特·巴特勒提出“产出性老龄化”的概念，指的是老年人参与有报酬的或无报酬的生产及服务供给活动，意在强调老年人仍然可以对经济和社会的发展做出贡献。当年，联合国第一次老龄问题世界大会通过的《维也纳老龄问题国际行动计划》决议中就指出“老年人是社会的财富而非负担，因为他们可以以其累积的丰富知识和经验做出价值无比的贡献”。到 20 世纪 90 年代后期，在《联合国老年人原则》中所强调的老年人独立、参与、照料、自我实现和尊严等五原则基础上，世界卫生组织采用了积极老龄化概念，并于 2001 年向联合国第二次老龄问题世界大会提出了书面建议。2002 年大会确认了这一概念，将其内涵写进了大会的《政治宣言》和《行动计划》。积极老龄化，由健康、参与、保障三个支柱构成。其中，健康是前提和基础，参与是重点和核心，保障是照料和保证，三者是个有机统一的整体。同时，积极老龄化理论强调老年人群蕴藏着巨大的发展潜能和价值潜能，老年人的潜力是社会未来发展的强有力基础。可见，积极老龄观，从新的高度诠释了老年人的社会角色、价值和生命的意义，是对健康老龄化观点的一次理论升华，是老龄观的一次革命性变革。

二、新时代中国老年教育发展的战略取向

老年教育发展战略取向是未来我国老年教育发展的航标。2016 年 10 月，国务院办公厅颁布的《老年教育发展规划（2016—2020 年）》（以下简称《规划》），展示了该期间老年教育的发展蓝图，对我国老年教育发展具有里程碑意义。在新时代，我们要在达到《规划》目标的基础上，根据老年教育发展的理念和定位，遵循老年人身心发展规律和老年教育发展规律，参照国际社会老年教育的未来趋势，从我国老年教育现状出发，到 2035 年的发展战略取向是以不断解决老年教育供需之间矛盾为主轴，进一步拓展老年教育的广度、深化老年教育的深度、提升老年教育的高度、加大老年教育工作的力度，形成具有时代特征、中国特色、老年教育特性的现代化老年教育体系，从而促进我国终身教育体系和老龄事业体系的完善，促进学习型和谐社会的可持续发展，促进老年人的终生而全面发展。

进一步拓展老年教育的广度。从区域而言，进一步由东部地区向中西部地区扩展；进一步由城市向农村、牧区、渔村扩展；进一步由社区老年教育实验区向非实验区扩展，逐步达到在全国范围内全面展开老年教育。从人群而言，进一步由低龄老年人群向高龄老年人群扩展；由经济条件较好的老年人群向经济条件较弱的老年人群扩展；等等。概言之，通过老年教育广度的拓展，进一步提高我国老年教育的区域、人群的覆盖率，进一步提高老年人群对老年教育的知晓度、认同度、参与度、满意度。

进一步深化老年教育的深度。一是盘活、开发、整合和共享老年教育资源的深度。不仅包括教育机构的资源，非教育机构的资源，而且还包括社会居民中的教育资源，以及无形的教育资源等。二是老年人数字化学习的深度。为此，不仅要完备和提升数字化学习的硬件设备，更为重要的是加强数字化学习的软件建设，尤其要建立和完善社区老年人数字化学习支持服务体系，包括数

字化学习平台子系统、学习资源子系统、辅导技术人员子系统、政策制度子系统等。三是老年教育机构内涵建设的深度。其包括老年教育课程体系建设、教学模式的创新、管理人员和教学人员的职业化专业化等。四是特别激发社会活力参与的深度。其包括社会组织参与老年教育的深度，以及提高学习共同体和学习团队在社区老年教育中发挥作用的程度。

进一步提升老年教育的高度。其包括老年教育认知水平的提升、发展目标的提升、评价标准的提升、理论研究水准的提升等。就认知水平提升而言，将我国老年教育与实现中华民族伟大复兴的中国梦紧密联系起来。发展老年教育应以实现中国梦作为总背景、总动力、总条件；而老年教育的发展，能增强社会凝聚力、和谐度，又是实现伟大历史使命的社会基础。

进一步加大老年教育工作的力度。要实现上述的老年教育发展的目标，保障老年教育向广度、深度、高度全方位发展，就必须加大老年教育工作的力度。一是国家及其地方政府建立统筹协调机构，统筹、规划、指导、协调全国老年教育工作。二是国家制定颁布终身教育法规及其下位法，即老年教育法或老年教育实施条例。三是政府继续作为主渠道，加大老年教育经费的投入，并积极探索多渠道经费投入的长效机制。四是国家进一步实施区域分异和联动的发展策略，促进区域、城乡之间老年教育的协调发展。五是政府进一步解放和增强社会活力，注重社会性培育和社会民众主体性的充分发挥。完善“多力合一”推进模式、现代化老年教育建设和治理体系。

现代化老年教育体系。即现代化老年教育系统，并作为终身教育体系的重要组成部分。这里所谓的现代化，主要是指老年教育系统具有“三特”属性，即时代特征、中国特色、老年教育特性。就时代特征而言，指的是我国老年教育发展应体现信息化和智能化、知识化和专业化、国际化乃至全球化的特征。具体来说，应建立老年教育信息网络，乃至于逐渐以“人工智能＋老年教育”发展模式，以信息化智能化带动老年教育发展；加大老年教育发展的外向度，加快国际化步伐；增加老年教育的知识含量，提升老年教育的知识层次和专业化程度，从而真正达到老年教育既赋权又增能的要求。就中国特色而言，主要是指我国老年教育应以“四个坚持”为特色，即坚持以习近平新时代社会主义建设特色理论为指导、坚持中华民族性为特色、坚持区域分异性为特色、坚持政府与社会并举推动为特色。老年教育特性而言，主要是指教育对象——老龄性，教育宗旨——促进积极老龄化，教育过程——学、乐、为结合整体化，教育原则——弹性和自愿性，教育模式——教与养一体化等。

三、新时代中国老年教育发展的基本路径

（一）在老龄事业大局中发展老年教育

1. 在贯彻落实“老年人权益保障法”等相关法规中依法发展老年教育

《中华人民共和国老年人权益保障法》既是老龄事业发展的法律依据，也是老年教育发展的法律依据。该法规定六个“老有”是我国老龄事业的发展目标，其中包括“老有所教、老有所学”。可见，在国家法律层面上已将老年教育规定为老龄事业发展总体目标的重要组成部分。不仅如此，该法在第 70 条又专门提到，国家发展老年教育，纳入终身教育体系，从领导、规划、投入等方面对各级政府作了法律上的规定，并鼓励社会办好各类老年学校。此外，该法第 58 条、第 61 条，均为开展文化养老、社会老年教育提供了法律上保障。我国老年教育工作者要认真学习、深入领会、积极贯彻国家《老年人权益保障法》，在贯彻落实该法中依法治理和发展老年教育。

2. 在“老年宜居”理念践行中推进适宜性老年教育

国家《老年人权益保障法》专列《宜居环境》一章，并规定“国家采取措施，推进宜居环境建设为老年人提供安全、便利和舒适的环境”。国务院《无障碍环境建设条例》提出了“无障碍环境建设”。国家《“十三五”规划纲要》将“推进老年宜居环境建设”列入规划之中。老年宜居环境建设的“宜居”理念，启示老年教育界要开展适宜性（或称适老性）老年教育，教育活动要适宜于老年人学习。只有这样，才能有效地惠及于老年人。对此，我们应在指导思想、教育内容、教育模式、机构设施、保护措施等多方面加以努力。就教育内容而言，要依据老年人学习需求，包括现实性需求和发展性需求。就教育模式而言，应采取嵌入式老年教育，即将老年教育服务设施嵌入于社区和家庭，重点发展社区老年教育，使老年人近距离享受老年教育资源。

3. 在推进养老服务产业中互动发展老年教育事业

国务院发布的《关于加快发展养老服务业的若干意见》中提出了“注重统筹发展”的基本原则，即统筹利用各种资源，促进养老服务与医疗、家政、保险、教育、健身、旅游等相关领域的互动发展。其中，提到了养老服务与教育的互动发展。之后《商务部关于推动养老服务产业发展的指导意见》中关于工

作任务就具体提出“丰富精神生活服务，为老年人提供精神抚慰、知识讲座、学习培训、娱乐活动等服务”。事实上，多年来社区经常开展的养生保健、心理咨询、法律服务等多项老年服务，无不渗透着老年教育，均离不开老年教育。老年教育是科学养老服务的基础，养老服务是老年教育发展的动力。老年教育服务业是基础性、精神性的养老服务，养老服务产业发展应包含老年教育服务业发展。老年教育工作者与养老服务工作者应携手合作，统筹利用教、养资源，在互动中共同推进两者发展，共同分享两者发展的成果。

4. 在实施养教结合中拓展老年教育的空间和覆盖面

养老服务，既有生理物质养老服务，又有心理精神养老服务。提升老年人生活质量，既包括物质生活质量，又注重精神生活质量。在老年人物质生活基本满足后，老年人更需要精神保健品。可见，要科学而全面地开展养老服务，提升老年人生活质量，离不开老年人学习与教育。提供老年教育，实施养教结合，是养老服务的重要内容，是满足老年人养老需求的重要方面，提升老年人生活质量的重要举措，这是一方面。另一方面，实施养教结合，可开拓老年教育基地，提高老年教育参与率，扩大老年教育覆盖面。上海市较早作了“养教结合”教学模式的实验。实践证明，这种教学模式，既满足了养老院老人的精神文化需要，促进了老人身体健康，又推动了养老机构的文化建设和各项工作的开展，还扩展了老年教育的空间，促进了老年教育可持续发展。为此，要推进老年教育融入养老服务体系，实现养教一体化。

5. 在老年人力资源开发中丰富和发展老年教育

为积极应对人口老龄化，国家《“十三五”规划纲要》明确提出“加强老年人力资源开发，增强大龄劳动力就业能力”。《全国老年教育发展规划（2016—2020 年）》也将老年人力资源开发列入主要任务。这不仅给老年教育发展带来了强劲的动力，而且丰富了老年教育的内涵和体系。这就要求积极开展专（职）业类老年教育。为此，要对其作系统的研究和探索，既要体现人力资源开发的共性，又要研究老年人力资源开发的特殊性。要制定老年人力资源开发相应的法律和政策制度，为老年人力资源开发提供有力保障。

6. 在参与“全球老年友好型城市”的创建中推进老年教育可持续发展

在老年友好型城市创造中，通过营造老年友好文化的社会氛围，实施阳光老年计划，使社会以积极态度面对老年人，认识老年人有广泛潜能，认识并尊重老年人需求的多样性，考虑老年人能力的差异性，从而使设计、设施和服务更具多样化和可及性。这些，显然是推进老年教育发展的强大动力，老年教育界应积极参与老年友好型城市的创造，一方面，抓住大好时机，积极推进老年教育高质量、体系化发展，惠及更多的老年人群；另一方面，通过老年教育，提高老年人的综合素质，发挥长者风范的示范效应和人际关系的协调作用，促进老年友好型城市的形成和发展。

（二）在构建终身教育体系、建设学习型社会中发展老年教育

1. 协调发展终身教育诸要素中发展老年教育

终身教育体系的构架，在纵向上，以婴幼儿教育为发端，以青少年教育为基础，以发达的成人教育为主体，以广泛开展的老年教育为标志，形成纵向的终身教育系统。其中，老年教育不可取代，没有老年教育，就没有终身教育。我们应在协调发展终身教育诸要素中发展老年教育。

终身教育体系的构架，在横向上，由家庭教育、学校教育、企事业单位教育和社区教育等要素协调发展和融通整合。我们就可在推进社区教育中发展社区老年教育，在推进远程教育中发展远程老年教育，在推进社会教育中发展社会老年教育。

2. 在推进学习型社会基石中发展老年教育

学习共同体与学习型组织同是学习型社会基石。没有一个一个学习共同体生成和发展，是很难形成全民学习、终身学习的学习型社会。对此，在《教育部等七部门关于推进学习型城市建设的意见》中明确提出“鼓励发展民间学习共同体”。我们就可在发展学习共同体中推进老年学习共同体、老年学习团队的培育。这既是学习型社会构建的社会基础，也是老年人自主学习的体现。

3. 在营造终身学习文化中发展老年教育

研究表明，终身学习文化是学习型社会的“灵魂”，终身学习文化的形成，也是学习型社会的根本性标志。要形成学习型社会必须营造终身学习文化。从学习文化结构视角来看，一般认为，终身学习文化，由终身学习物质文化、终身学习制度文化、终身学习精神文化等三层次构成。为营造终身学习文化，我们就要积极探索终身学习文化的结构式营造。

终身学习物质文化，是指终身学习文化外在的物质形态。在营造终身学习物质文化中，我们就可加强老年学习的实体、设施、资源以及地域空间的建设，定期或不定期展示老年教育的产品，特别是举办社区老年学习者学习成果展。

终身学习制度文化，是指终身学习文化以制度规范形式所表现的文化形态。在营造终身学习制度文化中，我们就可将行之有效的老年学习活动，积累上升为长效机制，制定老年教育的活动制度、保障条件制度、检查评价和表彰奖励制度等。

终身学习精神文化，是深层次的终身学习文化，主要是指终身学习的价值观、道德观和信念精神等。在营造终身学习精神文化中，我们就可提升老年教育精神文化，特别是老年终身学习的意识、理念和价值取向。

主要依据文献

[1]中华人民共和国老年人权益保障法[M]. 北京：法律出版社，2015.
[2]中华人民共和国教育法[M]. 北京：法律出版社，2016.
[3]国务院办公厅. 国务院办公厅关于印发老年教育发展规划(2016—2020 年)的通知[EB/OL]. (2016-10-05)[2018-04-04]. http://www. gov. cn/gongbao/content/2016/content_5129496. htm.
[4]教育部等九部门. 教育部等九部门关于进一步推进社区教育发展的意见[EB/OL]. (2016-6-28)[2018-04-04]. http://www. moe. gov. cn/srcsite/A07/zcs_cxsh/201607/t20160725_272872. html.
[5]中国老龄问题全国委员会. 老龄问题研究：老龄问题世界大会资料辑录[M]. 北京：中国对外翻译出版公司，1983.

主要参考文献

[1]叶忠海. 老年教育若干基本理论问题[J]. 现代远程教育研究，2013(6)：11-16.
[2]叶忠海. 老年教育学通论[M]. 上海：同济大学出版社，2014.
[3]叶忠海. 中国老年教育发展的若干基本问题[J]. 河北师范大学学报(教育科学版)，2017(5)：47-50.
[4]叶忠海，马丽华，杜君英，等. 在老龄事业大局中发展老年教育的思路和对策[J]. 当代继续教育，2016(2)：4-7.
[5]叶忠海. 国际老年教育发展的特点、模式和未来取向[J]. 当代继续教育，2017(5)：45-49.
[6]马丽华，叶忠海. 中国老年教育的嬗变逻辑与未来走向[J]. 南京社会科学，2018(9)：150-156.
[7]夏埃，威里斯. 成人发展与老龄化：第 5 版[M]. 乐国安，译. 上海：华东师范大

学出版社，2003.

[8]费尔德曼，发展心理学：人的毕生发展：第 4 版[M]. 苏彦捷，译. 北京：世界图书出版公司，2007.

中国老年教育发展的若干基本问题*

2016年10月，《全国老年教育发展规划（2016—2020年）》（以下简称《规划》）问世了。这不仅是全国2亿多老年人的大喜事，也是我国老龄事业乃至于社会发展的一件大事。这部《规划》，是我国首部老年教育规划，也是一部关系到我国老龄事业和社会发展全局的规划，给我们展示了未来五年老年教育的发展蓝图，是我国老年教育发展的行动指南。《规划》的出台，对我国老年教育发展具有里程碑的意义。在这里，笔者在参与《规划》起草和学习《规划》基础上，就我国老年教育发展的若干基本问题谈些学习体会和看法，以供大家共同思考。

一、着力扩大老年教育供给的问题

《规划》指出，尽管党的十八以来，我国老年教育事业快速发展，初步形成了组织、教育、文化、民政、老龄等部门共同推进老年教育的格局，然而我国老年教育还存在资源供给不足等问题。调查表明，当前我国老年教育的最大问题就是供需矛盾，出现“一个学习名额难求，排长队报名”之景象。据2013年统计，我国学校老年教育入学率为4.8%。可见，当今我国老年教育供给和模式远不能满足日益增长的老年人群的终身学习需求。为此，《规划》明确提出，“十三五”期间老年教育发展“以扩大老年教育供给为重点”，并作为“十三五”期间老年教育首要的任务。

国内外老年教育的成功实践表明，要满足老年群体学习需求，必须首先转

---

* 该文发表于《河北师范大学学报教育科学版》2017年第5期，后中国人民大学复印报刊资料《成人教育学刊》2018年第4期全文转载。

变两个传统观点：一是转变老年教育就是学校老年教育的观点。我们说，学校老年教育只占老年教育的很少部分，不能绝对等同于整体老年教育。二是转变增加老年教育供量。我们说，增加供量当然需要加大投入，但不仅是如此，其途经和方式是多元的。笔者认为，创新发展机制和模式，同样可以增加老年教育供量。要建立和完善老年人自主教育、基层社区老年教育、学校老年教育、远程老年教育、社会老年教育的“五位一体”老年教育发展新模式，着力扩大老年教育供给，最大限度满足各类老年群体学习需求。

（一）鼓励和支持老年人自主教育

研究表明，老年人具有丰富的智慧、经验和技能，我们应视这些优势是开展老年教育的宝贵资源。《规划》也指出，要“充分发挥老年人的智力优势、经验优势、技能优势”。何况，老年教育应以老年人为本，要充分体现老年人的主体性，充分发挥老年人的主体作用。要强化老年人“自主学习”的理念，依据老年人群的特征，鼓励和支持老年人建立不同类型的学习共同体和学习团队，自主开展形式多样的适合自身需要的老年学习活动。

（二）优先发展基层社区老年教育

老年人长期生活在基层社区，与基层社区同呼吸共命运；再加上老年人基于生理健康等原因带来行动不便，因而社区老年教育是老年教育的主要载体。《规划》明确指出，“优先发展城乡社区老年教育”，“老年教育增量重点放在基层和农村，形成以基层需求为导向的老年教育供给结构”。在贯彻落实《规划》提出的“建立健全县（市、区）—乡镇（街道）—村（居委会）三级社区老年教育网络”基础上，要着力在社区层面，成立社区老年教育指导组织，加强老年教育统筹规划，建立老年教育与其他教育资源的共享机制；并将社区老年教育纳入公共服务体系，利用社区服务机构等公共服务资源为社区老年教育服务。

（三）转型提质发展学校老年教育

转型，指的是老年大学（学校）面向社会办学，从服务于本系统离退休干部职工向服务更多的社会老年人群转变。提质，指的是提高学校老年教育质量。具体而言，遵循老年人身心发展规律，创新教育教学模式，推进适宜性老年教育；加强课程建设，研发不同年龄段和文化层次的老年教育的系列课程，科学而有效地开展老年教育。发展，不仅是指通过转型提质发展老年教育，而且指的是鼓励高等学校、职业院校举办老年大学（学校）。对此，《规划》提出“促进各级各类学校开展老年教育”，充分利用学校资源开展老年教育，有条件的高等学校，可设立老年教育专业，培养老年教育专业人才。

（四）建立和完善远程老年教育

一是可推进老年教育信息化基础设施建设，列入教育信息化建设的重要内容，融入国家发改委的信息惠民工程建设之中。二是充分利用城乡终身教育信息网络，建立和完善远程老年教育系统，推动信息技术融入老年教育教学全过程。三是在省市积极推动开放大学和广播电视大学举办“老年开放大学”和“网上大学”并延伸至街镇乡、基层社区，建立老年教育网点，与社区数字化学习紧密结合。

（五）创新发展社会老年教育

一是充分利用图书馆、博物馆、科技馆、文化馆、美术馆、体育场（馆）等公共文化设施开展读书、讲座、参观、展示、户外活动等多种形式的社会老年教育。二是在城市社会福利院、农村敬老院、老年公寓、日间照料中心等养老机构中探索“养教结合”的社会老年教育；在有条件的地区，还可探索“医、教、养”三位一体的社会老年教育，将老年教育与老年人医疗、保健、养生、养老有机结合起来。三是与旅游业合作，积极探索“游学一体”，旅游过程即为学习过程。四是与社会各界合作，建立内容多样的老年教育体验基地，进一步探索和积累“体验式”的老年教育模式。

总之，这五种老年教育发展新模式，优势互补、资源共享、分工协作，共同为满足老年人学习需求服务。笔者相信，当“五位一体”老年教育发展新模式完善之时，也即是老年教育供给结构优化之时，我国老年群体的学习获得感将会大幅提升，从而可有效地提高老年人的生命和生活质量。

二、老年教育体制机制创新的问题

创新老年教育体制机制，是老年教育改革的核心和发展的动力。《规划》将“老年教育发展机制创新”列入“十三五”老年教育发展的主要任务。老年教育事业，不仅是老龄事业的重要组成部分，也是整个社会发展的标志性事业。“人人都会老，家家都有老。”发展老年教育，必须动员全社会力量参与。

为此，老年教育体制机制创新是关键，通过体制机制创新，增强和解放社会活力参与老年教育。

（一）创新发展体制，以多种模式整合社会资源

实践证明，可有多种途径和方式：一是建立城市顶层统筹协调机构，整合社会老年教育资源，如上海市等城市经验。二是整合跨系统的老年教育办学机构，一体化推进老年教育发展，如温州市等城市经验。三是建立老年教育共同体、联合体或协作组织，共享社会老年教育资源，杭州市等城市经验等。

（二）创新发展机制，鼓励社会力量参与老年教育

实践证明，可从多方面努力：一是通过政府购买服务、项目合作等多种形式，支持和鼓励各类社会力量举办或参与老年教育，如广州市经验。二是激发社会组织活力，充分发挥社会组织在老年教育的作用。《规划》提出，“支持老年教育领域社会组织发展”，“充分发挥社会组织在老年教育中作用”。

要制定发挥社会组织作用的长效机制，表彰社会组织及其个人的先进业绩，建立和完善社会组织孵化基地体系，特别要注重对社会组织“领袖”人物的培育。这样，使社会组织在老年教育中积极主动地发挥动员群众参与、反映群众诉求、提供学习服务、开发学习课程、承担实验项目、开展教育评估、参与政策制定、规范自律行为等方面作用。

三、老年教育课程体系建设的问题

课程是老年教育教学的中心问题，课程体系建设是老年教育教学工作的中心环节。其直接关系到老年教育质量，直接关系到老年教育宗旨的实现。

（一）重视老年教育特色课程的建设

这里讲的老年教育特色课程，是相对于非老年教育课程而言的。它不仅是指老年大学特色课程，还是指总体上的老年教育特色课程。建设老年教育特色课程，这是由老年人身心发展规律和特征、老年教育的内涵和宗旨所决定的。

首先，取决于老年人身心发展规律和特征。现代教育学基本原理表明，任何教育受两大基本规律所制约，不仅受社会发展规律所制约，而且受人的身心发展规律所制约。

老年教育，受老年人身心发展规律所制约。换句话说，老年教育包括其课

程设置，均要以老年人身心发展特征为依据。研究表明，老年人的社会属性、发展任务、心理成熟水平、认知心理特点、学习心理意向等显然不同于前成年期未成年人，也与成年早、中期成年人有明显差异性。据此，老年教育课程设计和开发要符合老年人身心发展特征，有其显著的特色。

同时，取决于老年教育的内涵和宗旨。老年教育是促进老年人积极老龄化，提高其生命质量，并推进社会和谐发展的终身教育活动过程。促进老年人积极老龄化，是老年教育的首要宗旨。具体来讲，即指老年教育使老年人在健康、参与、保障等方面达到尽可能优化，从而提高老年人的生命质量为其办学目的。若从老年教育培养目标而言，老年教育应促进老年人成为乐于学习、融入社会、康乐向上的现代老年人、中华优秀传统文化的传承人、社会主义现代化建设事业传班人。可见，老年教育的宗旨和目标显然不同于青少年教育，也与成年早、中期成人教育不尽相同。据此，老年教育课程设计和开发，要为实现教育宗旨和目标服务，有其显著的特色。

当然，老年教育特色课程，是多类型多层次多形式的。就类型来说，有退休准备类、养生保健类、文化修养类、闲暇生活类、代际沟通类、生命终结类等特色课程；就层次来说，有不同老年期的特色课程；就形式来说，有团队式、体验式、活动式、养教式、游学式等特殊学习形式。

（二）要研究和探索老年教育课程体系的建设

从系统论视角来说，课程是个系统，课程建设是个复杂的教育系统工程。老年期课程及其建设也不例外。老年期是人生运行的最后阶段，是人的生命老化的过程。该过程由准老年期（55—60 岁）—低龄老年期（60—70 岁）—中龄老年期（70—80 岁）—高龄老年期（80 岁以上）四个基本阶段构成。基于老年期是人的生命过程，这就要求老年教育不仅为某个阶段老年期服务，而且要为整个老年期服务，促进老年人终生而全面发展。据此，老年教育课程不是零星课程的散装式组合，而是个有规律性的课程体系（系统）建设。

作为系统的老年教育课程的构建，必须要遵循系统论的基本原理——整体相关性。所谓整体相关性，即系统与部分、部分与部分、系统与环境之间的整体联系统一性。据此，老年教育课程系统建设，既要考虑课程系统内部诸要素一体化，又要考虑课程系统与外部系统相协调。就前者而言，就有不同老年期课程的纵向衔接问题，不同性质和类型老年教育课程的横向沟通问题。

要达到不同老年期课程的纵向衔接的要求，那就要对整个老年期课程进行总体设计，并围绕不同老年期教育的主题设计特征性核心课程使其相互衔接。准老年期教育，就要围绕“准备退休”主题设计特征性核心课程；低龄老年期教育，就要围绕“转变角色”和“潜能开发”主题设计特征性核心课程；中龄老年期教育，就要围绕“再调整发展”主题设计特征性核心课程；高龄老年期教育，就要围绕“自我保护与超越”主题设计特征性核心课程。每阶段老年期特征性核心课程之间，应环环紧扣，前后衔接，螺旋式上升。

要达到不同性质与类型老年教育课程的横向沟通的要求，同样要在课程总体设计的基础上，根据每类老年教育的性质和宗旨设计特征性核心课程，并加以相互协调和沟通。根据增进健康、延年益寿的宗旨，设计保健养生类老年教育特征性核心课程；根据增长知识、调节智能的宗旨，设计职业智能类老年教育特征性核心课程；根据陶冶情操、完善人格的宗旨、设计文化修养类老年教育特征性核心课程；根据丰富生活、享受快乐的宗旨，设计休闲生活类老年教育特征性核心课程；等等。

四、老年教育可持续发展的问题

唯物辩证法认为，事物的相互作用，构成了事物的运动。自然界是如此，人类社会更是如此。人类社会的历史发展，是人类社会无数的相互交错的力量综合而成的，是一切内外因素之间相互作用的结果。作为人类社会特殊的运动形式——老年教育的发展，均是内外诸因素相互作用的综合效应。其中，内在因素是老年教育可持续发展的根据，外部因素是老年教育可持续发展的必要条件。

（一）要夯实老年教育发展的内在要素

要加强老年教育内部的基础性建设，包括制度建设、基地建设、学科建设、课程建设、队伍建设等。对此，《规划》提出“老年教育机构基础能力提升计划”，并列为“重点推进计划”。

就基地建设而言，应建立和完善县（市、区）老年大学—乡镇（街道）老年学校—村（居委会）老年社区学习点的老年教育系统。根据中国国情，特别在中西部地区，提倡在基层社区，社区教育机构与老年教育机构的“两位一体”融合，实施一套校舍两块牌子。探索“养、医、体、文”等场所与老年人学习场所相结合。

就学科建设而言，以文化自信和创新的思想定力，加快推进中国特色的老年教育学科建设。具体而言，以文化自信、学术自信为核心，引领老年教育学科的学科体系、学术体系、话语体系建设，以求列入《中华人民共和国国家标准学科分类与代码》(GB/T 13745—1992)。为此，要加强老年教育的基础理论研究、政策研究、应用研究和国际比较研究。同时，以教学任务带动学科建设。积极鼓励有关高校和职业院校开设老年教育及其相关专业，全国成人教育学专业研究生教育学位点可开设老年教育研究方向。

就队伍建设而言，整合社会人才资源，建设以专职人员为骨干，兼职人员和志愿者为数量主体的老年教育教学和管理队伍。除鼓励高校和职业院校毕业生到老年教育机构工作，鼓励各级各类教师兼职参与老年教育相关工作外，特别要下功夫掌握和动员社区内各类退休专业人员，为老年教育从事兼职或从事志愿者服务。

(二) 要营造老年教育发展的良好外部环境

建立和完善“两个体系”——终身教育体系和老龄事业体系。老年教育体现着教育的终身性，是终身教育的最后阶段和重要组成部分。建立和完善终身教育体系离不开老年教育，老年教育可持续发展又必须置于终身教育体系构建和完善之中。老年教育又是老龄事业系统的重要内容和方面，发展老龄事业离不开老年教育，老年教育可持续发展又必须融入到老龄事业系统发展之中。“两个体系”的构建和完善，是老年教育可持续发展必要的社会条件。

切实落实老年教育各项保障条件。其包括组织保障、法制保障、经费保障、队伍保障、舆论保障等。其中，组织保障，即要切实落实《规划》提出的“建立健全党委领导、政府统筹，教育、组织、民政、文化、老龄部门密切配合，其他相关部门共同参与的老年教育管理体制”。法制保障，要切实落实《中华人民共和国老年人权益保障法》第七十条所规定“国家发展老年教育，纳入终身教育体系，各级政府要加强领导、统一规划、加大投入”。

笔者相信，在党和国家高度重视和“四个自信”引领下，随着“两个体系”的构建和完善，学习型社会的深度推进，定会形成具有时代特征、中国特色的老年教育发展新格局。

主要依据文献

[1]国务院办公厅. 国务院办公厅关于印发老年教育发展规划(2016—2020年)的

通知[EB/OL].(2016-10-05)[2018-04-01]. http://www.gov.cn/gongbao/content/2016/content_5129496.htm.

主要参考文献

[1]叶忠海.老年教育若干基本理论问题[J].现代远程教育研究,2013(6):11-16.
[2]叶忠海.老年教育学通论[M].上海:同济大学出版社,2014.

在老龄事业大局中发展老年教育的思路和对策*

最近，中央领导同志关于老龄工作作了系列的重要指示，习近平总书记指示强调，有效应对我国人口老龄化事关国家发展全局，事关亿万百姓福祉。并指出，要加强顶层设计，完善重大政策制度，及时、科学、综合应对人口老龄化。对此，全国老龄工作系统，掀起了学习贯彻习总书记对老龄工作指示精神的热潮。全国老龄办专门下发了学习贯彻的通知。该通知指出，习近平总书记等中央领导同志加强老龄工作的指示精神，是我国积极应对人口老龄化的总纲领、总要求，是今后一个时期发展老龄事业、做好老龄工作的行动指南。老年教育作为老龄事业重要组成部分也不例外，应在老龄事业发展大局中加以积极推进，现就从我国老年教育实际出发，提出如下的思路和对策。

一、在建立和完善“两个体系”中推进老年教育可持续发展

老年教育体现着教育的终身性，是终身教育体系的最后阶段和重要组成部分。一方面，建立和完善终身教育体系，离不开发展老年教育；老年教育可持续发展，又必须置于终身教育体系构建和完善之中。另一方面，老年教育又是老龄事业系统的重要内容和方面。发展老龄事业系统，离不开老年教育发展；老年教育强有力发展，又必须融入到老龄事业系统发展之中。据此，老年教育工作者要有全局意识，系统整体观念，牢固确立老年教育要可持续发展必须置于终身教育体系和老龄事业体系建立和完善之中。就后者来说，我国老龄事业文件中，高度重视老年教育，放在应有位置上作为重要内容提出，为老年教育

---

* 该文系课题研究成果，课题组长：叶忠海，成员：马丽华、杜君英、岳燕。文稿由叶忠海主笔完成，发表于《当代继续教育》2016年第2期。

可持续发展提供法律和政策上保障。例如，《中华人民共和国老年人权益保障法》第七十条就提出“国家发展老年教育，把老年教育纳入终身教育体系，鼓励社会办好各类老年学校。各级人民政府对老年教育应当加强领导，统一规划，加大投入”。又如，《中共中央国务院关于加强老龄工作的决定》也提出“各地要重视发展老年教育事业，发展广播、电视、网络和函授教育，鼓励和指导社会力量按照有关规定兴办各类老年学校”。可见，老年教育工作者在遵循老年身心发展规律和教育基本规律，保持教育基本属性的同时，应积极主动与老龄工作在理念上取得共识，相关政策上相互衔接，运行机制上有机整合，资源上注重共享，举措上互相借鉴。

二、在贯彻落实“老年人权益保障法”等相关法规中依法发展老年教育

《中华人民共和国老年人权益保障法》（以下简称《老年人权益保障法》）的产生和完善，是国家的意志和人民的意愿相结合的产物。该法是老龄事业发展的法律依据，也是老年教育发展的法律依据。修订后的《老年人权益保障法》，将积极应对人口老龄化作为国家的一项长期战略任务，上升为国家意志。这就从法律上明确了老龄事业包括老年教育事业的战略价值。老年教育工作者应从国家战略层面高度来谋划和推进老龄工作和老年教育工作。该法又规定“六个有所”是我国老龄事业的发展目标，其中包括“老有所教、老有所学”。可见，在国家法律层面上已将老年教育规定为老龄事业发展总体目标的重要组成部分。不仅如此，《老年人权益保障法》又有专门条款——第七十条规定国家发展老年教育，纳入终身教育体系，从领导、规划、投入等方面对各级政府作了法律上规定，并鼓励社会办好各类老年学校。此外，该法第五十八条、第六十一条、第七十条，均为开展文化养老、社会老年教育提供了法律上保障。据此，我国老年教育工作者在学习上述习总书记指示精神的同时，还要认真学习、深入领会、积极贯彻国家《老年人权益保障法》，在贯彻落实该法中依法治理、发展老年教育。

三、在推进养老服务产业发展中互动发展老年教育事业

2013年国务院发布的《关于加快发展养老服务业的若干意见》中提出了“注重统筹发展”的基本原则，即统筹利用各种资源，促进养老服务与医疗、家政、保险、教育、健身、旅游等相关领域的互动发展。其中，提到了养老服务与教育领域的互动发展。2014年《商务部关于推动养老服务产业发展的指导意见》中关于工作任务就具体提出，丰富精神生活服务。为老年人提供精神抚慰、知识讲座、学习培训、娱乐活动等服务。事实上，多年来社区经常开展的养生保健、文化娱乐、体育健身、休闲旅游、心理咨询、精神慰藉、法律服务、金融服务等项老年服务，无不渗透着老年教育，均离不开老年教育。老年教育是科学养老服务的基础，养老服务是老年教育发展的动力。老年教育服务业是基础性、精神性的养老服务，养老服务产业发展应包含老年教育服务业发展。老年教育工作者与养老服务工作者应携手合作，统筹利用教、养资源，在互动中共同推进养老服务业与老年教育服务业发展，共同分享两者发展的成果。

四、在借鉴养老服务业体制机制创新中推进老年教育改革和发展

为适应人口老龄化、高龄化的加剧，失能和半失能老年人的数量持续增长的新态势，解决照料和护理矛盾日益突出的问题，2010年《中共中央国务院关于加强老龄工作的决定》中指出“老年服务业的发展要走社会化、产业化的道路”。2011年国务院办公厅印发的《社会养老服务体系建设规划（2011—2015年）》提出，“社会养老服务体系主要由居家养老、社区养老、机构养老等三个有机部分组成”。其中，以居家为基础、社区为依托、机构为支撑。并提出，政府主导，多方参与的基本原则，开放社会养老服务市场，采取公建民营、民办公助、购买服务、补助贴息等多种模式，引导和支持社会力量兴办各类养老服务设施，鼓励城乡自治组织参与社会养老服务。上述的社会养老服务体系建设的改革创新，作为同性质的老年公共服务业——老年教育的体系建设可借鉴吸纳。家庭老年教育、社区老年教育、学校老年教育互为补充，形成自主老年教育、家庭老年教育、学校老年教育、社区老年教育、社会老年教育、远程老

年教育“六位一体”的老年教育新格局。政府力量与社会力量协同发展老年教育。鼓励社会组织服务老年教育，搭建社会组织参与老年教育的服务平台。通过购买服务、项目合作、以奖代补、基金奖励等多种举措，积极支持社会力量以独资、合资、合作等多种形式兴办老年教育；积极探索以资本、知识、技术、管理等要素参与办学并享有相应权利。总之，老年教育事业可积极探索社会化、产业化的发展道路。

五、在参与“全球老年友好型城市”的创建中推进老年教育可持续发展

全球老年友好型城市是2005年在巴西里约热内卢召开的第十八届老年病学和老年医学世界开放会议上提出的理念。由世界卫生组织提出《全球老年友好型城市建设指南》。其目的是促进城市向老年友好型发展，以充分发掘老年人的潜能，促进人类社会更加和谐。该创意是建立在世界卫生组织阳光老年计划基础之上的。在老年友好型城市的创建中，通过实施阳光老年计划，使人们以积极态度面对老年，包括认识老年人有广泛潜能、对老年相关的需求予以积极地预测和响应、尊重他们的决定和对生活的选择、保护那些最脆弱的老年人、促进他们全面融入和参与社区生活等，以达到优化老年人的健康条件、参与机会，提高老年人生活质量。认识并尊重老年人需求的多样性，从而设计和服务多样化；考虑老年人能力的差异性，强调设施和服务的可及性，是老年友好型城市的主要特征。最近，为贯彻落实中央领导同志关于老龄工作重要批示，全国老龄委在部署2016年老龄工作时提出“研究编制老年友好城市的指标体系”，这显然是我国推进老年教育强有力的内在动力。据此，老年教育界应在编制老年友好城市指标体系，创建老年友好城市中，通过老年教育提高老年人的综合素质，发挥长者风范的示范效应和人际关系的协调作用，促进老年友好城市的形成和发展，从而推进老年教育可持续发展。

六、在实施养教结合中拓展老年教育的空间和覆盖面

社会养老服务，是以满足老年人养老服务需求，提升老年人生活质量为目标，面向所有老年人，提供生活照料、康复护理、精神慰藉、紧急救援和社会

参与等服务。归纳起来，养老服务既有生理物质养老服务，又有心理精神养老服务。提升老年人生活质量，既包括提高物质生活质量，又包括注重精神生活质量。在老年人物质生活基本满足后，老年人更需要精神保健品。可见，要科学而全面地开展养老服务，提升老年人生活质量，离不开老年人学习与教育。提供老年教育，实施养教结合，一方面是养老服务的重要内容，是满足老年人养老需求的重要方面，提升老年人生活质量的重要举措。另一方面，实施养教结合，可拓展老年教育基地，提高老年教育参与率，扩大老年教育覆盖面。对此，上海市有关区作了“养教结合”教学模式的实验。通过对敬老院、福利院住院老人的文化层次、兴趣爱好、身体状况、学习需求等调查分析，设置了因人而异的学习课程，采取多样化的教学形式。实践证明，这种教学模式，既满足了住院老人的精神文化需求，又促进了老人身体健康。同时，推动了养老机构的文化建设和各项工作的开展，还扩展了老年教育的空间，促进了老年教育可持续发展。据此，建议教育部与民政部联合推出关于推进老年教育与养老服务相结合的指导意见的文件。

七、在“老年宜居”理念践行中推进适宜性老年教育

《老年人权益保障法》专列《宜居环境》一章，并规定，国家采取措施，推进宜居环境建设，为老年人提供安全、便利和舒适的环境。同时，《中华人民共和国残疾人保障法》《无障碍环境建设条例》均提出了“无障碍环境建设”。这次十二届人大四次会议通过的《“十三五”规划纲要》将“推进老年宜居环境建设”列入规划之中。老年宜居环境建设的“宜居”理念，加以引申反映在老年教育领域，就要体现教育的适宜性，或称适老性，即教育要适宜于老年人学习。只有适宜性的老年教育，才能有效地惠及于老年人。老年教育要更好地适宜于老年人，惠及于老年人，可从如下方面努力：一是在指导原则上，老年教育要遵循老年人身心发展规律，符合不同年龄阶段老年人身心特点。二是在内容上，要依据老年人学习需求，包括现实性需求和发展性需求。三是在模式上，采取嵌入式老年教育，即将老年教育服务设施嵌入于社区和家庭，重点发展社区老年教育，使老年人近距离享受老年教育资源。四是在机构设施上，建设无障碍设施，符合《中华人民共和国国家标准城镇老年人设施规划规范》（GB 50437—2007），完善无障碍服务功能。五是保护措施上，使用有扶手

的椅子，提供宽阔的桌椅空间，对行动不便的老年学员，组织志愿者安排接送服务，建立老年人学习保险制度，等等。

八、在融入“信息惠民”工程建设中推进远程老年教育发展

2013年《国务院关于促进信息消费扩大内需的若干意见》提出“加快实施‘信息惠民’工程”“提升民生领域信息服务水平”。2014年国家发改委专门发了《关于加快实施信息惠民工程有关工作的通知》，民政部也发了《关于推进社区公共服务综合信息平台建设的指导意见》，落实国务院上述文件中的政策。信息惠民的目标是惠及全民，这当然包括老年人群。据此，老年教育界，一方面在教育信息化过程中发展远程老年教育；另一方面，在融入“信息惠民工程”建设中，将发展远程老年教育纳入该工程，成为信息惠民工程的重要组成部分。当然“互联网＋”模式的老年教育普及了，远程老年教育发展了，又能促进“信息惠民工程”建设，拓展该工程公共服务的覆盖面。以全国开放大学与电视大学系统为主体，与“信息惠民”工程建设密切结合，以项目为驱动，推进远程老年教育工程的实施。

九、在老年人力资源开发中丰富和发展老年教育

早在1982年，联合国大会通过的《维也纳老龄问题国际行动计划》决议中就指出“老年人是社会的财富而非负担，因为他们可以以其累积的丰富知识和经验做出价值无比的贡献”。2002年第二次老龄问题世界大会《政治宣言》又明确指出“老年人的潜力是未来发展的强有力的基础”。老年人具有丰富的智慧、经验和技能，老年人力资源有着不可取代的经济社会价值。为积极应对人口老龄化，国家《“十三五”规划纲要》明确提出“加强老年人力资源开发，增强大龄劳动力就业能力”。这不仅给老年教育发展带来了强劲的动力，而且丰富了老年教育的内涵和体系。要将老年人力资源开发纳入老年教育规划，纳入人力资源开发规划。未来我国老年教育，不仅开展促进老年人健康、延年益寿的保健养生类教育，陶冶老年人情操、完善老年人人格的文化修养类教育，丰富老年人生活，给老年人带来愉悦的娱乐休闲类教育，而且要积极开展增长老年人专业知识、更新和调节老年人专业智能的专（职）业类教育。这就要对

专（职）业类老年教育作系统的研究和探索，既要体现人力资源开发的共性，又要遵循老年人身心发展规律，具有老年人力资源开发的个性。要研究制定老年人力资源开发的法律和政策制度，为老年人力资源开发提供有力保障。

总之，从系统论视角来看，老龄事业系统是母系统，老年教育事业是子系统。老年教育子系统发展应置于老龄事业母系统发展之中，与母系统协调发展；老龄事业母系统发展要以老年教育子系统为基础，将子系统发展放在基础性位置上。两者相辅相成，相得益彰，辩证统一于国家应对人口老龄化战略任务之中。

主要依据文献

[1]中华人民共和国老年人权益保障法[M]. 北京：法律出版社，2013.

[2]中共中央国务院. 中共中央国务院关于加强老龄工作决定[GB/OL]. (2000-08-19)[2016-01-06]. http://www. sxmu. edu. cn/ltx/info/1004/1014. htm.

[3]国务院. 国务院关于加快发展养老服务业的若干意见[EB/OL]. (2013-09-13)[2016-01-06]. http://www. gov. cn/zhengce/content/2013－09/13/content_7213. htm.

[4]中华人民共和国建设部. 中华人民共和国国家标准城镇老年人设施规划规范：GB50437—2007[S]. 北京：中国标准出版社，2008.

[5]世界卫生组织. 全球老年友好城市建设指南[EB/OL]. (2007-10-01)[2016-01-06]. https://apps. who. int/iris/handle/10665/43755.

主要参考文献

[1]中国老龄问题全国委员会. 老龄问题研究：老龄问题世界大会资料辑录[M]. 北京：中国对外翻译出版公司，1983.

[2]叶忠海. 老年教育学通论[M]，上海：同济大学出版社，2014.

[3]叶忠海. 老年教育：学习型社会成熟度的标志[N]. 上海科技报，2011-01-14(B4).

构建老年教育发展指数框架的探索*

马克思主义哲学认为，任何事物都是质和量的统一。认识事物的质非常重要，其是区别事物的依据；认识事物的量也相当重要，其使我们更清晰更准确反映和把握事物。我们要科学而有效地发展老年教育，不仅要有科学理论作指导开展定性研究，同时不能忽视量化分析。有了基本的数据，可使我们对老年教育的进展判断更为准确，发展决策更为科学，工作把握更有信心，成效结果更经得起检验。

如何量化老年教育发展的进程，其中“发展指数”是考量老年教育发展的客观量化依据，是老年教育发展进程量化的核心指证。所谓“老年教育发展指数”，在这里是指对一组反映老年教育发展的核心指标考量后所得的指数。其是一个国家或地区老年教育的数量和质量变化的动态相对数。所谓相对，是个时间比较概念，即报告期与基期的数据之比。指数不是绝对数，而是相对数，这是指数的基本特点。

要探索老年教育发展指数的构成，就得研究构成老年教育发展指数的基本要素。笔者认为，老年教育发展指数由三部分基本要素组成，即老年教育投入、老年教育参与、老年教育成效等三方面要素构成。据此，老年教育发展指数，由老年教育投入分指数、老年教育参与分指数、老年教育成效分指数等二级指数构成。为了切合实际和计算方便，我们又可将上述二级指数分解为若干个三级指数。老年教育投入分指数，可分解为政府投入子指数、社会投入子指数、个人投入子指数等。老年教育参与分指数，又可分解为社会参与子指数和个人参与子指数。老年教育成效分指数，又可分解为社会成效子指数、个人获

---

* 该文形成于2018年，刊于2019年4月出版的《中国当代老年教育发展研究》一书专题篇之中。

得子指数。可见，老年教育发展指数，实际是老年教育发展综合指数。

那么，如何能得到上述的三个方面三级子指数呢？如前所述，老年教育发展指数指的是通过对一组反映老年教育发展的核心指标考量后所得到的。这就要分析什么是老年教育投入、参与、成效的核心指标。要分析核心指标，既要考虑针对性，又要考虑简明性、可操作性（含数据可采集性）。

第一，看投入指数的核心指标。政府投入指数，以“老年学习机构和载体建设状况”“老年教育人均经费状况”“老年教育政策法规状况”三个指标来反映；社会投入指数，以“社会或个人捐赠状况”来反映；个人投入指数，以“老年人读书状况”来反映。

第二，参与指数的核心指标。社会参与指数，以“社会单位参与状况”“社会组织参与状况”“社会文化体育机构参与状况”三个指标来反映；个人参与指数，以“老年学习活动参与（含学校学习和自主学习）状况”来反映。

第三，成效指数的核心指标。社会成效指数，以“学习型组织创建状况”“老年学习团队生成状况”“老年学习平台建设状况”“老年学习文化营造状况”等指标来反映；个人获得指数，以“老年教育满意状况”“老年教育获得状况”来反映。

综合上述的分析，我们就可形成一个老年教育发展指标体系构成及其测评指标图（图 2-1）。

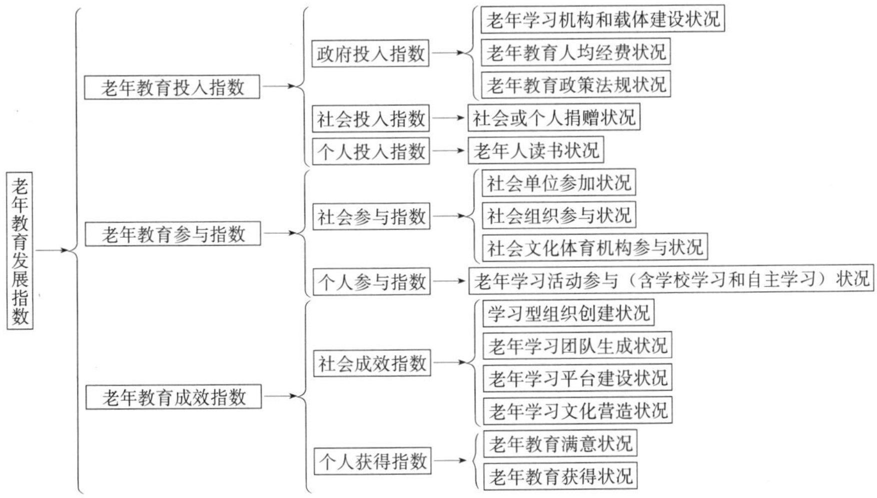

图 2-1 老年教育发展指标体系构成及其测评指标图

实践表明，要科学而有效地测得一个国家或地区的老年教育发展指数，还需要明确和掌握下列的问题。

第一，老年教育发展指数与老年教育发展指标的关系。发展指标是反映老年教育的某方面特征的；发展指数则是反映老年教育的动态变化情况的数。发展指数不能脱离指标，是由对其核心指标考量后得出的。

第二，老年教育发展指数是衡量老年教育发展变化的动态相对数。要阐明动态变化就有个时间比较，即报告期与基期的数据比较。通过测得的报告期数据与原有的基期数据的比值，可以看出某个地区老年教育的发展变化。

第三，从计算方法而言，老年教育发展指标则是上述三个方面分指数的乘积。即老年教育发展指标＝老年教育投入指数×老年教育参与指数×老年教育成效指数。

第四，为了采样的数据接近实际情况，应采用多样化的调查方式。既向老年大学学员集体调查，又向社区老年人抽样调查。这样，既可在有限的时间内获得应有的样本，又使采集的数据较客观地反映老年教育开展的实际情况。

主要参考文献

[1]徐国祥，等. 统计指数理论、方法与应用研究[M]. 上海：上海人民出版社，2011.

[2]叶忠海. 学习型社会建设科学化不能忽视量化分析[J]. 成才与就业，2012(6A)：25.

[3]叶忠海. 社会学习指数：学习型社会建设量化的核心问题[J]. 成才与就业，2012(9)：29.

[4]叶忠海，岑詠霆. 社会学习指数研究与探索[J]. 高等继续教育学报，2016(1)：1-12.

信息化智能化背景下老年大学改革和发展的战略思考*

世上任何事物的发展，均离不开一定的时空条件，总是打上该时空的印记。作为特殊事物的老年大学，其改革和发展也不例外。本文仅就21世纪20年代信息化智能化的时空背景下对老年大学的改革和发展作一粗浅的战略思考。

一、信息化智能化：老年大学改革和发展的时代背景

（一）信息化背景

当前，整个世界信息技术高速发展，正在形成和发展信息化生产力。在信息化生产力推动下，人类社会正在发生深刻变革，由工业社会向信息社会转变。世界各国特别是发达国家正在为适应和促进这一历史性转变作各方面准备，其中特别注重人的信息化素质提升和信息化人才的培养。

在中国，正在推进信息化综合体系的建设。该体系以信息化人才为依托，信息产业为支柱，信息网络为基础，信息法规政策为保障，以实现网络强国、数字中国的目标。不仅如此，中国要推动互联网、大数据、人工智能和实体经济深度融合，并渗透到社会生产生活各领域。在整个经济社会信息化背景下，老年大学教育教学必然打上深深的信息化烙印。

---

* 该文形成于2019年11月，12月在“中国老年大学协会第十一次国际议题研讨会”上发表，后刊载于《当代继续教育》2020年第2期，中国人民大学复印报刊资料《成人教育学刊》2020年第10期又全文转载。

（二）智能化背景

当今世界，机器的智能与人的自然智能正在融合，产生强大的新的智能体——新一代人工智能，正在全球范围内蓬勃兴起，为经济社会发展注入新动能，正在深刻改变人们的生产生活方式。今后，专用人工智能将向通用人工智能发展，将全面赋能于人类社会，从而推动经济社会高质量发展，创造人类社会高品质生活。

在中国，政府印发了《新一代人工智能发展规划》，并在上海召开了世界人工智能大会。习近平主席致信祝贺，强调整个世界合作推动人工智能造福人类。发展人工智能，建设智能社会，代表着人类社会未来发展趋势。人工智能赋能老年教育，是老年大学发展的重要取向之一。

二、信息化智能化给老年大学改革和发展带来深远的影响

（一）对老年大学育人目标提出了新要求

笔者认为，老年大学育人目标是促进老年人成为乐于学习、融入社会、康乐向上的现代新型老年人，或培养体现时代特征、符合人才发展趋势的现代新型老年人才。这样，才能体现长者风范，成为中国社会主义现代化建设的传班人和中华优秀传统文化的传承人。在信息化智能化背景下，作为现代新型老年人（人才），应具备基本的信息化智能化素质。

信息化素质，包含信息意识、信息知识和技能、信息道德品质。作为现代新型老年人才，还应具有能选择运用大数据分析、评价和解决问题的能力，以及将众多信息碎片综合起来构成对事物的总体认知的能力。

智能化素质，主要体现为人工智能知识、人工智能技术及其应用能力，以及人工智能伦理道德。作为现代新型老年人才应力求具备机器智能与人的自然智能融合能力。

在人工智能时代，更为需要的是兼备人工智能技术能力和软性素质能力的复合型人才。在这里，软性素质能力是指创新素质及其创造能力、情感沟通能力、解决复杂问题的综合能力等。

综上所述，信息化智能化时代赋予老年大学育人目标新要求新内涵。要达到和满足这新要求新内涵，必然带动老年大学教育教学实施一系列变革和

发展。

（二）重构和量化教育教学过程

在新一代人工智能时代，教育教学过程的构成要素发生明显的变化，由学员、教员、智能机器人共同组成。教育教学过程，不仅有人与人协同，而且有人与机协同。人机协同将成为未来教育教学过程的常态，智能机器人将重构教育教学过程。

要科学而有效地实施教育教学改革，不仅需要有科学理论作指导开展定性研究，而且需要量化分析。在信息化智能化背景下，更要求且有可能充分运用大数据分析教育教学全过程诸基本环节，包括需求预测、教学评估、满意度测量等。通过大数据量化分析与科学定性研究相结合，使教育教学工作的进展判断更为准确、发展决策更为科学、成效结果更能接受检验。

（三）开拓专业、课程和教学内容

有条件的老年大学可与普通大学、高职院校合作，设置人工智能专业，培养人工智能人才，主要是人工智能产业与应用型人才。

开设人工智能通识性课程。例如，“人工智能基础”课程，介绍人工智能的由来、基本概念、发展历程和现状，以及未来发展趋势等。

加强人工智能教育实验平台建设，让老年学习者有更多人机互动的实践机会，使老年学习者学习满意度得以保证。

组织人工智能学研创小组，促使老年学习者边学习、边研究、边创造。

更多的是将人工智能与学科教学相结合，开展智能教学，提高教学效果。

（四）创新教学模式和方法

研究表明，人工智能作为教学手段，可变革传统的教学模式和方法，创造新型的教学模式和方法。

人与机对话实践式的教学模式。该模式是指在教学过程中，由老年学习者与智能机器人之间通过某种对话语言，以某种交互方式，来完成确定的教学任务的模式。在信息化教学设计中，人与机对话实践式的教学模式越来越呈现教学个性化的特点。

人与人互动研讨式的教学模式。该模式是指教学过程通过网络教学平台，实施教员与老年学习者之间以及老年学习者相互之间的双向、多向的交流和研讨的模式。互动研讨式的教学模式更能调动教员与学员的教与学的积极性，有利于提高教学效果。

个性化定制式的教学模式。该模式是指在教学过程中，利用由移动终端、软件系统等方法记录下来的老年学习者行为数据加以学习分析，预测学习者的学习表现以及发现潜在的问题，通过人工智能等手段为学习者制定个性化的学习方案的模式。个性化定制式的教学模式，使老年学习者能自主适应学习，更能满足学习者个体的学习需要，达到教学的精准化，促进学习者个性化发展。

网上移动式的教学模式。该模式是指在教学过程中，由老年学习者借助手机、平板电脑等移动终端，通过移动互联网随时随地获取学习信息的模式。相对于网络学习而言，移动学习能在任何时间、任何地点使老年学习者参与学习，更能满足老年学习者学习需求。

“学习＋行动”展示式的教学模式。该模式是指在教学过程中，强调参与因素和实践成分，注重学习者在参与中学习，在实践中学习，将学习收益转化为学习产品加以展示的模式。该学习产品展示，既可以网上展示，也可以实景展示，还可以两者结合的展示。实践证明，“学习＋行动”展示式的教学模式可充分调动老年学习者的学习积极性。

可见，教学场景和模式带来全新的变化，教育场景形成“真实教育场景＋虚拟教育场景”的模式，教学模式由传授转变为互动，由真实场景中的集体学习转变为以网络空间中的个体学习为主。可以相信，“因材施教”的目标最终能真正得到实现。

（五）教学效果测评智能化

随着人工智能的逐步成熟，可借助人工智能技术，将教学测评工作交给智能测评系统来完成。通过利用人工智能自动进行机器阅卷，还可解决主观测评题的公平公正性，并能判断每一次测评试题的难易程度。可见，未来的教育教学测评，是人机相结合的测评。

（六）师资结构的变革

实践证明，在信息化智能化背景下，为适应教育教学变革的要求，师资队伍构成成分必然多元化，由真人教师＋机器教师构成。就真人教师而言，不仅有老年大学原有的教学人员，还有学校相关的技术人员；不仅有学校的教学人员，还有合作企业的工程技术人员、技师以及科研单位的研究人员等。

三、实施信息化智能化教育教学变革发展的保障条件

（一）政府层面

1. 提高对老年大学教育信息化智能化的认知

2019 年 2 月中共中央国务院印发了《中国教育现代化 2035》，老年教育是教育重要组成部分，显然该文件对老年教育现代化，包括信息化智能化提出了明确的要求。2019 年 11 月中共中央国务院印发了《国家积极应对人口老龄化中长期规划》，该规划将“构建老有所学的终身学习体系”作为应对人口老龄化基本任务之一。其中，老年大学是构建该体系的基本阵地，而老年大学教育信息化智能化，显然更利于老有所学。据此，各级政府要提高对老年大学教育信息化智能化的认知，增强实施老年大学教育信息化智能化的自觉性和责任感。

2. 将老年大学教育信息化智能化纳入“十四五”国家老年教育规划

2016 年 10 月，国务院办公厅颁布的《老年教育发展规划（2016—2020 年）》提出“运用信息技术服务老年教育”“推动信息技术融入老年教育教学全过程”。接着，各级政府要制定“十四五”老年教育规划，要在原有规划基础上，进一步提出老年教育，特别是其中的老年大学信息化智能化纳入“十四五”老年教育规划，将老年大学教育信息化智能化作为重大工程项目加以建设。

3. 加大投入，建设教育信息化智能化的示范性老年大学

社会公益性是老年教育基本的社会属性，何况《中华人民共和国老年人权益保障法》提出“各级人民政府对老年教育应当加强领导，统一规划，加大投入”。据此，各级政府应将老年教育纳入基本公共服务范畴加大投入。其中，要加大对老年大学的投入，各地区有重点选择县级及其以上若干所老年大学建设教育信息化智能化的示范性老年大学，以此引领老年大学教育信息化智能化。

4. 加强全国老年大学队伍建设

老年大学实施教育信息化智能化，归根结底在于队伍建设。为此，作为政府要给予老年大学应有的人员编制，实施人员准入制度，增加在编的专职管理和教学人员，特别是具有信息化智能化基本素质的年轻人员。在此同时，要加

强对现有的老年大学专职管理和教学人员的培训，提高他们信息化智能化的综合素质，以支撑老年大学实施教育信息化智能化。

（二）学校层面

1. 确立以人为本理念

确立人工智能发展关键在于“人”，特别是在于“人才”。老年大学应强化提升人的信息化智能化素质，增强培养人工智能人才的紧迫性。特别是校长应成为信息化智能化时代教改的领军人才和总设计师。为此，老年大学应设立“信息化智能化改革和发展”专门领导小组，统筹规划和实施此项改革工作。

2. 制定行动计划

为保证老年大学改革和发展系统而有节奏地展开，需要制定并实施老年大学信息化智能化创新教育行动计划。该计划包括指导思想、行动目标、任务项目、主要举措和保障条件等内容。

3. 实施产教融合的育人体制

变革单一主体的育人体制。人工智能，兼有技术属性、社会属性。老年大学要培养现代新型老年人（人才），仅靠学校力量是不够的，必须与企业结合，变单一的育人主体为双元或多元的育人主体，实施“产教融合、产学合作协同”育人体制，建立学校、企业、科研院所的教育共同体，可设立理事会，共商育人教改的大事，并共同建设人工智能人才库。

4. 建立跨学科的大类培养机制

变革单一学科的育人机制。考察人工智能发展史不难发现，人工智能是在与多学科交叉融合中形成和发展的。其至少与计算机、控制论、量子科学、神经认知科学、数学、心理学、法学、社会学等相关学科交叉融合。据此，单一的计算机学科是很难实现育人目标新要求，必须变单学科育人机制为多学科育人机制，实施“人工智能＋X”多学科融合育人机制。建立相关领域专家共同参与的培养专门小组，形成跨学科的大类培养机制。此外，还可建立跨校老年大学校际联盟。建立由教师、技术人员组成的学习服务体系。

5. 强化员工队伍建设

信息化智能化背景下，老年大学改革和发展成功与否，关键在于队伍建设。一要调整师资结构，变单一成分为多元成分，以适应并促进教育教学改革和发展的需要。二要内外结合加强员工队伍培训，包括专职人员、兼职人员和志愿者的培训。其中，实施专职人员（教学人员、管理人员）数字化智能化能力提升计划尤为关键，使老年大学专职人员具备人工智能素养，计算思维能力和“Al＋教育”应用能力。三是实施学校与企业、学校与科研院所之间人员交流互聘、双向挂职、合作研发等措施，建设兼备应知应会的信息化智能化的员工队伍。

总之，在党和国家推进中国教育现代化的征程中，在全国老年大学协会带领下，老年教育学界共同携起手来，让大数据全面服务于老年大学，人工智能全面赋能老年大学，为建设现代化新型老年大学而努力奋斗。

主要依据文献

[1]习近平. 决胜全面建成小康社会夺取新时代中国特色社会主义伟大胜利[M]. 北京：人民出版社，2017.

[2]中共中央国务院. 中国教育现代化 2035[EB/OL]. (2019-02-23)[2019-11-30]. http://www.moe.gov.cn/jyb_xwfb/s6052/moe_838/201902/t20190223_370857.html.

[3]中共中央国务院. 国家积极应对人口老龄化中长期规划[EB/OL]. (2019-11-21)[2019-11-30]. http://www.gov.cn/zhengce/2019－11/21/content_5454347.htm.

[4]国务院办公厅. 老年教育发展规划(2016—2020 年)[EB/OL]. (2016-10-19)[2019-11-30]. http://www.moe.gov.cn/jyb_xwfb/s6052/moe_838/201610/t20161020_285687.html.

[5]教育部. 教育部印发《高等学校人工智能创新行动计划》的通知[EB/OL]. (2018-04-11)[2019-11-30]. http://www.cac.gov.cn/2018－04/11/c_1122663790.htm? from＝singlemessage.

主要参考文献

[1]叶忠海. 人才学与人才资源开发研究[M]. 北京：党建读物出版社，2015.

[2]叶忠海. 中国当代老年教育发展研究[M]. 上海：华东师范大学出版社，2019.

[3]肖正兴、聂哲主编. 人工智能应用基础[M]. 北京：高等教育出版社，2019.

[4]张立迁. 人工智能发展关键在“人”[J]. 教育管理与教育研究，2018(9)：126.

体系化——新时代中国老年教育发展的取向*

中共中央国务院印发的《国家积极应对人口老龄化中长期规划》《加强新时代老龄工作的意见》（以下简称《意见》），以及国务院印发《“十四五”国家老龄事业发展和养老服务体系规划的通知》（以下简称《通知》），是未来中国老龄工作，包括老年教育在内的指导方针和行动纲领，将强有力地推动着老龄工作、老年教育的发展。中国老龄工作、老年教育将迎来发展的新高潮，进入到一个新的发展阶段。就老年教育而言，由教育部门牵头纳入终身教育体系后，体系化将成为新时代中国老年教育发展的取向。

一、老年教育发展体系化取向的意义和客观必然性

辩证唯物主义认为，世界任何事物均以系统形式而存在和发展，系统无处不在，无处不有。这对于作为特殊事物的老年教育来说也不例外。笔者提出或强调体系化发展老年教育还具有下列的意义和客观必然性。

（一）贯彻落实党和国家关于系统整体推进的要求

《意见》《通知》明确提出“系统整体推进老龄事业发展”，并将“系统谋划，整体推进”作为推动老龄事业发展的首要的基本原则。老年教育作为老龄事业的重要组成部分，必须加以贯彻落实。

（二）构建终身教育体系的要求

《意见》明确提出“将老年教育纳入终身教育体系”。这就意味着，终身教

---

* 该文发表于《广州市城市职业技术学院学报》2022 年第 2 期，后中国人民大学复印报刊资料《成人教育学刊》2022 年第 12 期全文转载。

育体系是母系统，老年教育是子系统。中共中央国务院印发的《中国教育现代化 2035》明确要求“2035 年中国要构成终身教育体系，建成服务于全民终身学习的现代教育体系”，这必然要求老年教育体系化发展。

（三）老年教育实践发展内在逻辑的反映

中国老年教育四十多年来，历经初创期、推广期、发展期，已进入繁盛期，在教育现代化理念引领下，由理论探讨、实践探索走向系统构建。何况，为满足不同地区不同类型老年人群不断增长的终身学习需要，解决不平衡不充分的问题，势必要求老年教育体系化发展，整体化推进。

（四）老年生命过程的规定

研究表明，任何教育均受到人的身心发展规律所制约，其发展必须符合人的身心发展规律。老年期是人生运行的最后阶段，是人的生命加速老化的过程。要遵循老年人的身心发展规律，满足低龄、中龄、高龄不同年龄老年人群的学习需要，必须要求老年教育系统构建。构建老年教育服务体系，其本身就是一项具有人本性的系统工程。

二、老年教育发展体系化的构成成分

在这里，我们从多序列的老年教育系统和多样性老年教育结构两个视角，具体分析老年教育发展体系化构成的成分。

（一）多序列的老年教育系统

在老年教育范畴内，老年教育体系可分为若干个子系列，呈现出多序列老年教育系统。

1. 从教育规范度视角划分

从教育规范度视角划分，可分为规范性老年教育子系列、非规范性老年教育子系列、自我导向性老年教育子系列。

2. 从教育功能视角划分

从教育功能视角划分，可分为职业性老年教育子系列、非职业性老年教育子系列。

3. 从教育模式视角划分

从教育模式视角划分，可分为老年人自主教育子系列、社区老年教育子系列、学校老年教育子系列、远程老年教育子系列、社会老年教育子系列等。

4. 从教育空间布局视角划分

从教育空间布局视角划分，可分为城市老年教育子系列、乡村老年教育子系列等。

（二）多样性的老年教育结构

社区教育体系的每个子系列，均是由一系列相关要素通过各类结构所构成的。这种老年教育结构，呈现出多样性特点。

1. 层次结构

在老年教育体系内，各个层次教育之间的比例构成及其相互关系。按不同的要素划分，组成不同的老年教育层次结构。

（1）按教学程度划分

可分为低端老年教育、中端老年教育、高端老年教育，或具体分为老年扫盲教育、老年初等教育、老年中等教育、老年高等教育、老年大学后继续教育。

（2）按年龄层次划分

可分为准老年期教育、低龄老年期教育、中龄老年期教育、高龄老年期教育。

2. 形式结构

在老年教育体系内，各种形式老年教育之间的比例构成及其相互关系。据不同的方式分类，组成不同的老年教育形式结构。

（1）按教学手段划分

可分为面授为主的老年教育、电授为主的老年教育、函授为主的老年教育、自学考试为主的老年教育等。

（2）按教学组织形式划分

可分为团队学习式、社区活动式、人文行走式、现场体验式、教养结合式、游学结合式等老年教育。

综上所述，老年教育体系是个多序列、多层次、多形式的立体网状结构体系。

三、老年教育发展体系化的构建

（一）构建的理论基础——系统论原理

体系即系统。老年教育体系即老年教育系统。构建老年教育体系，是一项复杂的教育系统工程。为使该工程整体效益优化，就得以系统论作为理论基础。何况，用系统论的观点考察问题，已成为现代思维的常用方法。

1. 系统论的内涵

系统论，是研究一切系统的模式、原理和规律的科学，核心思想是系统的整体观念，基本的思想方法就是把所研究和处理的对象当作一个系统，分析系统的结构与功能，研究系统、要素、环境三者的相互关系。

2. 系统论的基本概念

系统是系统论的最基本概念，指的是若干个相互有关的要素，按一定的方式构成具有特定功能的有机整体。整体相关性是其首要特征或者说原理。所谓整体相关性，指的是系统与要素、要素与要素、系统与环境之间的整体联系统一性。要科学而有效地构建老年教育体系，就得以系统论整体相关性为指导。

（二）构建的目标——整体优化

1. 目标的本质和老年教育体系构建的节点

站在哲学高度，从事物发展过程原理来看，目标的本质则是事物发展过程的关节点。老年教育体系构建的目标，即是老年教育体系整体优化的关节点。其具有指向性、层次递进性等特性。就指向性而言，老年教育体系构建的目标影响和制约着老年教育体系的构建和发展方向。就层次递进性而言，指的是老年教育体系构建的高层次目标是低层次目标的发展方向；低层次目标是实现高层次目标的阶石，构成了老年教育体系构建目标的递级系统。

2. 老年教育体系整体优化的递级系统

（1）第一阶递

老年教育体系内部诸要素得以协调发展，即老年教育体系内部各类型老年教育协调发展，如规范性老年教育、非规范性老年教育、自我导向性之间老年教育协调发展；各层次老年教育协调发展，如低端、中端、高端老年教育之间协调发展。

（2）第二阶递

老年教育体系内部诸要素之间一体化，即老年教育体系内部各层次老年教育能纵向衔接，各类型老年教育能横向沟通。就纵向衔接而言，以各老龄期教育课程衔接为例，就要以老年人生命过程为主轴，以老年每个生命阶段发展主题为中心，对整个老年期教育课程系统加以总体设计，研究和探索具有生命规律性的纵向衔接老年教育课程体系。就横向沟通而言，那就要研究和探索老年人自主教育、社区老年教育、学校老年教育、远程老年教育、社会老年教育等“五位一体”的沟通问题。此外，就学校老年教育而言，还有办学系统与治理系统、保障系统一体化问题。

（3）第三阶递

老年教育体系与外部系统的协同一致性。老龄事业系统、终身教育系统，既是老年教育体系的直接外系统，更是老年教育体系的母系统。作为子系统的老年教育体系必须服务于母系统——老龄事业系统、终身教育系统的发展；作为母系统的老龄事业系统、终身教育系统的发展，又必须以子系统老年教育体系的发展为基础。老年教育体系应在构建老龄事业、终身教育两大系统中加以发展和完善。

四、老年教育体系化构建的思路和举措

（一）形成体系化发展的思想共识

要构建整体优化的老年教育体系，首先要形成思想共识。一是构建老年教育体系是一项复杂的教育系统工程；二是作为教育系统工程所追求的是整体效益优化；三是要获得整体效益优化就得以系统论作为理论基础，指引老年教育体系的科学有效构建。

（二）以系统观为指导立法和制定发展规划

应以系统观为指导，及早制定老年教育专门法规，将老年教育体系作为该法规核心内容，为老年教育体系化构建提供法制保证。

老年教育发展规划，规定着老年教育发展的方向目标、原则和任务，是老年教育体系化发展的重要保证。同样，要以系统观为指导加以制定，将系统整体理念渗透到规划的各部分加以体现，使其更有效地保障老年教育体系化建设

的推进。

（三）建立老年教育的成果认定和互认制度

建立和实施老年教育的成果认定和互认制度，这是老年教育体系整体优化的一项制度保证。有了该认定和互认制度，才能实现各层次老年教育的纵向衔接，各类老年教育以及老年教育与其他教育之间的横向沟通。为此，以目标和问题为导向，进一步探索老年教育学分银行建设，进一步建立和完善老年教育成果的认证、存储和转换的制度。对此，要充分发挥教育评估和考试机构、各科目专业教师，以及老年教育专家的专业作用。

（四）实验先行，积累体验逐步加以推进

如前所述，建设老年教育体系是一项复杂的教育系统工程，是前人未经历过的具有人本性的伟大工程，因而没有现成的经验可循，就得走实验先行之路。实践、认识，再实践、再认识，从感性认识升华为理性认识，逐步推进该工程建设。为此，要以问题为导向，在实践中加强理论研究，以实践深化推进理论研究，以研究成果指导实践探索，更科学有效地推进老年教育体系化发展。

（五）构建党政主导下的"多力合一"的推进机制

基于构建老年教育体系，既是一项复杂的教育系统工程，又是一项复杂的社会民生工程，涉及政府各部门、社会各方面。要强有力地有效推进老年教育体系化建设，必须党政与社会共同发力，形成党政主导引领，教育部门牵头，市场供需调节，社会各方参与的"多力合一"的推进机制。

主要依据文献

[1]中共中央国务院. 国家积极应对人口老龄化中长期规划[EB/OL].（2019-11-22）[2022-02-22]. http://www. gov. cn/zhengce/2019—11/21/content_5454347. htm.

[2]中共中央国务院. 关于加强新时代老龄工作的意见[EB/OL].（2021-11-24）[2022-02-22]. http://www. gov. cn/zhengce/2021—11/24/content_5653181. htm.

[3]国务院. 关于印发"十四五"国家老龄事业发展和养老服务体系规划的通知[EB/OL].（2022-02-21）[2022-02-22]. http://www. gov. cn/zhengce/content/2022—02/21/content_5674844. htm.

[4]国务院办公厅. 关于印发老年教育发展规划（2016—2020 年）的通知[EB/

OL]. (2016-10-19)[2022-02-22]. http://www. gov. cn/zhengce/content/2016-10/19/content_5121344. htm.

主要参考文献

[1]叶忠海. 老年教育学通论[M]. 上海:同济大学出版社,2014.
[2]叶忠海. 中国当代老年教育发展研究[M]. 上海:华东师范大学出版社,2019.
[3]叶忠海,等. 终身教育学通论[M]. 上海:学林出版社,2020.

第三部分

老年教育的国际考察

国际老年教育发展的特点、模式和未来取向*

人口老龄化，已在世界快速发展，20 世纪末世界已进入老年型社会。面对人口老龄化的压力，如何科学而有效地减轻压力乃至于变压力为动力，国外成功的实践证明了一个战略性的有效途径和举措——大力发展老年教育。其中，发达国家老年教育的新理念和有效经验，值得我国在文化自信的思想基点上加以借鉴。本文仅就国际老年教育的内涵、发展的特点、模式以及未来取向等问题，逐一简要的阐明，以期待我国终身教育界、老年教育界的关注和共同探讨。

一、国外对老年教育内涵的认识

国外老年教育，又称为第三年龄教育、高龄教育、长者教育、银发族教育等。国际社会特别在发达国家，随着对老年群体看法的转变，即由认为弱势、被救济的社会边缘群体转向认为自由、睿智、具有独特作用的社会活跃群体后，对老年教育看法发生根本性的转变，由救济观、福利观转向教育观，即从带有救济福利性质的老年教育转向文化教育性质的老年教育。换句话说，老年教育从源于社会救济福利的一部分而存在，发展到脱胎于社会救济福利事业，成为独立的老年教育事业。基于上述的发展过程，国外对老年教育内涵的认识，有如下的看法。

第一，老年教育是养老教育。持这种观点者认为，为了解决老年人贫困问题，老年教育其实是对即将退休的或已退休人员所进行的养老教育。

---

* 该文于 2016 年 7 月先在中国老年大学协会举办的老年大学校长研修班发表，后又刊登于《当代继续教育》2017 年第 5 期，中国人民大学复印报刊资料《成人教育学刊》2018 年第 3 期又全文转载。

第二，老年教育是休闲教育。持这种观点者认为，为了解决老年人退休后时间空闲，老年教育视为减轻边缘化、孤独感，对退休人员所进行的丰富生活的休闲教育。

第三，老年教育是潜能开发教育。持这种观点者认为，老年人是丰富的社会资源，老年教育不仅作为老年人获得丰富的和富有意义的生活途径之一，而且是让老年教育作为帮助老年人发挥其潜力，使之成为改善社会的源泉的一种手段。其代表人物是美国密西根大学麦克拉斯基教授。

第四，老年教育是参与适应教育。持这种观点者认为，老年人有参与社会发展的权利，必须充分参与发展进程，享有发展进程的成果，老年教育被视为保障老年人接触、参与社会，适应技术和社会变革的教育活动。

上述的第一、二种认识，一般认为是国外早期对老年教育内涵的认识；第三、四种认识，一般认为是 20 世纪 70 年代后特别是 2002 年联合国第二次老龄问题世界大会后国际上产生的认识，也是目前国际社会对老年教育内涵的主流认识。

二、发达国家老年教育的特点

（一）终身教育的教育定位

自 20 世纪 70 年代以来，终身教育、终身学习、学习社会等理念被提了出来，并被越来越多的国家和地区所接受，作为教育和社会改革的方向和目标。在这样的背景下，发达国家对老年教育的性质定位逐渐取得了共识。即将老年教育性质定位在教育范畴，作为人生教育的最后阶段，是终身教育的重要组成部分。

（二）社会公益性的教育属性

从老年教育产生背景和发展条件来看。西方发达国家早期老年教育均是在社会福利的大背景下产生的，从社会老年救济和福利事业中脱胎出来的。以后，老年教育得以发展，其中一个基本条件也是将老年教育纳入社会公共保障事业，由国家投资，纳入政府财政预算，或来自社会慈善彩票事业的捐赠，或来自私人等多方面的捐赠。

从政策法规规定来看。综观世界老年教育史，大凡发展老年教育的国家和地区，均制定了关于老年教育的政策法规，从制度法制上保障老年教育发展。这些政策法规一个共同的特点，即规定了老年教育的社会公益性质。例如，美国 1965 年颁布的《老年人法》，明确规定每个州政府要为老年人提供资源和服务，其中老年教育投入占整个教育投入的很大比重，纽约州立法机构还通过一项法律，为所有老年公民免费提供学习机会。

从国际社会共识来看。自 1982 年联合国召开第一次世界老龄问题大会通过的《维也纳老龄问题国际行动计划》，到 2002 年联合国第二次老龄问题世界大会通过的《马德里老龄问题国际行动计划》，均体现了老年教育的社会公益属性。特别第二次行动计划明确指出，国家和社会要为老年人“提供机会、方案和支持，鼓励老年人参与或继续参与文化、经济、政治、社会生活和终身学习”。

（三）多元化的办学主体

研究表明，发达国家老年教育的办学主体呈现多元化局面。政府投资办学、高等学校办学、企业办学、社会民间力量办学、宗教团体办学、老年人自主自治办学等。其中，宗教团体办学有代表性的是韩国，据不完全统计，2005 年属于宗教团体的老年教育机构就有 810 个，其中属于基督教的有 644 个、天主教 147 个、佛教 19 个。

（四）多样化的教育内容

基于老年群体是一个多类型、多层次的复杂综合体。该群体对学习内容和方式的需求是多种多样的，因而老年教育内容和方式也是多样化的。就其内容来说，就有健康养生教育、文化素养教育、生活教育、娱乐休闲教育、再就业教育、社会服务教育、人文关怀等。国外所指的人文关怀主要是指退休准备教育、死亡准备教育（临终关怀教育）。退休准备教育一般由大型企业承担，主要以转业、创业或再就业为主要教育内容。韩国为做好临终关怀教育，成立了由医疗善终机构专家、民俗学研究者、宗教学者、神学者以及其他社会福祉领域专家所组成的死亡学会。

（五）注重老年人力资源开发

第二次世界老龄问题大会《政治宣言》确认“老年人是资源”，并指出“老年人的潜力是未来发展的强有力的基础。社会依靠老年人的智慧、经验和技能，不但首先改善了他们自己的条件，而且还能积极参与全社会条件的改善”。发达国家以此为理论依据，将老年人力资源开发和利用，作为应对人口老龄化的重要手段，在政策法规和培训等方面加以保障和支持。对此，韩国2002年出台了《为应对老龄化社会的高龄人力资源化计划》。日本为了拓展老年人再就业的渠道制定了《高龄者雇佣安定法》，针对雇佣高龄者的雇主进行激励，还在社区建立“银发人才中心”“老年人就业发展协会”等，为老年人提供就业咨询服务。很显然，注重老年人力资源开发，能充实和丰富社会人力资本，促进社会经济实力的增长。

（六）法制化的保障机制

在老年教育发展历程中，发达国家体会到没有法律保障机制，就会严重制约老年教育的发展。因此，他们重视立法，为老年教育提供法律保障。在这方面，美国是最有代表性的，专门的老年人法律较为齐全，有《老年人权益保障法》《老年人教育法》《美国老年人法》《美国老年人福利法》《美国老年人就业促进法》《老年人保健法》《老年人护理保险法》《禁止歧视老人法》等。

（七）双重投入的经费机制

发达国家老年教育经费，由政府公共财政投入与其他多渠道投入（社会捐赠、慈善团体捐赠等）相结合。例如，美国1.5万家社区“老年人中心”经费，主要由地方政府扶持，联邦、州政府也常划拨些款；瑞典老年人学习圈活动经费，主要由政府拨款；英国第三年龄大学经费来源由成员们捐献等。不同国家老年教育经费来源不尽相同。

三、发达国家老年教育的模式

（一）学校式老年教育

该模式通常由高等教育机构或其他文化教育设施为老年人提供学习机会，其中包括专门为老年学习者开设所需的课程。学校式老年教育，代表性的有法国的第三年龄大学、日本的长寿学园等。1973年成立的第一所法国第三年龄大学就是由法国图卢兹大学创立的。1989年开设的日本的长寿学园就是依托公民馆、博物馆、图书馆等已有的文化设施建立的。

（二）社区式老年教育

该模式为方便老年人就近学习，在社区内提供学习场所和设施，开展各种老年教育活动。社区式老年教育，是最普遍的老年教育实施方式，代表性的有美国的社区“老年人中心”、日本的社区“老年人教室”等。

（三）自助团体式老年教育

该模式由一群志向或情趣相投的老年人，以自助助人精神所组成的学习团体，所开展的自主自治性的老年教育活动。

自助团体式老年教育，代表性的有英国的第三年龄大学，以及沿用英国模式的其他国家和地区的第三年龄大学。尽管其冠用“大学”的名称，但其实质正如剑桥第三年龄大学章程所指出的：英国第三年龄大学是自治自助，由成员自愿付出努力经营的组织。

（四）远程网络式老年教育

该模式利用电视、广播、电脑、通讯科技等多媒体手段开展的教育活动，为老年学习者提供便捷的学习途径和机会。远程网络式老年教育，代表性的有英国开放大学、美国老年人网站等。

（五）图书馆式老年教育

该模式利用图书馆学习资源，开展有意识的老年教育活动。这是国外老年教育常见的一种学习形式。例如，美国图书馆协会成人服务部下成立了老年群体服务委员会，并制定了《公共图书馆对老年人的责任》的规定。目前，美国公共图书馆的老年人学习服务项目丰富多彩。

（六）旅游式老年教育

该模式组织老年人旅游，在旅游中实施寓教于乐的旅游学习，采取短期住宿形态的学习方式，将教育、旅游、休闲三种要素有机相结合。这是老年人最喜欢的学习方式。旅游式老年教育，代表性的有 1975 年创立的美国的“老人游学营”以及日本的“老人寄宿所”等。据“老人游学营”官方网站 2010 年 10 月公布，游学营创办以来，共有近 500 万人参与，包含 7000 多项教育计划，涉及 150 多个国家。

四、国际老年教育发展的未来取向

（一）国际老年教育的理论取向

老年教育的理论取向，是老年教育发展的价值定位和发展方向。国际上对老年教育产生重大影响的有五大理论：权利理论、社会参与理论、自我完善理论、终身教育理论和福利理论。笔者认为，未来国际社会老年教育的理论取向主要是前四种理论。终身教育理论大家相当熟悉，在这里，仅就前三种理论作一简述。

1. 权利理论

权利，一般是指法律赋予人们的权力和利益，即人自身拥有的维护利益之权，是人实现其利益的一种力量。从权利的价值视角而言，权利就是人在相应的社会关系中应该得到的价值回报。这种人权不可侵犯，应当得到尊重和保护。权利理论被运用到老年教育领域，老年人参与老年教育被视为实现老年人平等的受教育权利的重要体现。20 世纪 80 年代以来，“赋权”和“解放”的思想在老年教育中得到了重视和强调。这就意味着，在教育教学过程中，老年学习者获得控制自己的权利，对老年学习者施予“赋权增能”，强调由老年学习者自主管理，发挥主体性。

2. 社会参与理论

社会参与理论又称受众介入理论。它源于美国宪法中有关公民权利的一种受众理论。其准确地讲是公众参与，指的是社会公众以某种方式参与、干预、介入国家政治、经济、文化、社会生活和社区的公共事务，从而影响社会发展。该理论认为，参与社会活动是人类社会生活的重要组成部分，帮助人们获得正面的自我形象，取得良好的社会价值。社会参与理论运用于老年教育领域，使老年教育赋予新的内涵，老年人力资源开发、社会经济活动参与和服务等方面的内容，被列入老年教育课程体系之中。这有利于增强老年人的能力和促进老年人的社会参与，使他们老有所为，充分体现了老年教育是应对老龄化挑战的一个有效的途径和举措。该理论已成为西方发达国家老年教育实践最重要的指导理论。

3. 自我完善理论

人的自我完善的思想，早在卢梭的《论人类不平等的起源》中就提出。其认为人与动物的区别之一在于人具有这种自我完善能力，人类正是通过这种能力的不断发展，使人类逐渐从自然状态过渡到社会状态。发展的自我完善理论认为，人的自我完善，应当包含人的生理、心理、社会三个层面的完善。该理论在老年教育领域的体现，强调老年教育“以老年人为本”，充分尊重老年人的意愿，注重对老年人自身主体性的培养，从而达到老年人在上述三方面的完善。

（二）国际老年教育的发展取向

在老年教育理论取向的影响下，在联合国和各国政府推动下，未来国际老年教育将会出现如下的主要发展取向。

对老年人和老年教育的认知将进一步提升。联合国第二次老龄问题世界大会《政治宣言》提出的“老年人的潜力是未来发展强有力基础”的观点，将进一步在世界范围内获得认同和传播，促进老年人积极老龄化的价值取向将逐步深入人心。

《联合国关怀老年人原则》提出的“独立”“参与”“照顾”“自我实现”“尊严”等五大标准将进一步在世界范围内得到关注，以老年人为本的老年教育理念将会取得共识。随着自我完善理论和社会参与理论广泛传播，国际社会发展老年教育的内在动力将得到增强。

老年教育体系将得以形成和发展。在联合国推动下，随着各国政府对老年教育认知的提升，老年教育将得到不断推进，内容将进一步充实和丰富，模式将进一步呈现多样化。其中，交叉结合型模式的老年教育，例如，旅游与学习相结合、养老与教育相结合、服务与学习相结合等模式将会迅速推广和发展，从而进一步推进正规、非正规、非正式相结合的老年教育体系的建立和完善。

社会弱势老年群体教育将进一步关注。1999 年，联合国将该年定为国家老人年，提出了“建立不分年龄、人人共享的社会”的理念。联合国又在其《马德里老龄问题国际行动计划》中特别提出，世界各国在发展老年教育时要关注社会上的弱势老年群体，尤其是老年妇女及老年劳动者。随着联合国行动计划的推进和权利理论广泛传播，对社会弱势老年教育将会得到进一步加强。

第三年龄大学内涵将进一步变化。第三年龄大学是世界老年教育运动的一个集中体现和成功模式。其源于 20 世纪后半叶的法国，皮埃尔·维拉斯教授于 1973 年在法国创办。根据国际社会界定，第三年龄教育是为了不断提高退休老年人的生活质量和生命质量，对 60—75 岁的老年人进行新知识和新技能方面的教育。随着发达国家经济不景气，失业率提升，城市人口结构变化，社会期望第三年龄大学广泛向社会开放，这样带来了第三年龄大学发生改变。最大变化在于拓宽了学员的类型，把提前退休者、家庭主妇、失业者以及一些身体残病者吸纳进来。由于学员的结构发生变化，学员需求、课程内容随之变化，学习过程强调代际交流，再加上社会大众心理上对“第三年龄”称谓并不那么接受，于是学校纷纷改为新的名称。如，法国第三年龄大学改名为“休闲大学”“混龄大学”“全民大学”等崭新名字。这种改变，符合终身教育、终身学习、学习社会的理念，未来将成为一种趋势在国际社会扩大。

代间的教育互动将积极推行。近二十年来，联合国多次将“代际关系”作为一个重要议题加以呼吁，以引起国际社会及各国重视。1999 年，联合国就将“代间关系”作为四大议题之一，呼吁各国关注。2014 年联合国召开的老龄化会议，其主题就是“代间社会中的老年人”。于是，代间教育是国际社会近年来老年教育领域的一个热点，并收到明显的成效。通过在家庭、邻里和社区内开展丰富多彩的代际教育活动，不仅加强了世代间的沟通和互动，促进家庭和社会的和谐，而且提供了实现老年人扮演知识文化传承者角色的机会，充分发挥老年人的社会价值。可见，代间教育行动方案未来将在国际社会进一步加以积极推行。

信息和通信科技将更多地得以运用。20 世纪 90 年代以来，全球信息网络化趋势进程加快，整个社会由工业社会向信息社会转变。未来社会日益信息化和网络化，这势必深刻变革着老年教育。各国在推进老年教育发展过程中，将进一步应用现代化的信息和通信科技手段，拓展和延伸老年教育的空间和时间，以扩大和满足老年人学习的机会和需求。

地区间老年教育将逐步相对平衡。基于世界经济社会发展的区域不平衡，以及各国政府对老年教育认知的差异性，带来了当今世界各国老年教育发展很不平衡的问题。随着联合国老年教育理念推广与逐步普及，行动计划得到贯彻落实，各国加强合作与交流，以及各国经济社会发展，老年教育区域不平衡状况将会得到改善，逐步走向相对平衡。

国际合作及资源共享将日益发展。在全球老龄化日益严峻的背景下，共同应对老龄化社会的挑战，是世界各国共同关注的问题。特别在联合国的推动下，各国老年教育学术成果和成功经验的交流与共享，有关老年教育项目合作推进将会进一步发展，这是应对老龄化的必然趋势。

五、我国文化自信与外国老年教育的借鉴

（一）我国老年教育发展必须坚定文化自信

党的十八大以来，习近平总书记曾在多个场合多次提出“文化自信”。其

中，2016 年 5 月 17 日在哲学社会科学工作座谈会上指出“我们要坚定中国特色社会主义道路自信、理论自信、制度自信，说到底要坚定文化自信”。当年 7 月 1 日在中国共产党建党 95 周年庆祝大会讲话中再次明确提出坚持“四个自信”，并认为文化自信是更基础、更广泛、更深厚的自信。文化自信，是一个民族、一个国家以及一个政党对自身文化价值的充分肯定，并对其文化的生命力持有的坚定信心。文化，从狭义来说，指的是人类社会精神活动成果的反映，体现人类的智力文明进步和精神文明发展。很显然，其包括科学进步、教育发展。文化自信，包含教育自信、学科自信。可见，文化自信为中国特色老年教育发展提供了基础性的指导思想，提出了针对性的基本要求。发展中国老年教育必须坚定文化自信，以文化自信的精神动力，加快发展中国老年教育。

（二）在文化自信的思想基点上借鉴国外有益东西

我们强调文化自信、教育自信，是应对西方霸权话语的挑战和冲击，应对西方主流话语的隐性压制和支配。对国外老年教育先进的学术成就和发展经验，我们不仅不排斥，而是在文化自信、教育自信的思想基点上，加以积极吸收和借鉴，为发展我国老年教育之用。

根据上述对国际老年教育发展的总体考察，笔者认为，有如下方面值得我国发展老年教育的借鉴：第一，进一步强化老年教育社会公益属性的意识；第二，进一步提升对老年人及老年教育社会价值的全面认识；第三，加大老年人力资源开发和利用的力度；第四，充分运用高等教育资源为老年教育服务；第五，进一步动员社会民间力量全面参与老年教育；等等。

主要参考文献

[1]顾秀莲. 中国老年教育的国际背景研究[M]. 北京：中国妇女出版社，2009.
[2]叶忠海，吕文娟. 国际老年教育的发展趋势[M]//叶忠海. 老年教育学通论. 上海：同济大学出版社，2014.
[3]齐伟钧，马丽华，等. 海外老年教育[M]. 上海：同济大学出版社，2014.

第四部分

老年教育的相关研究

人的发展与成人教育研究*

人的成长和发展，是教育的永恒主题和根本目的。研究教育，特别是研究成人教育，包括老年教育，应沿着人的成长和发展这条主线而具体展开。本文从人的继续社会化、专业化、个性化等方面阐明了人的发展与成人教育内在关系等基本问题。

一、人的继续社会化与成人教育

（一）人的社会化的内涵和机制

1. 人的社会化的基本涵义

人的社会化，是个体成长和发展的一种体现。国内外社会学界、社会心理学界、教育学界均有众多的研究。在这里，介绍几种代表性的见解。

美国社会学家波普诺（D. Popenoe）认为：所谓人的社会化，是指“一个人获得自己的人格和学会参与社会或群体的方法的社会互动过程”。①

我国社会学者奚从清等人，赞同波普诺的社会化过程中的“互动”的观点，认为“人的社会化是指个体在社会实践中学习知识、技能和规范等社会文化，适应社会生活，积极作用于社会，创造新的社会文化的过程”。②

笔者认为，人的社会化本身所表述的是个体人的成长和发展，所强调的主要是社会对人的影响与制约，因而笔者曾在主编的《职工教育心理学概论》一书中，对人的社会化作了下列的表述：“所谓个体社会化，是指个体人生活在

---

* 该文发表于2015年4月，原系叶忠海主编《现代成人教育学原理》第七章第三节。

① 戴维·波普诺：《社会学（第十版）》，李强等译，中国大学出版社，1999，第142页。

② 奚从清、沈赓方：《社会学原理》，浙江大学出版社，2001，第52页。

一定的社会环境之中，经社会熏陶与学习实践，接受所属社会环境的文化规范和行为模式，由一个自然的人发展成为社会的人的转化过程。（1987）”综合国内外学者及本人的研究成果，笔者认为，“所谓人的社会化，是指个体在与环境交互作用中，由自然人转化为能融入并创造社会生活的社会人的过程”。该过程，大致可分为两个阶段：前成年期未成年人的“初级社会化”阶段、成年期成人的“继续社会化”阶段。

关于个体社会化的具体内涵，可作如下的阐述。①

（1）顺应历史潮流

社会是动态发展的，有其不依人们主观意志为转移的客观规律。个体社会化，这就意味着人们要认清并顺应社会历史发展的一般趋势。人类文明史充分表明，人们只有认清、顺应并积极投入到历史潮流中去，进行创造性劳动，才能为社会、为人民做出贡献，个体自身也在其中得到锻炼成长和发展；反之，就会一事无成，甚至受到历史的惩罚。对此，哪怕是杰出人才或伟大人物也不例外，无一不是顺应社会历史发展的一般趋势而出现的。

（2）接受社会规范

社会是一堆规范的体系；规范是个体行为的准则，对个体行为具有明显的约束力。一个没有规范的社会是难以想象的，个体行为也难以控制和制约，社会必定会出现一片混乱。社会规范是保障整个社会正常运转的最起码条件。接受社会规范，是个体社会化的一个基本内容。

（3）获得社会需要的经验和知识

人，是社会的人，个体人生活在社会环境之中，总受到一定的社会分工的制约。每人均需掌握社会分工所需的知识和经验，才能为社会做出贡献，并在其中满足个体的物质和精神生活的需要。可见，获得人类知识和社会经验，也是个体社会化的重要内容。

（4）认同社会角色

所谓社会角色，是指个体所处的社会地位，从事的社会职业，担任的社会职务。人的本质，是一切社会关系的总和。每个人都处在一定社会关系的网络之中，承担着不同的社会角色。不同的社会角色，有着不同的权利、义务和行为模式。每个人即是一个角色综合体的个人，在每一场合，都必须明确自己的

① 叶忠海主编《职工教育心理学概论》，工人出版社，1987，第 69、70 页。

身份，认同自己的社会角色，按自己角色的行为模式行事，决不可“角色混同”。这也是个体社会化的又一个组成内容。

（5）创造社会文明

在个体与环境交互作用中，个体人不仅接受所属社会环境的文化规范和行为模式，适应社会生活，融入到社会之中，更为突出的是人又能动地作用于环境，创造社会的物质文明、精神文明、生态文明，积极推进社会可持续发展。

2. 人的社会化的机制[①]

正如前述，人的成长和发展是人—主体与客体—环境相互作用的合力效应，作为人的成长和发展的一种体现——人的社会化也不例外，也是主体人与客体环境相互作用的产物。

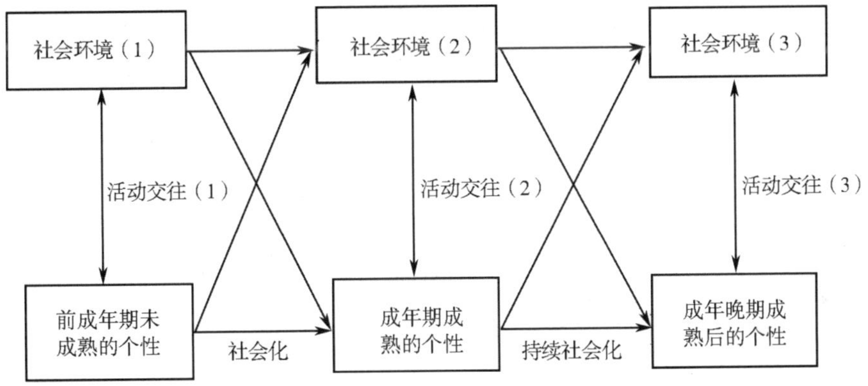

图 4-1　个体社会化过程示意图[②]

从图 4-1 表明，主体——人与客体——环境通过人的活动交互作用，其结果是，不仅社会环境影响人，使人的个性社会化，而且人也能动地改造着社会环境，从而推动社会发展。对此，从社会心理学角度来说，苏联心理学家认为，人的社会化每个阶段是产生于这个过程的两个方面——掌握社会经验和再现社会经验之间的具体“合成物”。

（二）成人继续社会化的必然性和基本涵义

世界一切事物，无时无刻不在运动变化，运动是世间一切事物的本质属

① 叶忠海主编.《职工教育心理学概论》，工人出版社，1987，第 70、71 页。

② 图中（1）（2）（3）分别表示主体社会化不同阶段的相应社会环境、活动交往的变化。

性。毫无疑问，人的生存和发展环境，持续不断地在变化，特别是其中的社会环境，其变革的速度在加快，变革的力度在加强。在此同时，作为社会化主体——成人，无论是生理、心理、社会性随增龄也均在动态变化。成人要与发展变化的环境保持动态平衡，适应社会生活，促进社会发展，并在其中得以自身发展，必然要持续不断地社会化。可见，事物运动的本质属性从根本上规定着成人要继续社会化；人的社会化应贯穿于人的终生。

成人继续社会化，是指在人的初级社会化的基础上，成人根据所承担的社会角色，按照社会所赋予的期望，沿着适应并创造生活的基轴，继续发展社会属性的过程。它是人的初级社会化的拓展和深化。相对于初级社会化而言，成人继续社会化有如下的明显差别。

1. 属性不同

初级社会化，是使自然的人转化为社会的人，个体人摆脱人作高级动物所固有的某些自然属性，使自己行为受理智所控制。继续社会化，则是深化人的社会属性，使成人成为社会的主力军。

2. 内容不同

初级社会化，主要与未成年人的成熟有关，沿着未成年人的身心成长路线而展开；继续社会化，主要与成年人的社会角色及其期望有关，沿着成年人的社会角色发展变化轨迹而展开。

3. 重点不同

初级社会化，重点在于未成年人系统学习养成素质，适应生活，受动性特点更为明显；继续社会化，重点在于成年人学习素质发挥，创造生活，能动性特点更为突出。

4. 空间不同

初级社会化的地域空间，未成年人主要在家庭、学校和社区；继续社会化的空间，成年人大大扩展了，不仅在家庭、学校、社区，而且在职场、广阔的社会活动场所。当然，在信息化发展的时代，无论初级社会化还是继续社会化，其空间均扩大了，应包括虚拟空间。

（三）成人继续社会化与成人教育的内在关系

成人作为主体是在与客观环境交互作用中实现继续社会化。在这里，客观环境主要是指社会环境，其中包括社会的教育环境。可见，成人教育环境是成人继续社会化的必要的基本条件。特别是 20 世纪 60 年代以来，随着以信息技术为核心的新技术革命的兴起，现代社会正呈现着历史性的变化趋势：作为工业主义结晶的社会正让位于伴随信息革命崛起的知识型社会形态。这种转变正以前所未有的广度和深度改变着人们的生产方式、工作方式、学习方式和生活方式。在这样的背景下，成人个体若仅仅依赖于现实生活的自然状态来推进继续社会化，则远远不能适应社会的深刻变革和快速发展；只有将依赖于自然状态的社会化转化为依靠于有目的有计划的学习实践活动促进继续社会化，才能适应并促进人类文明的发展。实践证明，成人教育，这个“按人和社会全面发展的需要，有目的、有组织为所属社会承认的成人一生任何阶段所提供非传统的、具有自身特色的教育活动”①，是促进成人继续社会化的有效途径。反过来说，成人通过接受继续教育，体会到继续社会化的效果，从而进一步激发了参与学习的内在动力，又推动着成人教育发展。据此，我们说，成人继续社会化与成人教育有着内在紧密的正向相关。

（四）成人教育在成人继续社会化中的功能

研究表明，成人教育在成人继续社会化过程中呈现出如下的功能。

1. 引导成人认识自我，在社会发展中正确定位

发展心理学表明，成年期有着很大的年龄跨度，可划分为成年早期、成年中期、成年晚期。成年期诸阶段个体又有着不同的生理特点、认知水平、人格特征和社会性发展。在成人继续社会化过程中，通过成人教育，可引导成人认识自身所处发展阶段的身心特点和社会性发展任务；正确定位在社会发展中的角色，处理好社会人际关系；并随着增龄把握好成年期诸阶段的转型。

2. 帮助成人确立新的价值观和掌握社会规范

纵观人的成长和发展过程，达到成年标准的成年人，不仅要掌握和规范学习生活、家庭生活的道德，而且要学习、掌握、规范职业生活道德、社会生活道德、政治思想品德。这是作为成年人的基本要求。特别在当今时代，全球化趋势正在全方位深入发展，“共生”“共进”“共荣”等全球意识和全球价值观在世界逐步被认同和接受。在我国，正在推进社会主义核心价值体系建设，包括坚持马克思主义指导地位；坚定中国特色社会主义共同理想；弘扬以爱国主义为核心的民族精神和以改革创新为核心的时代精神；树立和践行社会主义荣辱观等。新时代、新时期所赋予的新的价值观和社会规范，如何在全社会营

---

① 叶忠海：《成人教育学通论》，上海科技教育出版社，1997，第 22 页。

造，如何植根于社会成员，很显然仅仅依赖于一般性社会舆论宣传和一般性安排学习是远不够的，必须把新的价值体系建设融入到改革开放和社会主义现代化建设全过程和各领域。其中，强化教育引导，健全制度保障是最基本途径和载体。对此，成人教育可充分发挥其特有的功能，不仅可帮助成人学习、掌握新的价值观和社会规范的内涵、要点和意义，引导成人践行新的价值观和社会规范，适应社会生活新要求；而且可使成人成为新价值体系建设的主力军，成为未成年人的示范榜样，带动未成年人共同建设。

3. 帮助成人掌握适应社会生活和生活必需的知识和能力

在当代，现代科学技术突飞猛进，渗透到社会各领域。科学社会化，社会科学化，正在改变着社会生产和社会生活，给人类社会带来深刻的变化。成人为了避免成为社会新文盲——功能性文盲，如科盲，适应社会深刻变革和发展，就得接受继续教育。成人教育可帮助成人有效地学习、更新、充实社会生产工作和生活所必需的理论知识、技能和能力，以适应社会发展新要求，从而使成人可持续发展。

二、人的专业化与成人教育

（一）专业化与人的专业化

所谓专业化，是指学业门类专门化或职业门类专门化。具体来说，它是指从事某种专业（职业）的人们，努力促使该专业（职业）发展出与其他专业（职业）不同特征的一种过程。

关于专业化的标准，国内外有关学术管理机构和学者作了不同程度的探讨。1962 年，格林伍德（Greenwood）曾提出专业化五项标准：系统的理论体系；专业权威；社群认可；支配性的伦理原则；专业文化。我国国家技术监督局于 1992 年在制定《中华人民共和国国家标准学科分类与代码》（GB/T 13745—2009）时，提出的标准为：理论体系和专门方法的形成；有关科学家群体的出现；有关研究机构、教学单位及学术团体的建立，并开展有效的活动；有关专著和出版物的问世等。我国台湾学者胡梦鲸于 1995 年提出了专业化的 7 项标准：理论体系；专业组织；专业人才培训；专业技术；专业伦理；社群认可；专业证照。

笔者赞同胡梦鲸的观点，并于 2000 年在所著的《社区教育学基础》一书中指出，衡量专业化最重要的标准是三条：第一，专业理论，因为它是某个学术领域能否独立形成一门学科的基本条件，也是该领域实务活动的科学基础；第二，专业教育，即专业人才培养；第三，专业权威，即专业的学术代表（个体和群体），因为专业理论的创立、载体，以及后续发展在于专业代表。可见，衡量某一专业（职业）是否专业化及其程度如何，应首先以这三项标准衡量。

关于人的专业化，如前所述，指的是由具有一般智能人向具有专业智能的人的转化过程。换句话说，人的专业化，即是由简单形态的劳动力转化为专业形态劳动力的过程。衡量人的专业化的标准，应从下列方面加以思考。

第一，树立专业工作者特有的价值观念和理想。

第二，形成专业工作者的职业品质和个性心理品格。

第三，构筑本专业的知识和能力结构。

第四，参与本专业专门的职业团体及其活动，并在其中发挥作用。

第五，持证上岗，即持有上岗的“资格证书”，或具有接受过系统训练的“专业文凭”“学业证书”。

（二）人的专业化与成人教育的内在关系

马克思曾明确指出：“要改变一般人的本性，使他获得一定劳动部门的技能和技巧，成为发达和专门的劳动力，就要有一定的教育和训练。”“教育会生产劳动能力。”这对成人教育而言尤为明显。笔者认为，成人教育在“生产劳动能力”方面主要表现为：改变成人劳动能力的性质；提高成人劳动能力的水平；改变成人劳动能力形态；全面持久地影响成人劳动能力的发展。就改变成人劳动力形态而言，成人教育可使成人由简单形态的劳动力转化为具有特定技能和技巧的专业形态劳动力，由以体力劳动形态为主的劳动力改变为以脑力劳动形态为主的劳动力。这正如马克思所说，成人教育使劳动能力具有专门性。可见，成人教育是人的专业化的必不可少的基本条件。没有成人教育，很难想象成人能科学有效地持续专业化。当然，成人专业化需求越迫切、范围越广泛，则越能刺激成人教育发展。据此，人的专业化与成人教育发展也呈现出内在紧密的正向相关。

关于成人教育在人的专业化中的功能，至少可从如下方面加以分析。

第一，引导成人树立本专业特有的价值观和形成本专业的职业品质。具体而言，成人教育引导成人学习者在本专业（职业）领域内贡献力量，在做出贡献中实现自身的社会价值；并在职业熏陶、业务磨炼过程中打造本职业的优良品质。

第二，弥补和加强专业结构的缺陷和薄弱环节。由于历史和社会等多种因素，成人往往在本专业（职业）岗位上，存在着专业结构的缺陷或薄弱环节，以至于影响职业胜任力。要改变这种现状，实践证明成人教育是成人弥补和加强专业结构的缺陷和薄弱环节的有效途径。

第三，增新和改组专业智能，保持和发展专业创造力。现代科学发展表明，不断变革的加速发展，致使知识的“创造周期”“物化周期”“更新周期”日益缩短；高度分化、高度综合的整体化趋势占主导地位日益强烈，是现代科学发展的两大特征。前者科学发展特征，要求成人智能不断地增新，防止知识和技能陈旧；后者科学发展特征，要求成人必须改组智能结构，使智能结构形态由线性状态转化为具有综合性的特点。只有这样，成人的专业创造力才能得到保持和发展。为实现上述的目标，成人接受大学后继续教育是个基本途径和举措。

第四，摆脱职业局限性的束缚，通向全面发展的新人。在马克思和恩格斯看来，人的全面发展是指个人的各方面才能自由而充分地发展，使其成为各方面有能力的，能把不同社会职能当作互相交替的活动方式的人。随着社会形态的推进，科学技术的发展，通过持久的继续教育，成人可以逐步向这个方面迈进。一是成人继续教育可使成人形成较佳智能结构，使成人具有从一个领域向另一个领域转换的能力，能适应工作转换及岗位变动，能在多个领域为社会作贡献。这样，成人受职业分工局限性的影响会逐渐削弱，为一专多能的复合型人才的大量涌现开辟了广阔的途径。二是成人继续教育可促进成人逐步体脑结合。因为成人继续教育的一个根本教学原则是按需施教、学用结合，教学必须结合生产、科学实验、实行学用一致，使处于生产、科研第一线的成人，既具有理论知识又有实践经验，为他们体脑结合创造有利条件。当然，从根本上解决人的自由而全面发展问题，只有到社会主义高级形态，然而当今条件下，成人继续教育毕竟为成人实现这个理想架起了一座金色的桥梁。

三、人的个性化与成人教育

（一）人的个性化的含义和意义

心理学认为，“个性”的概念，可分为广义和狭义理解。广义的个性是指，人的个性倾向性、个性心理特征、心理过程和状态，以及自我调节系统等基本方面构成的有机综合的心理结构。狭义的个性是指，受一定个性倾向性制约的个性心理特征。对此，美国心理学家奥尔波特（G. W. Allport）称其为个性特质。其认为特质是个人所具有的神经心理结构，是一般化了的行为倾向，是使个人对不同刺激产生一贯性行为的能力。在这里，笔者采用“个性”的狭义定义，并赞同奥尔波特的特质观点，个性即可认为受一定个性倾向性制约的心理特质。据此，所谓人的个性化，即指在人与环境交互作用中，随增龄人发展出与其他人不同心理特质的过程。

在奥尔波特看来，特质可分为一般特质和特有特质。后者，属个人所有，具有个体差异性。特有特质，又可分为首要特质、中心特质、次要特质。其中，中心特质是构成个性结构的主要成分，构成一个人的独特个性。特质具有独特性、情境性和相对稳定性的特点。而这些特点，正是个体创造实践成功的必备因素。人才成功也表明，没有个性，就没有自主创新，也就没有人才。大凡创新成功，均是建立在个体独立自主思维品格和独特的“智能结构”基础上获取的。可见，人的个性化是人的发展和社会发展的内在动力，作为国家和社会在强调人的社会化的同时，均要保护并促进人的个性化。

（二）人的个性化的必然性

从哲学视野来看，人是两种基因构成的：物种（自然）基因和文化（社会）基因。物种基因构成了人的本能生命，也称种生命，这是与动物相同的生命；在物种基因的基础上，人类社会文化基因又创生了人的自为生命，即自主生命，又称为类生命。这种类生命具体化到现实的个人，由于每个人所处的环境不一，能获得的社会文化基因各不相同，个人对这种基因的运用和发挥也各不相同，因而体现在每个人身上的人的类性本质就有了差异性，由此形成和发展各人不同的“人格生命”。可见，人的个性化，是人的生命自我分化和发展的必然。

从社会学视角来分析，由于个体在成长和发展过程中，所承担的社会角色不同，所处的社会地位不同，所接触的社会事物也不同，因而必然带来个体获取、积累和运用经验的差异，以至于造成人的经验组合方式的个性化。而经验是形成人的个性基础，没有经验就没有个性，没有经验组成方式的差异，就没有个性形成的差异。可见，人的个性化，是人的经验构成差异性的必然。

从心理学视域而言，人的发展是先天与后天交互作用的过程。由于每个个体的先天条件不同，更主要的是由于后天所受的环境影响，以及所从事的社会实践的不同，因而形成了人的个性心理特征。可见，人的个性化，是先天与后天交互作用的必然。

（三）成人教育在人的个性化中的功能

1. 积极引导和发展成人的创造特质，促进自主创新

笔者认为，提升自主创新能力的前提和首要条件，即是自主，没有自主（内在自由和外在自由）就没有创新。成人教育可培育成人学习者的创造特质——独特性、自信性、勇敢性、坚韧性，引导成人学习者形成和发扬独立自主思维品格，科学而有效地提升成人的自主创新能力。

2. 引导成人正确把握个性化与社会化的关系

成人教育可引导成人学习者认识到：人的社会化是对成人的共同的基本要求；人的个性化，是对每个成人的特殊要求，两者是一般与个别的关系。人的个性化，要以人的社会化为前提，置于社会化过程之中，不能离开一定的社会条件；人的社会化，又通过人的个性化得以体现，并在个性化基础上不断发展。总之，在人的发展过程中，个性化与社会化互为条件，辩证统一于人的发展过程之中。据此，成人教育还应引导成人学习者，做到个人的目标选择与社会的客观需要相统一，摆正个体在社会关系之中的位置，正确处理个人与集体、个人与社会的关系，这对推动社会进步与个人健康发展均有重要的意义。

主要参考文献

[1]叶忠海. 职工教育心理学概论[M]. 北京：工人出版社，1987.
[2]叶忠海. 普通人才学[M]. 上海：复旦大学出版社，1990.
[3]叶忠海. 社区教育学基础[M]. 上海：上海大学出版社，2000.
[4]王通讯. 人才学新论[M]. 北京：蓝天出版社，2005.

构建终身教育学框架的若干基本问题*

1965年，保罗·郎格朗在联合国教科文组织成人教育促进委员会会议上以完整的构想提出终身教育以来，已整整半个世纪。在此期间，在联合国教科文组织推动下，终身教育已成为国际性的教育思潮，并为不同社会制度的众多国家所广泛接受，成为国家的基本教育政策和策略。随着终身教育的行动实践日益丰富、思想内涵不断深化，提出终身教育方案五十年后的今天，应该从学科视角着力研究终身教育理论体系，建立终身教育学，以利更好地指导终身教育活动，更好地促进人的终生发展。

一、终身教育学产生的历史必然性

（一）回应当今时代呼唤而产生

当今时代，伴随信息革命的兴起，知识社会正在崛起。现代社会这种历史性的变化趋势，正以前所未有的广度、深度和力度，改变着人们的思维方式、生产方式、工作方式、学习方式和生活方式。人们意识并体验到只有不断学习、终身学习，才能适应并促进社会变革，才能保持人与社会的动态平衡。这样，终身学习、终身教育的重要位置被前所未有地凸显出来。要科学而有效地终身学习，开展终身教育，就要刻不容缓地加强终身学习、终身教育研究。于是，终身教育学回应时代呼唤而产生，其是应对知识社会来临挑战的迫切需要。

---

* 该文发表于《江苏开放大学学报》（终身教育研究）2016年第2期，后中国人民大学复印报刊资料《成人教育学刊》2016年第10期全文转载。

（二）科学发现的内在逻辑所必然

科学是关于自然、社会和思维的知识体系，一经形成科学结构体系，便具有相对独立性，有其内在的发展规律。这种发展规律之一体现为，科学发现的内在逻辑性，具体反映在当采学科的转移上。所谓“当采学科”就是“社会需要”与“科学发现内在逻辑”交叉点上的学科。

鉴于终身教育学，不仅是社会需要呼声强烈，体现着教育改革和发展的方向，而且有着教育科学成果和终身教育行动实践的厚实基础。据此，终身教育学正处于上述两方面的交叉点上，已成为教育科学和社会科学领域内的当采学科之一。

（三）终身教育学研究对象的特殊矛盾所规定

一门科学的产生，不仅取决于外界有无客观需要，而且还取决于其内部有无特殊的研究对象，即研究对象的特殊矛盾性。终身教育学的研究对象，是终身教育现象的特殊矛盾性，即将教育的“终身”现象作为特殊矛盾性加以研究。所谓教育的“终身”现象，即指人出生到死亡的全程性教育现象，是人一生所受一切教育的整体性教育现象。终身教育学是一门研究终身教育现象，揭示终身教育规律，促进终身教育工作科学化，促进人的终身而全面发展的学科。传统教育学实质是儿童教育学、学校教育学，就目前教育科学发展，还来不及系统、全面而深入研究教育的“终身”现象。换句话说，还没有一门教育学科将教育的“终身”现象作为自己的研究对象，这种状态急待改变。

总之，终身教育学的产生，是知识社会发展的急切需要和必然产物，是教育科学发展的内在逻辑，也是终身教育学自身研究对象的特殊矛盾性所规定。

二、终身教育学构架的基本理念

（一）坚持“以人为本”理念为指导构建终身教育学框架

构建终身教育学，要以人为中心。具体而言，要充分体现如下四个基本观点，并贯穿于终身教育全过程。

一是充分体现“人是目的”的思想。这是发展终身教育的出发点和落足点。要十分明确终身教育要以促进人的社会化、专业化、个性化、完善化为己任，促进人的终生而全面发展是发展终身教育的最终价值取向。

二是充分体现“人是主体”的思想。这是发展终身教育的根本动力。推进终身教育，一则要充分体现人的主体性，充分发挥人的主体作用；二则应充分尊重人作为主体的需要，能给予优质满足。

三是充分体现“人作为尺度”的思想。这是衡量终身教育成效的根本标尺。评价终身教育，要以民众的知晓度、认同度、参与度、满意度作为最基本标尺。

四是充分体现“人是过程”的思想。这是发展终身教育的基本要求。开展终身教育，不仅为人生某阶段发展服务，而且要为人的终生发展服务。

（二）以人和人才发展规律为内在根据构建终身教育学框架

任何事物的产生和发展，都有其规律性。不论其发展的具体进程如何，最终都不可能摆脱客观规律。作为特殊事物——终身教育产生和发展也不例外，要自觉遵循规律。

一是受人的身心发展规律所制约，因而要求人生每个阶段教育应以该阶段的人的生理、心理、社会性发展为科学依据。以成年期教育为例，不仅要依据成年人增龄产生的生理变化的轨迹和特征，更为重要的是要依据成年人的社会属性、发展任务、心理成熟水平、认知心理特点，以及学习心理意向等，而这些心理、社会性因素，显然不同于未成年人，也区别于老年人。

二是受人才成长和发展规律所制约，人生每个阶段教育要遵循人才成长和发展规律性，实现阶段性和连续性的统一。该规律包括必然性规律和概然性规律。必然性规律主要有：人才过程转化规律、有效的创造实践成才规律、内外因综合效应成才规律等；概然性规律即统计性规律，主要有人才创造最佳年龄成才规律等。

（三）沿着“人的成长和发展”主轴线构建终身教育学框架

以“未成年人—成年人—老年人”为主轴，探讨不同的年龄阶段教育的纵向衔接。不仅如此，还要探讨同一年龄阶段各类教育的横向沟通。以此为基础，在系统论指导下构建终身教育体系。

前成年期的未成年人教育，实现家庭早期教育、学校教育、社区教育沟通和结合。

成年期的成年人教育，实现职场教育、社会培训、回归教育等沟通和结合。

老年期的老年人教育，实现社区教育、社会培训等沟通和结合。

（四）以开放理念引领构建终身教育学框架

以开放姿态，吸纳国际社会终身教育（学习）先进理念和有效举措，成为终身教育学的有益养分，将中国特色化与国际化有机结合，构建具有中国元素和国际元素相融合的终身教育学，使中国终身教育学科建设处于世界的领先地位。

三、终身教育学框架的基本成分

经研究，终身教育学框架拟由五个部分构成，即由导论、理念论、体系论、阶段论、展望论构成。

（一）终身教育学导论

导论，包括终身教育学的绪论、理论基础、源流和比较。具体而言，终身教育学绪论研究内容有：终身教育学的研究对象和内容；学科性质和特点；研究范式、原则和方法。终身教育学的理论基础，拟从哲学、社会学、人口学、人才学、心理学等多学科视角加以阐明。终身教育学的源流和比较，既从中国古代、近现代终身教育思想和实践中开掘终身教育学的源流，又从考察国外终身教育的历程和理论中加以中外比较。

（二）终身教育理念论

理念论是从总体上探讨终身教育系列的理论问题，主要有：第一，终身教育的内涵、要素、基本特征、形态等基本问题。就要素而言，在纵向上就有婴幼儿教育、青少年教育、成人教育、老年教育等；在横向上，就有家庭教育、学校教育、职场教育、社会教育等。就基本特征而言，可归纳为统整性、持续性、开放性等。就形态而言主要有学校形态、组织形态、社会形态等。第二，终身教育的功能和价值取向。归纳起来，两大功能，即育人功能和社会功能；两大价值取向，即促进人的终生而全面发展和促进社会可持续发展。第三，终身教育的过程及其阶段、运行的内在根据和外部条件、发展规律性。第四，终身教育体系及其各阶段教育的策略思想等。

（三）终身教育体系论

体系论以系统论为理论依据，主要阐明下列问题：第一，终身教育体系构建的原理——整体相关性。其是指系统的整体与部分、部分与部分、系统与环境之间的整体联系统一性。第二，终身教育体系的架构及其着力点。构建的重点应放在终身教育系统内部一体化上，应放在终身教育系统与外部环境的协调发展上。前者，即是构建纵向衔接、横向沟通、纵横整合的一体化教育体系；后者，即是一体化的教育体系与外部经济社会生态环境发展相协调。第三，各段教育纵向衔接、各类教育横向沟通的思路和举措。第四，教育系统与外部系统之间内外协调的宏观调控。

（四）终身教育阶段论

阶段论拟划分三个基本阶段加以研究：前成年期的未成年人教育、成年期的成年人教育、老年期的老年人教育。

前成年期的未成年教育，既研究婴幼儿期学前教育，包括家庭早期教育、学校幼儿教育，以及两者的沟通结合；又研究少儿期基础教育，包括学校基础教育、社区少儿教育，以及两者教育的沟通结合；还研究青年期的职前职业教育和高等教育等。

成年期的成年人教育，由成年早期教育、成年中期教育组成。既研究职场教育与学习，又研究学校回归教育，社会培训等，还研究上述几者教育的沟通结合。

老年期的老年人教育，由准老年期教育、低龄老年期教育、中龄老年期教育、高龄老年期教育构成。每一阶段老年教育均阐明内在的科学依据、体现该阶段教育的特殊性，包括教育的意义和目的、内容、重点、模式等。

（五）终身教育展望论

展望论拟分述国际终身教育和中国终身教育的发展展望，包括发展背景、发展特点和发展趋势等。特别我国在以创新、协调、绿色、开放、共享等五大发展理念指引下，未来终身教育定会开创一个崭新局面。

四、终身教育学与相邻学科的关系

终身教育学是一门独立的学科。从它的研究对象和内容来看，与哲学、人学、社会学、心理学、教育学、人才学等学科有着密切联系。在这里，仅就终身教育学与马克思主义哲学、发展心理学、人才学、教育学之间的关系分别作一概要的阐明。

哲学是关于世界观的学说，是人们对整个自然界、社会和思维的根本观点的体系。马克思主义哲学为终身教育学提供了正确的世界观和科学的方法论。其关于社会基本矛盾理论、人学理论、人的全面发展理论等一系列论述，是终身教育学研究的理论基础。其中，关于人的全面发展、人的认识规律等问题的论述，不仅是理论基础，而且直接与终身教育学的研究内容相互交错。当然，马克思主义哲学对上述的问题的论述，则是高度抽象提出了最基本的观点和最一般规律；终身教育学对这些问题的研究，则在马克思主义哲学指导下，具体地展开、深化并加以落实。所以说，通过对终身教育学的研究和实践，可在某个具体领域充实和丰富马克思主义哲学。

发展心理学是心理学的分支，是专门研究人的心理发展现象的一门科学。研究终身教育现象，离不开人的发展心理的研究。发展心理学关于人的生命全程中生理发育、认知发展、个性发展、社会性发展的研究成果，是研究终身教育现象的内在根据，为终身教育学研究提供了理论依据和基本方法。随着终身教育学的发展积累，也能促进发展心理学进一步发展。两者结合，可产生终身教育心理学。

人才学是研究人才现象的一门独立科学。教育，是培养人的社会活动，教育学实质即为育人学，终身教育学也不例外，是促进人的终生发展的一门科学。要科学而有效地促进人的终生发展，显然，要遵循人才成长和发展规律。人才学关于人才成长和发展原理和规律的研究成果，也是研究终身教育现象的内在根据，为终身教育学研究提供了理论依据。当然，终身教育研究成果，又从人才培养角度丰富了人才学的理论体系。

教育学是研究教育一般现象，揭示教育基本规律的一门独立科学。终身教育学是研究教育终身现象，揭示教育终身运行规律。前者，侧重于关于教育基本理论和实践的研究；后者，侧重于关于教育终身问题的理论和实践研究。从理论上说，教育学应是终身教育学研究的基础，终身教育学则是教育学创新和发展，丰富了教育科学体系。两者相辅相成，共同促进人的终生而全面发展。从长远来看，随着知识社会日趋成熟，终身教育与学习日益普及，教育科学不断创新发展，教育学和终身教育学将在更高知识体系层面上趋向于融合。至于成人教育学、老年教育学分别研究成年人、老年人阶段教育现象，相对于终身教育学而言则是分支学科。终身教育学与成人教育学、老年教育学则是整体与部分的关系。终身教育学研究成果是成人教育学、老年教育学研究的理论基础，而成人教育学、老年教育学的研究成果又不断丰富充实终身教育学科学体系。

主要参考文献

[1]郎格朗.终身教育引论[M].周南照,陈树清,译.北京:中国对外翻译出版公司,1985.
[2]联合国教科文组织国际教育委员会.学会生存:教育世界的今天和明天[M].华东师范大学比较教育研究所,译.北京:教育科学出版社,1996.
[3]联合国教科文组织.教育:财富蕴藏其中[M].联合国教科文组织总部中文科,译.北京:教育科学出版社,1996.
[4]叶忠海.现代成人教育学原理[M].北京:中国人民大学出版社,2014.
[5]叶忠海.构建终身教育体系的研究和探索[M]//叶忠海.学习型社会建设的研究与探索.上海:同济大学出版社,2013.
[6]吴遵民.现代国际终身教育论[M].北京:中国人民大学出版社,2007.

终身教育动态运行的研究*

辩证唯物论表明，整个世界是个过程的集合体，世界任何事物均是作为过程出现的。其中，终身教育也不例外。更何况，终身教育系人的生命历程所受教育的综合体，其过程的特征体现得尤为明显。对其研究，不仅要静态加以研究，而且要动态加以探索。本文对终身教育运行的过程及其阶段、原理、因素和规律性分别作概要的探索。

一、终身教育运行的过程和原理

（一）终身教育运行的过程及其阶段

终身教育运行的过程，可从两个层面加以分析，一是终身教育内部要素的运行，二是终身教育总体运行。

从终身教育内部要素运行来看，既有终身教育要素纵向衔接运行，即由未成年人教育—成年人教育—老年人教育运行。又有终身教育要素横向转型（跨类）运行，一般情况下，即由家庭教育—学校教育—社会教育运行。

从终身教育总体运行来看，由初级状态终身教育向高级状态终身教育运行；或者说，由不成熟终身教育向成熟终身教育运行。在这里，所谓的初级状态或不成熟终身教育，是指终身教育目标停留在第一阶梯，即终身教育要素发展水平上。所谓高级状态或成熟终身教育，即终身教育已达到第二阶梯目标，已实现终身教育要素的纵向衔接、横向沟通，并向第三阶梯目标——学习型社

* 该文发表于《终身教育研究》2020年第4期，后中国人民大学复印报刊资料《成人教育学刊》2020年第12期全文转载。

会迈进。

(二) 终身教育运行的原理——综合效应论

历史唯物主义认为，合力论是人类社会运行的内部机理，反映到终身教育领域，综合效应论则是终身教育运行的基本原理。所谓综合效应论，是指终身教育运行和发展，系社会因素、人的因素、教育自身因素等诸因素相互作用的综合效应。社会因素是终身教育运行的必要条件，教育因素则是终身教育运行的内在依据，人的因素既是社会因素与教育因素之间的中介，也是终身教育运行的依据。一般情况下，社会因素影响人的因素，人的因素影响教育因素。

终身教育运行的社会因素，即社会环境因素，涉及社会环境的方方面面，包括社会经济环境、社会政治环境、社会文化环境、社会生态环境等因素。

终身教育运行的人的因素，主要是指人的素质、人的发展和人的需要，其中包括人才的数量、质量、结构，以及发展需求等。

终身教育运行的教育因素，指终身教育发展的现状，包括终身教育内部诸要素发育状况、终身教育纵向衔接和横向沟通的程度，以及终身教育总体发展水平等。

二、终身教育运行的诸因素分析

(一) 终身教育运行的教育因素

1. 教育因素的内涵

正如前述，终身教育运行的教育因素，是指构成终身教育的诸教育要素发育的状况。是否相对平衡协调发展；未成年人教育、成年人教育、老年人教育之间的纵向衔接状况，家庭教育、学校教育、职场教育、社会教育之间的横向沟通状况；整个终身教育发展处于何种水平；等等。

2. 教育因素是终身教育运行的内在根据

其可从下列两个方面来分析。

第一，一切从实际出发，这是事物科学运行和发展的基本原理。任何事物科学运行和发展不能脱离现状，均是建筑在现实基础之上。终身教育运行和发展也不例外，现实的终身教育状况是终身教育运行和发展的基础，新的运行的起点。

第二，事物发展的根本原因在于事物的内部矛盾性。毛泽东在《矛盾论》中指出，“事物发展的根本原因，不是在事物的外部，而是在事物的内部，在于事物内部的矛盾性”。“任何事物内部都有这种矛盾性，因此引起了事物的运动和发展。”这对终身教育运行和发展也是如此。就终身教育运行的内部矛盾性而言，就有终身教育内部诸要素发展之间的矛盾性，就有整个终身教育的发展需要与终身教育的发展可能之间的矛盾；等等。

（二）终身教育运行的人的因素

1. 人的因素的内涵

如前所述，人的因素是指人的身心基础、人的素质、人的发展、人的需求。不同年龄阶段人的生理、心理、社会性发展等，均有较大差别。就以成年期成人而言，处于成年早期、成年中期、成年晚期的成年人，其生理特点、认知水平、人格特征、社会性发展，也不尽相同。

人的因素方面，还应考虑人力资源中的素质较高部分——人才，包括考虑人才数量、人才质量、人才结构、人才发展、人才需求等。研究表明，处于准人才、潜人才、显人才、高级显人才、领军人才等不同发展阶段的人才，其终身学习特点和需求也有明显的差别。

2. 人的因素是终身教育运行的中介和依据

对此，可从下列方面加以分析。

第一，从宏观视角来看。马克思主义哲学认为，中介是指事物矛盾双方相互沟通、联结或转化发展中的一个中间环节、媒介或纽带。对此，马克思主义创始人和经典作家曾深刻指出，“一切差异都在中间阶段融合，一切对立都经过中介而连成一体”“一切经过中介连成一体，通过转化而联系”。“一切通过中介”的中介理论，反映在终身教育领域也不例外。社会变革与终身教育之间的关系，是通过人和人才的因素作为中介连接在一体的。具体而言，首先，社会变革对人和人才的素质和结构提出新要求；其次，人和人才的素质和结构要达到这新要求，必然要求终身教育改革和发展，以满足此要求；最后，带来了终身教育运行和发展。可见，人的因素是终身教育运行的中介和纽带。

第二，从微观视角来看。教育是培养人的社会劳动。分析教育劳动全过程，不难发现其劳动的特殊性质。教育劳动的对象是人，掌握劳动手段的主体也是人，劳动产品又是人。教育劳动过程，自始至终是人们互相影响的过程。教育劳动要产出高质量的劳动产品——人才，必须以教育对象——学习者为中心，以人的身心发展规律为依据。对此，终身教育也不例外。终身教育要达到促进人的终生而全面发展的宗旨，必须依据人的每个年龄阶段的生理、心理、社会性发展的特征实施终身教育。可见，人的因素又是终身教育运行的基本依据。

（三）终身教育运行的社会因素

1. 社会因素的内涵

社会因素，即社会环境因素，涉及社会环境方方面面，包括经济、政治、文化、社会、生态等方面因素。主要影响终身教育运行的因素有经济转型和发展、政治体制改革、科技革命和信息化、社会变革和氛围、人口老龄化、政府选择导向性、权力机构所制定政策法规等。

2. 社会因素是终身教育运行的必要条件

第一，外部的社会需要是终身教育内部矛盾产生的原因。终身教育的发展需要与终身教育的发展可能的内部矛盾运动，是以外部的社会需要作为必要条件的。这是因为终身教育发展需要，归根结底是由外部的社会需要内化而成的。只有在社会不断出现新需要时，终身教育内部矛盾运动才能不断前进。

第二，终身教育运行离不开外部社会因素。其自始至终是在社会环境之中进行的。终身教育运行的方向、速度、质量、进程等受到外部社会环境因素的影响，乃至于制约。

三、终身教育运行规律性的研究

（一）规律和终身教育运行规律的概述

任何事物的产生、运行和发展，都有规律性。不论其形式怎样，规律总制约着事物的运行和发展。从本体论角度来看，所谓规律，即客观规律，是事物普遍性的联系。这种普遍联系，若是确定的关系，就是因果关系；若是不确定的关系（随机性事件），则是统计关系。前者为必然性规律，后者为统计性规律或概然性规律。从认识论角度来看，所谓规律，即科学规律，是对不以人们的意志为转移的客观过程的反映，即是对客观规律的反映。科学规律所揭示的客观过程的普遍性。这种规律的普遍性，是某种范围内的普遍性。由于范围的不同，普遍性程度也不同。由此，规律又可分为特殊规律和一般规律。

在这里，终身教育运行规律系科学规律，是人们对终身教育客观规律的认识，是终身教育客观规律在人脑中的反映。具体而言，终身教育运行规律是指终身教育运行过程中在一定条件下所具有的可重复的必然关系或概然性重复的概然关系。其存在于终身教育现象之中并贯穿于终身教育运行和发展的全过程，从根本上左右着终身教育的运行和发展，从而规定着终身教育实践活动。要科学而有效地发展终身教育，就要在认识和遵循规律中推进终身教育发展，符合终身教育运行和发展规律的规定性。

（二）终身教育运行规律性的具体展开

1. 终身教育运行和发展受制于人的成长和发展的进程和水平，终身教育必须在服务人的成长和发展中推进终身教育运行和发展

基于终身教育是为了促进人的终生而全面发展，人的因素是终身教育运行的内在依据，因而终身教育的运行，必然受制于人的成长以及发展的进程和水平。随着人的成长和发展的推进，终身教育随之运行，随着人的社会角色及其期望变化，终身教育随之展开。实践证明，一般情况下，人的成长和发展的进程和水平，与终身教育运行的阶段和层次呈正向相关。终身教育根植于人的成长和发展过程之中，一刻也不能离开人的成长和发展。据此，要从根本上推进终身教育的科学运行和发展，必须置其在为人的成长和发展服务之中。这是终身教育以人为本理念对其运行和发展的必然要求。

2. 终身教育运行和发展受制于人才成长和发展过程，终身教育必须在服务人才的成长和发展中运行和发展

终身教育是培育人的社会活动，其中特别是培养人才的社会活动。《国家中长期教育改革和发展规划纲要（2010—2020年）》明确指出，教育改革和发展要遵循教育规律和人才成长规律。具体来说，为了科学而有效地培养人才，终身教育运行和发展，必须遵循人才过程转化规律。该规律是指在一定的条件下，人才的一个具体过程完结之后，向与它有必然联系的人才过程过渡或飞跃的变换关系。具体来说，人才成长和发展是由非人才向人才转化的过程，是由低层次人才向高层次人才转化发展的过程，是由一种类型人才向另一种类型人才转型发展的过程。这就告诉我们，终身教育运行与发展过程，受制于人才成长和发展过程。其必须依据人才成长和发展过程，与人才转化转型发展过程相匹配。据此，为使终身教育与人才转化转型发展过程和谐协调地推进，必须将终身教育运行和发展置于人才成长和发展过程服务之中。这是终身教育培养人才的宗旨对其运行和发展的必然要求。

3. 终身教育运行和发展取决于知识经济和知识社会发展度，终身教育必须在促进知识经济和知识社会发展中运行和发展

历史考察表明，现代终身教育，是工业经济向知识经济、工业社会向知识社会转化发展的产物，是以知识经济和知识社会为其深厚的生存背景和发展空间的。知识经济和知识社会是终身教育的运行和发展的总背景、总条件、总动力。知识经济和知识社会发展度直接决定着终身教育运行和发展。知识经济和知识社会越发展，则对终身教育需求就越旺盛，为终身教育运行和发展就越能提供良好条件，两者呈正向相关。可见，从宏观视角来看，终身教育运行和发展取决于知识经济和知识社会的发展度。据此，要科学而持久地运行和发展终身教育，必须置终身教育发展于促进知识经济和知识社会发展之中。

具体而言，知识经济产业，包括知识生产业（研发业）、知识传播业（教育业、信息业、文化业等）、知识服务业（专业服务业）等，终身教育就应在促进知识生产业、知识传播业、知识服务业发展之中运行和发展；知识社会，体现为社会知识化、信息化和网络化，社会创新化等，终身教育就应在促进社会知识化、信息化和网络化，以及社会创新化发展之中运行和发展。这是知识经济和知识社会对终身教育运行和发展的必然要求。

由于人们对客观规律认识的局限，加上客观规律自身的变化发展，因而终身教育运行规律既有绝对性，又有相对性，随着人们认识的发展而不断深化。

主要参考文献

[1]郎格朗.终身教育引论[M].周南照,陈树清,译.北京:中国对外翻译出版公司,1985.

[2]叶忠海.以文化自信思想定力加快推进中国特色终身教育学科建设[J].终身教育研究,2017(6):36-38.

[3]叶忠海.构建终身教育学框架的若干基本问题[J].江苏开放大学学报,2016(2):4-7.

[4]叶忠海.构建终身教育体系的研究与探索:学习型社会建设的研究与探索[M].上海:同济大学出版社,2013.

[5]陈乃林.面向 21 世纪中国终身教育体系研究[M].北京:高等教育出版社,2002.

[6]叶忠海.人才学基本原理研究:叶忠海人才文选之一[M].北京:高等教育出版社,2009.

社区老年教育的教学研究*

一、社区老人教育的教学客观依据

研究表明，在一般情况下，人进入老年，随着感官功能减弱，脑细胞及其树突和突触减少，神经传导速度下降，老年成人的认知能力也发生变化。其反映在感觉迟钝和反应迟缓、记忆力衰退、思维力和想象力逐渐下降，然而，近年来国内外有关研究又表明，一个人如果在青少年时代受过严格教育，毕业后又有接受继续教育的机会，同时，又能不断地从事使用智力的脑力劳动，加上良好的健康状态，那么即使人到老年，其认知能力的衰退也是甚微的。事实上，任何一个年龄段，人的认知能力的个别差异，均比年龄差异大得多。根据国外学者的横断研究，年龄越大，学习能力的个别差异越大。对老年成人来说，认知能力与个人的健康状况的联系，要比与增龄的联系更为密切。老年人具有丰富的经历及正反两方面的经验，成熟，是他们的重要特征。据此，健康的、受过严格训练的、从事智力性劳动的脑力劳动者进入老年后，仍具有相当水平的工作能力，仍能保持一定水平的创造能力。所以，我们说社区老年成人接受认知教育是有心理基础的。

在国际社会老年学专家的努力下，人们对生命期概念已逐步发生改变，在生命周期中开启了“第三年龄”概念的新阶段。所谓第三年龄，系指人离开工作场所（主要指不再从事全时的工作），并且不再承担许多家庭上的责任，可以自由地满足个人想法及需要的年龄段。其特征属于个人成就的年龄。由此，

---

* 该文形成于1999年10月，原系叶忠海著《社区教育学基础》一书第七章第三节，发表于2000年6月。

推翻了过去把“老年”作为与衰老、老迈、非生产性、非弹性、撤退等负面语词的同义词。在取得这样的共识基础上，法国于1973年创立了“第三年龄大学”。之后，比利时、瑞士、瑞典、波兰、意大利、西班牙、美国和加拿大的魁北克等很快地陆续开设了第三年龄大学的课程，并于1974年创立了“国际第三年龄大学总会”。到1981年，该会已有170个第三年龄大学。1999年，被联合国定为世界老人年，联合国并在发表有关的《老人人权宣言》八条中，其中有一条为：“老年人应有充分参与教育、文化、休闲及公民活动的机会。”

二、社区老人教育的教学原则

就社区老人教育是社区成人教育的组成部分而言，两者的教学原则具有共同之处；就社区老人教育是社区成人教育的特殊层次而言，前者的教学原则又有特殊之点。在这里，仅就社区老人教育教学原则的特殊点，作一简要的阐明。

1. 坚持区别对待原则

老年人群是一个多类型多层次的复杂群体结构。体力型老人和智力型老人之间，低龄老人（60—70岁）、中龄老人（70—80岁）、高龄老人（80岁以上）之间的身心基础差别很大；每个老人之间的情况也千差万别。这就要求社区老人教育的教学工作，既要根据社会需要，更要考虑社区老人需求；既要考虑社区老人的共同需要，更要重视每个老人的具体情况，切忌强求一律。应根据不同的年龄层次、健康状况、智能基础、兴趣爱好和家庭条件等实际情况，进行区别对待，力求设计不同的教学方案。

2. 坚持弹性原则

这是指社区老人教育的教学活动要根据老人的身心特点，不给予划一的硬性指标，要更多地体现出弹性和宽松的特点。其具体应体现为学习规划弹性——老年学员可以自主规划自己的学习计划；学习进度弹性——老年学员可自己决定修读进度；选读科目弹性——老年学员按个人需求和兴趣可自由选读课程，决定自修的学分数等。总之，通过社区老人教育，使老年学员既学有所获，又不至于影响甚至损害老人健康。

3. 坚持自愿原则

老年成人，一般已退休或离休，不是单位的在编人员，他们中的志向和情况又各不相同。社区为他们组织的教学活动，一定要考虑到他们能否接受，在他们自觉自愿的基础上开展教学，切不可强迫行事。

4. 坚持动态调节原则

由于每个老年学员都在动态变化，所处的外部环境也在不断变化，因而教学设计不应固定不变，而应随着主客体变化，不断地加以调节，以利于他们终身学习、持续贡献和延年益寿。

三、社区老人教育的教学内容

1986年，笔者曾在《女性人才学概论》一书中提出，老年人才延续设计的总目标应是“持续创造，延年益寿”。其实，笔者认为，社区老年教育也应围绕这八个字开设有关课程。

在持续创造方面，其教学内容可以有：第一，帮助老年学员著书立说或写回忆录，总结丰富的知识和经验；第二，帮助老年学员退居二线担任好顾问，扶助中青年工作；第三，帮助老年学员从事学会、协会和研究会工作，为决策科学化和民主化服务；第四，帮助老年学员参加力所能及的社会活动和工作，为社会多做贡献；第五，帮助有条件的老年学员从事讲学、翻译、指导研究、人才培养、技术开发和技术咨询服务；等等。

在延年益寿方面，其教学内容有：第一，帮助老年学员体育健身，例如打拳、做气功、健身体操、保健按摩等；第二，激发老年学员的艺术爱好，学习绘画、书法、音乐、诗词等，以及参加适当的娱乐活动，以消除孤单与寂寞，陶冶情操，充实和丰富精神生活；第三，帮助老年学员高度注重心理卫生，例如注意心理修养，增强心理调节和控制能力，提高心理健康水平，保持稳定、饱满、温和、乐观的情绪，克服喜怒无常，心情忧郁，感情脆弱等不良情绪；第四，帮助老年学员饮食起居，做到起居有常，饮食有节，活动有适，生活有律，合乎人体生物钟节律，保持人体内部各器官系统之间、人体与外界环境之间的动态平衡；第五，帮助老年学员卫生保健，如有病应及时诊治，用药要遵照医嘱，要力争掌握和使用“四季养生”之道、养生十六宜，并注意合理使用营养保健品等。

此外，社区老人教育的教学内容中还应有社区发展方面的内容，其包括社区建设、社区生态环境、社区文化、社区教育、社区救助和服务、社区政策法规等，以此培养老人的社区意识和社区归属感，提高他们的社区可持续发展的道德水平，以利于形成良好的社区发展环境。

主要参考文献

[1]叶忠海.职工教育心理学概论[M].北京:工人出版社,1987.
[2]叶忠海.社区教育学基础[M].上海:上海大学出版社,2000.
[3]叶忠海.女性人才学概论[M].长春:北方妇女儿童出版社,1987.

社区学习团队是学习型社会的基石*

党的十九大进一步提出加快建设学习型社会的要求。学习型组织和学习共同体均是学习型社会的基石。学习型社会建设要加快，既依赖于学习型组织的创建普及，又依赖于学习共同体的不断生成和发展。社区学习团队是学习共同体的一种最为基础形式。很显然，加快建设学习型社会必然对学习共同体、社区学习团队的生成和发展提出新要求。本文仅就社区学习团队的内涵、价值、生成理念和要点、学习内容设计和实施、推进模式，以及团队负责人选育等基本问题分别作了简要的探讨。

一、社区学习团队的基本内涵

（一）社区学习团队的表述

社区学习团队是指社区成员基于共同的学习兴趣爱好，为达到共同的学习目标，相互协作而自发形成的社会群体。

上述的社区学习团队的表述，明确了下列的几个问题：第一，社区学习团队，是一种有着共同目标的学习群体；第二，社区学习团队，是以学习为核心理念和主要实践活动的社会群体；第三，社区学习团队，是以自主、协商、开放、共享为基本特征的学习群体；第四，社区学习团队，主要由社区成员自发形成的自组织。

（二）社区学习团队与学习共同体的关系

社区学习团队与学习共同体，有着共同的性质——自组织；共同的基本特

---

* 该文形成于 2017 年 10 月，发表于《职教论坛》2018 年第 1 期。

征——自主、协商、开放、共享；相似的形成过程等。基于上述的相同或相似之处，因而两者往往相通的使用。

然而，社区学习团队与学习共同体又不尽相同，有着差异之处。就规模范围而言，一般情况下，相对社区学习团队来说，学习共同体组成成员较多、规模较大、范围较广。就群体结构而言，一般情况下，社区学习团队结构较简单，学习共同体结构较复杂。就生成过程而言，相对社区学习团队来说，学习共同体生成难度较大，过程较长。就活动内容而言，学习共同体相对社区学习团队的学习实践活动更为丰富。

（三）社区学习团队与学习型组织的关系

社区学习团队与学习型组织有着共同点：第一，两者均以实现共同目标或共同愿景而组合在一起；第二，两者均以“学习”为核心理念；第三，两者均重视参与的价值；等等。

然而，社区学习团队与学习型组织，毕竟有着质性的明显区别。第一，两者源于不同的学科背景和理论基础。学习型组织的学科背景和理论基础是系统动力学和控制论；社区学习团队的学科背景和理论基础是社会学和社会文化学。第二，两者的性质不同。学习型组织系传统的正式组织，有正式的组织边界；社区学习团队系非传统的自组织，无正式组织边界。第三，两者的载体和参与者身份建构不同。学习型组织存在于正式组织体系之中，参与者一般不存在身份建构；社区学习团队载体是非传统的不具有严密组织体系的自组织或跨组织系统的自组织，参与者存在身份建构。第四，两者的追求目标不同。学习型组织追求正式组织框架内的变革和完善；社区学习团队追求自组织更新和发展。第五，两者的运作机制不同。学习型组织运作机制更多地体现为正式组织的规则规定；社区学习团队运作机制则是经成员协商后形成的规范制度。

通过上述的比较，我们可清楚地认识到，社区学习团队是草根性的民间学习共同体。其是学习型社会建设领域内人民当家做主的典型产物，是以人民为中心发展思想在学习型社会建设中的生动体现。

据此，2016 年 6 月颁布的《教育部等九部门关于进一步推进社区教育发展的意见》，将推动各类学习型组织建设与推动学习共同体建设并列分别提出。就后者来说，该文件还具体提出：“鼓励和引导社区居民自发组建形式多样的学习团队、活动小组等学习共同体，实现自我组织、自我教育、自我管理、自我服务。”

二、社区学习团队的价值所在

（一）促进团队成员的成长和发展

社区学习团队十分关注团队每个成员从新手向熟练者的转化过程。团队强调资源共享和成果分享，强调相互学习、相互协作和相互支持。这些，显然有利于团队成员的成长和发展。

（二）促进学习型社会的形成和发展

社区学习团队是充满活力和富有生命力的“社会学习基因”，是构成学习型社会的基石和社会基础。除血缘性质的学习型家庭以外，社区学习团队比较其他类型学习型组织，其数量更多、涉及的范围更广泛，参与的人数更普遍，活动形式更多样化。其最能体现社会学习的自主性、全民性和终身性。笔者认为，当社区学习团队生成和发展覆盖全社会之时，必然是学习型社会基本形成之日。

（三）促进社会积极老龄化的进程

社区学习团队的主体部分，是老年学习团队。老年人生活在学习团队，增长了智能，陶冶了情操，丰富了生活，广交了朋友，促进了健康，融入了社会，这些显然有利于老年人成功老化，进而促进整个社会积极老龄化。

（四）促进现代和谐社会的发育和发展

现代社会由国家体系、市场体系、社会体系构成。国家体系的主体——各级党政机关；市场体系的主体——各类企业；社会体系的主体——各种社会组织。基于社区学习团队是社会组织的有机组成部分，因而社区学习团队的生成和发展，必然夯实社会组织的基础，进而促进现代社会结构的发育和完善。

同时，社区成员在团队中互帮互学，释放了潜能，交流了生活和学习经验，融洽了人际关系，获得了自我实现感、幸福感，提升了凝聚力和归属感，显然有利于促进社区乃至社会的安定和谐。

特别团队中老年人是社会的长者，通过团队学习，提高了综合素质，发挥长者风范的示范效应，在一个具有悠久历史的尊老敬老传统美德的社会里，对社会稳定和谐所起的作用，是其他年龄群体无法比拟和替代的。

三、社区学习团队生成的理念和要点

（一）社区学习团队生成的指导性理念

主体性理念。主体性，包括自主性、能动性和创造性。自主性，是能动性、创造性的前提，能动性是自主性的基本标志，创造性是能动性最高体现。该理念，是以人为本理念在社区学习团队生成领域的体现，也是团队成员的主体角色所规定的。

民主性理念。其主要体现在团队成员间平等性、协商性，包括团队目标的平等协商、实践活动的平等协商、知识建构的平等协商、成果分享的平等协商等。该理念是社区学习团队的性质和本质特征所规定的。

开放性理念。该理念不仅指学习团队发育和发展是开放的，这是社区学习团队的性质所决定的；更重要指的是团队学习实践内容是开放的，以促进团队成员在视野、思想、知识、技能等方面的开放，不仅具备中国公民基本素质，而且具备地球村公民基本素质。

共享性理念。共享性，包括成员间共同的目标、共享团队的资源、分享团队的成果、成员的共同发展等。该理念是由社区学习团队的性质和宗旨所规定的。它既是学习团队的合作之源，也是团队富有生命力之内在机理。

（二）社区学习团队生成需把握的要点

一是通过协商取得成员间的思想共识。其中，特别对社区学习团队生成的价值取向取得共识。这是学习团队生成的思想基础。

二是通过协商形成成员间共同的目标追求。这不仅是学习团队成员间合作之源，也是团队及其成员发展的方向和内源性动力。

三是通过协商设计成员间公认的学习实践方案。其包括确定成员间共同关注的学习实践内容；建立成员间共同认可并承诺实行的学习实践制度；创设有利于成员间对话互动的学习实践方式；等等。

四是通过协商确定成员的身份建构及其运作的内在关系。其中，尤为重要的是商定团队负责人。这不仅保障社区学习团队有序并有效的运行，而且可依据每人身份及其分工，发挥成员的积极性和潜能，促进成员在践行学习团队过程中更快地成长和发展。

五是通过协商制定成员间均认可的学习实践激励措施。由此，增强学习团队及其成员成长和发展的动力。

四、社区学习团队学习内容设计和实施

（一）社区学习团队学习内容设计的原则

遵循规律性原则。一方面，要遵循学习者的身心发展规律，以学习者生理、心理、社会性发展特征为依据，设计团队学习内容。另一方面，要遵循社区学习团队发展规律，按团队生成和发展过程及其所处阶段的实际，设计团队学习内容。

需求导向性原则。即指以团队成员的问题为中心，以成员需求为取向，兼顾生存性学习需求与发展性学习需求、现实性学习需求与未来性学习需求，统筹设计团队的学习内容。克服“以供代需”现象，确立“以需定供”的设计理念。

正确处理政府的“要求”与团队成员的“需求”的关系。以“要求”唤醒“需求”，以“需求”充实“要求”，积极寻找两者最佳结合点，使社区学习团队成为政府与团队成员和谐关系的黏合剂。

发展性原则。即指随着社会发展，团队成员需求的提升，需不断调整、充实和提高团队的学习内容及其水平，以适应变化了的内外环境，不断满足团队及其成员的不断变化的学习需求。

（二）社区老年学习团队学习活动的实施策略

弹性策略。其是指根据老年人的身心发展特点，不给予划一的硬性指标，更多地体现为弹性和宽松的特点。该策略包括学习规划的弹性、学习进度的弹性、选学内容的弹性、学习方式的弹性、学习时间的弹性等。

分异性策略。该策略是指根据老年人不同的年龄层次、健康状况、智能基础、兴趣爱好和家庭条件等实际情况，进行区别对待，力求安排不同的学习内容，采取不同的学习手段、方式和方法。

生命回顾策略。该策略又称生活回顾，是指引导老年学习者通过对自己的生命历程和经历的事情进行回忆及反思，更好地认识自己的往昔，总结以往人生经验，进一步体会人生的意义，以达到当下积极老龄化。

五、“多力合一”推进社区学习团队成长和发展

（一）政府的引导扶持性推进

政府引导性推进，包括编制规划的引导推进、制定法规政策的引导推进、经费投入的引导推进、培育典型的引导推进等。

政府扶持性推进，主要举措有创设社区学习团队生成和发展的良好社会环境。包括营造良好的舆论氛围、提供必要的各种学习资源、促进社区学习型组织创建与社区学习团队生成协同发展、提升团队领导人综合素质、制定适宜的激励制度等。

（二）社会参与协助性推进

一是教育机构的孵化式推进。充分发挥社区教育机构对社区学习团队的孵化作用。许多社区学习团队则是社区教育学校学习班结业后，延伸孵化为相应的学习团队，形成了学校与团队的联动模式。

二是社会组织的服务管理式推进。为了更好地指导服务社区学习团队，街镇成立民间组织服务中心。该中心就在服务中管理推进社区学习团队的生成和发展。

三是企事业单位的互助式推进。企业与学习团队双方签约，企业提供学习团队的学习资源，学习团队宣传企业精神和企业品牌，以达到双赢目的。

四是学习团队间的带动式推进。示范性社区学习团队通过建立自主发展基地，吸纳和推进同类学习团队参与，并在基地中发展，扩大了规模效应，形成了团队带动团队的推进模式。

（三）团队自主性推进

社区学习团队成长和发展，归根结底取决于内在因素。无论政府、社会的推动作用，说到底只是外部的社会条件，最终还要通过团队内在因素起作用。

实践证明，团队自主性推进，可以由团队自身多因素推进，包括先进理念的推进、规划目标的推进、制度规范的推进、科研引航的推进、表彰激励的推进、团队领导人带领的推进等。

六、提高社区学习团队领导人综合素质

（一）学习团队“领导人”的角色定位和作用

实践证明，对于一位优秀的社区学习团队领导人的角色定位有如下描述。第一，团队的设计师，能设计团队愿景，策划团队发展目标和行径；第二，团队的带领人、能带头引领全团成长和发展；第三，团队的组织协调者，能组织实施团队的学习实践活动，协调团队内部之间、内外之间的各种关系；第四，团队的服务员，能服务于团队成员，关心帮助成员成长。

基于上述的团队领导人的角色定位，其在团队成长和发展中起着如下的作用。第一，培植团队学习文化。不仅培植团队学习物质文化、制度文化，更为重要的是培植团队学习精神文化，主要体现在学习的理想信念、价值观、道德观，以及良好的学习品格和学风。第二，把握团队的发展方向。团队领导人具有良好的思想品德、过人的学习视域和能力，为成员服务的人格魅力，其能整合团队成员的想法，形成团队学习的合力。第三，提升团队的学习水平和成效。在团队领导人带领下，团队学习活动做到有目标、有制度、有主题、有准备、有研讨、有评估等，这样必然提高团队的学习质量和效果。第四，形成团队的晶核凝聚作用。团队领导人有着领军的人格魅力。这种魅力来源于团队领导人的思想品格、学习能力和水平，以及领军才能，致使他的感召力、影响力，在学习团队中能形成一种心悦诚服的心理认同感，从而形成团队的亲和力、凝聚力。

据此，社区学习团队领导人，是学习团队的领袖、晶核、灵魂、舵手。

（二）社区学习团队领导人的素质要求和提高举措

根据社区学习团队领导人所承担的角色任务，以及社会对其期望，参照《中华人民共和国国家标准社区服务指南第 3 部分：文化、教育、体育服务》（GB/T 20647.3—2006），社区学习团队领导人基本的素质要求：热爱学习，热心于社会服务；具有良好的社会工作道德，较强的吃苦精神和心理承受能力；具有一定的社会教育与学习的专业智能，具有较高的文化素养；身心健康；等等。

为达到上述的基本素质要求，必须采取多方面举措，着力打造这支队伍。

成功的经验表明，可采取如下的措施：组织定期和不定期培训；开展专题研讨交流；举办团队“领袖”论坛；组织结对互帮；典型经验示范；组织国内外考察；等等。

笔者相信，只要我们遵循习近平总书记提出的以人民为中心的发展理念，充分发挥人民在学习型社会建设中的主体性和主体作用，社区学习团队、社区学习共同体定会迅速生成和发展起来，学习型社会的社会群众基础定将越来越厚实，在新时代我们定将迎来全民学习、终身学习的学习型社会。

主要参考文献

[1]叶忠海. 创建学习型城市的理论与实践[M]. 上海：上海三联书店，2005.

[2]叶忠海. 学习共同体生成的若干基本问题思考[M]//叶忠海. 学习型社会建设研究与探索. 上海：同济大学出版社，2013.

[3]赵健. 学习共同体：关于学习的社会文化析[M]. 上海：华东师范大学出版社，2006.

社会学习指数研究与探索*

笔者在《学习型社会建设科学化不能忽视量化分析》一文中指出，“学习型社会建设要科学发展，不仅要有科学理论作指导开展定性研究，同时还不能忽视量化分析”。“实践证明，有了基本的数据，可使我们对学习型社会建设的进展判断更为准确、发展决策更为科学、工作把握更有信心、成效结果更能经受检验。”在此基础上，笔者又在《社会学习指数：学习型社会建设量化的核心问题》中，更加明确提出，为了科学有效而简明地量化并把握学习型社会建设的进程，学习型社会建设者有必要研究、探索和掌握社会学习指数，并初步提出社会学习指数的一级指标体系。本文即是对社会学习指数的深入化、具体化、实证化的研究。

一、社会学习指数基本概念的阐述

1. 社会

社会一般是指由自我繁殖的个体构建而成的群体，占据一定的空间，具有其独特的文化和风俗习惯。由于社会一般被认为是人类所特有的，所以社会和人类社会一般具有相同的含义。

2. 学习

学习一般是指求得知识和技能。知识是人类认识的成果和结晶。依反映对象的深刻性，可分为生活常识和科学知识；依反映层次的系统性，可分为经验

---

* 该文是上海市终身教育研究会2014年度重点课题“社会学习指数的研究与探索”（项目编号：ZJZD1302）的研究成果，形成于2015年12月，由叶忠海、岑詠霆合作而成，发表于《高等继续教育学报》2016年第1期，后中国人民大学复印报刊资料《成人教育学刊》2016年8月全文转载。

知识和理论知识。社会实践是一切知识的基础和检验知识的标准（《辞海》1999 版）。技能是指运用实践知识和经验进行有目的活动的能力。显然，知识和技能是人类学习活动获取对象的全体。

3. 学习社会

随着网络技术、信息技术、多媒体技术的兴起和发展。20 世纪 60 年代，人类进入了知识时代，人类的社会进入了知识社会。于此相适应，人们进一步意识到，“学习”应该成为这一时代、这一社会的主流价值观。于是一种具有上述特征的称之为“学习社会”的新的社会形态应运而生。

4. 社会学习指数

社会学习指数是随着学习社会的建设和发展提出的一个新的概念。它是表征学习社会在一定学习环境下具有的“学习能力”强度的一个数量指标。它是从数学角度审视学习社会发展程度的一个数量特征数据。

二、社会学习指数研究与探讨的背景

1. 学习社会的提出

学习社会这一理念最早是由美国著名学者、曾任芝加哥大学校长的罗伯特·哈钦斯提出的。1964 年他在所著的《学习社会》一书中，首先提出人们应对传统教育进行批判性的审视，并进而实现新的教育和社会，他把这种社会称之为书名所示的“学习社会”。

2. 学习社会的发展

1976 年，联合国教科文组织在《成人教育发展建议》这一文件指出，教育与学习不应仅局限于学校教育的阶段，而应延伸到人的一生，其内容包括所有技能和知识，并且运用所有可能的方法，促使人人有充分发展人格的机会。

1996 年，联合国教科文组织的 21 世纪国际教育委员会以“学习：内在的宝藏”为题，发表新世纪的学习社会宣言，强调当世界渐渐地成为全球社区，终身学习是社会的核心，更将是 21 世纪的一项关键所在。

在 1985 年举行的，由联合国教科文组织的第四次国际成人教育会议，发表了《学习权宣言》，从人的基本权利的角度，赋予学习以新的涵义。而第五次国际成人教育会议则再度强调学习权、终身学习及学习社会的重要性，并提倡“一天一小时”的学习理念。

2013 年 10 月 21—23 日，联合国教科文组织、中国教育部和中国北京市政府联合举办国际学习型城市大会，这次大会对国际学习社会的建设发挥了积极的推进作用。

3. 我国的学习社会建设发展

江泽民同志早就指出，“21 世纪的中国应该成为人人皆学之邦”。党的十六大提出了“全面建设小康社会”“形成全民学习、终身学习的学习型社会，促进人的全面发展”的奋斗目标。党的十六届六中全会，又提出“建设现代国民教育体系和终身教育体系，保障人民享有接受良好教育的机会”“努力使劳动者人人有知识、个个有技能”“努力建设学习型社会”等重大任务。《国家中长期教育改革和发展规划纲要（2010—2020 年）》又将“基本形成学习型社会”作为到 2020 年我国三大教育战略目标。2013 年 9 月，中国国家主席习近平在联合国“教育第一”全球倡议行动一周年纪念活动上发表视频贺词中再次强调：努力发展全民教育、终身教育，建设学习型社会。我国在学习社会的建设中，努力建立法律制度保障，完善终身教育体系，建设学习型组织，推动资源开放共享，积极营造良好学习氛围。自 2005 年以来，我国已连续举办了九届“全民终身学习活动周”，参与城市从首届的 10 个城市，扩大到 2013 年的 600 多个，彰显了我国学习社会建设的民众参与的持续性和广泛性。

三、学习社会的数学审视

马克思曾经深刻地说过：“一门科学只有在成功地运用数学时，才算达到了真正完善的地步。”这一论断为社会学习指数的研究开拓了理论高度，也为社会学习指数的研究指明了正确的方向。数学是关于现实世界空间形式和数量关系的一门科学。据此，社会学习指数的研究首先要对学习社会的空间形态和数量关系的基本特征作一深入的探究。

学习社会是具有教育和学习特质的组织和个体及其相互联系、促进、互动、交织的共同体，在本项研究中，把这种具有教育和学习特质的组织和个体及其相互联系、促进、互动、交织的关系看作是学习社会的基本元素，和数学中的点、线、面、体相仿。由此得出学习社会空间形式和数量关系有如下的特征。

1. 致密性

学习社会的基本元素具有致密性，即具有空间分布的密集性。学习社会在一定的空间范围内应该具有一定集聚程度的基本元素。这里应该集聚着众多的教育机构、集聚着众多的学习人群、集聚着众多的学习渠道、集聚着众多的教育资源、集聚着众多的学习组织。

2. 交织性

学习社会的基本元素具有交织性表现为基本元素之间联系不具有单一性，即一个元素可以有一个以上的其他元素与之建立“教”与“学”联系。呈现空间形式的交织状态。

3. 稳定性

学习社会的基本元素及其联系是一种一定时间内的稳定的空间存在和空间结构。学习者不是学习园地中来去匆匆的过客，而是追求终身学习、终身发展、终身完善的进取者。

4. 发展性

学习社会的空间形式具有发展性，变动的绝对性是发展性的基本保障，发展性又是变动性的使命使然。学习社会的发展性应该遵循科学发展观的客观规律，从而使学习社会的空间形式的体量在不断的扩张之中，结构在不断的优化之中。

5. 开放性

学习社会空间结构的开放性是指教育机构与组织对于学习者的包容性。教育机构与组织对学习者实行“有教无类”的办学方针，其秉承“为了一切学习者，一切为了学习者”的办学理念，为学习者架设无障碍的学习通道，以海纳百川的胸襟和气度，为一切学习者提供优质的教育服务。

6. 互补性

学习社会的空间结构是可以随区域的不同加以划分的。这时区域之间的互补性就显现了出来。一个区域的学习社会空间完全可以以区域为依托，展现自身的特色和优势，而这种特色和优势又恰恰为邻近区域所缺乏。而邻近区域又具有自身的特色和优势。这种特色和优势往往成为该区域的明显标志和打造品牌的依据。

7. 平衡性

学习社会空间结构的平衡性是指学习社会各个局部在某一时间阶段一般具

有相同的发展规模和发展水平。这是由社会进步和经济发展在各个局部之间一般具有相同的发展规模和发展水平所决定的。这种平衡性使学习社会的整体研究成为可能。但是这种平衡性是相对的，而不平衡则是绝对的。在学习社会建设的过程中必定会有某些局部突破平衡，脱颖而出，领先一般成为佼佼者，于是出现了不平衡的态势。

8. 结构性

学习社会的空间结构由于交织性，从整体而言，呈现网络状态的结构。这种网络结构应是一个整合良好的共同体。这一共同体的基本要素是具有共同的价值观、信仰和运行规则。其能平稳运行的基本保障在于网络成员的承诺和奉献。唯此，整体内部各部分才能相互依赖、相互促进、使共同体成长和发展。才能互惠、合作，才能营造和谐的共同体文化。

9. 系统性

学习社会的空间结构呈现网络状态，但是它并不是平面化的，而是具有立体化的特征。在学习社会空间结构研究中，应该理清条理化的网络主干，梳理系统性的脉络。这是社会学习指数研究中的关键所在。因为社会学习指数的研究，其基础在于社会学习指标体系的构建，而社会学习指标体系的研究又离不开学习社会空间结构的主干线路的凸显。

10. 层次性

与系统性研究密切相关的是层次性研究。无论对学习社会空间结构从立体角度还是平面角度考察，都有层次性问题可以研究。从平面角度，可以有上下、左右之分。从空间角度，可以有前后、高低之分。

四、社会学习指数的意义

（一）社会学习指数的指标体系

社会学习指数主要由社区成员读书指数、社区成员学习活动参与指数、社会组织参与指数、学习型组织创建指数、终身学习机构和载体建设指数、社会学习平台建设指数、终身学习文化营造指数等指数构成。

从计算角度看，社会学习指数是上述七个指数的乘积，即：

社会学习指数＝社区成员读书指数×社区成员学习活动参与指数×社会组织参与指数×学习型组织创建指数×终身学习机构和载体建设指数×社会学习

平台建设指数×终身学习文化营造指数

从这种意义上说，社会学习指数也称为“社会学习综合指数”，简称“社会学习指数”。而各个指数则是该项指数对应的指标的报告期测评值和基期测评值之比。即

$$社区成员读书指数=\frac{社区成员读书状况报告期测评值}{社区成员读书状况基期测评值}$$

$$社区成员学习活动参与指数=\frac{社区成员学习活动参与状况报告期测评值}{社区成员学习活动参与状况基期测评值}$$

$$社会组织参与指数=\frac{社会组织参与状况报告期测评值}{社会组织参与状况基期测评值}$$

$$学习型组织创建指数=\frac{学习型组织创建状况报告期测评值}{学习型组织创建状况基期测评值}$$

$$终身学习机构和载体建设指数=\frac{终身学习机构和载体建设状况报告期测评值}{终身学习机构和载体建设状况基期测评值}$$

$$社会学习平台建设指数=\frac{社会学习平台建设状况报告期测评值}{社会学习平台建设状况基期测评值}$$

$$终身学习文化营造指数=\frac{终身学习文化营造状况报告期测评值}{终身学习文化营造状况基期测评值}$$

为了科学地取得各个指数对应的指标的测评值，本项研究采用一个指数对应的一个研究指标作为一级指标，并且按测评的实际对象提出二级指标。现将指标体系叙述如下。

1. u_1：社区成员读书状况（对应“社区成员读书指数”）

u_{11}：平均每人每年用于读书费用

u_{12}：平均每人每年读书数量

u_{13}：平均每人每周读书时间

2. u_2：社区成员学习活动参与状况（对应“社区成员学习活动参与指数”）

u_{21}：一年内区组织学习活动次数

u_{22}：一年内区学习活动参与人数占区居民数的百分比

u_{23}：一年内街（镇）组织学习活动次数

u_{24}：一年内街（镇）学习活动参与人数占街道居民数的百分比

u_{25}：一年内社区学院开设班级数

u_{26}：一年内社区学院教育经费投入

u_{27}：一年内参与社区学院学习的人数占居民数的百分比

u_{28}：一年内区域内居民在市学分银行累计开户数占居民数的百分比

u_{29}：一年内区域内居民在市学分银行注册累计课程数

u_{210}：一年内街（镇）社区学校开设班级数

u_{211}：一年内街（镇）社区学校教育经费投入

u_{212}：一年内参与社区学校学习的人数占居民数的百分比

u_{213}：一年内街（镇）内居民在市学分银行累计开户数占居民数的百分比

u_{214}：一年内街（镇）内居民在市学分银行注册累计课程数

u_{215}：学习参与者对社区教育满意度

3. u_3：社会组织（学习活动）参与状况（对应“社会组织（学习活动）参与指数”）

u_{31}：一年内区组织的社会组织参与的学习活动次数

u_{32}：一年内区域中支持社区教育的社会组织数占社会组织总数的百分比

u_{33}：一年内街（镇）组织的社会组织参与的学习活动次数

u_{34}：一年内街（镇）中支持社区教育的社会组织数占社会组织总数的百分比

u_{35}：一年内社会组织内部开展培训活动的单位数占社会组织数的百分比

4. u_4：学习型组织创建状况（对应“学习型组织创建指数”）

u_{41}：区域内创建学习型机关数占机关数的百分比

u_{42}：区域内创建学习型企事业单位数占企事业单位数的百分比

u_{43}：区域内创建学习型街镇（社区）数占街镇（社区）数的百分比

u_{44}：区域内创建学习型团队数占单位数的百分比

u_{45}：区域内创建学习型家庭数占家庭数的百分比

u_{46}：街（镇）内创建学习型机关数占机关数的百分比

u_{47}：街（镇）内创建学习型企事业单位数占企事业单位数的百分比

u_{48}：街（镇）内创建学习型团队数占单位数的百分比

u_{49}：街（镇）内创建学习型家庭数占家庭数的百分比

u_{410}：创建学习型机关知晓度

u_{411}：创建学习型企事业单位知晓度

u_{412}：创建学习型团队知晓度

u_{413}：创建学习型家庭知晓度

5. u_5：终身学习机构和载体建设状况（对应“终身学习机构和载体建设指

数”）

u_{51}：各级各类办学机构最近一年的数量

u_{52}：各级各类办学机构最近一年的学生数占全体居民的百分比

u_{53}：区域内图书馆数量

u_{54}：区域内博物馆数量

u_{55}：区域内文化馆数量

u_{56}：区域内科技馆数量

u_{57}：区域内体育场数量

u_{58}：图书馆最近一年参观人数占全体居民数的百分比

u_{59}：博物馆最近一年参观人数占全体居民数的百分比

u_{510}：文化馆最近一年参观人数占全体居民数的百分比

u_{511}：科技馆最近一年参观人数占全体居民数的百分比

u_{512}：体育场最近一年活动人数占全体居民数的百分比

6. u_6：社会学习平台建设状况（对应“社会学习平台建设指数”）

u_{61}：具有网络设施的居民数占全体居民数的百分比

u_{62}：进行网络学习的人数占全体居民数的百分比

u_{63}：平均每人每周网络学习的时间

u_{64}：区域内开通终身学习网络的居委会数占全体居委会数的百分比

u_{65}：区域内终身学习网上网人数占全体居民数的百分比

u_{66}：街（镇）内开通终身学习网络的居委会数占全体居委会数的百分比

u_{67}：街（镇）内终身学习网上网人数占全体居民数的百分比

u_{68}：网络教育资源的社区居民满意度

7. u_7：终身学习文化营造状况（对应“终身学习文化营造指数”）

u_{71}：区域内终身学习成果展示次数

u_{72}：区域内创建终身学习品牌数

u_{73}：区域内终身学习推进规章制度数

u_{74}：区域内终身学习检查、表彰、奖励次数

u_{75}：街（镇）内终身学习成果展示次数

u_{76}：街（镇）内创建终身学习品牌数

u_{77}：街（镇）内终身学习推进规章制度数

u_{78}：街（镇）内终身学习检查、表彰、奖励次数

u_{79}：对“终身学习成为一种生活方式”的认同度

（二）社会学习指数的计算

1. 社会学习状况数量指标的类型

在社会学习状况的测评点的测评中会提出三种类型的数量指标。

（1）实测数量指标

这类指标一般是指从政府部门数据资料中所获取的以实际数据表示的资料。如街道（含居委会）图书馆数量、街道（含居委会）图书馆藏书量、街道（含居委会）图书馆每年购书经费。这类数量有其自身的单位，并且一般来说，各自单位并不相同，不能直接进行加减运算，只有通过某种数量变换才能进行运算。

（2）百分比数量指标

这类指标是以百分比的形式出现的。如一年内学习活动参与人数占居民数的百分比等。这些数据的一个明显特征就是没有单位的，是两个有单位量的比。

（3）主观测量数量指标

这类指标是通过对专家和被访者调查取得的。如网络教育资源的社区居民满意度等。在本文中为了访问的可操作性和统计的便捷性采用了“五级量表”的形式：5. 优秀；4. 很好；3. 好；2. 一般；1. 很差。这些数据也是没有单位的，是一个相对比较后的评价值。

2. 数量指标的统一化处理

为了对上述的三种数量指标进行运算，必须要进行标准化处理。

（1）把第一种有单位的数量向无单位量转换。这种方法实际上是一种标准化处理方法

设测评对象的实测值为 x，并且指标的取值越大越优，在国际上或社会上，这一测评对象的最大值为 $x_{\max}$，最小指为 $x_{\min}$，则测评对象的转换值为 $x'=\frac{x-x_{\min}}{x_{\max}-x_{\min}}\times 100$

例如，对于“平均每人每年读书数量”这一指标，根据调查样本数据的测算，可取 $x_{\min}$ 为 0 本，$x_{\max}$ 为 40 本，当实测值为 24.90 本时，测评对象的转换值为 $x'=\frac{24.90-0}{40-0}\times 100=62.25$，这一数值即为无单位量，即可和下述数量进

行运算。

（2）对第二种百分比结构数量指标值进行赋值转换，即把百分比值乘以 100

例如，对“一年内街（镇）学习活动参与人数占街道居民数的百分比”这一指标，某一街道参与人数为 14 820 人，居民数为 78 000 人，占百分比为 19%。则测评对象的转换值为 19%乘 100 为 19。

（3）对第三种程度数量指标进行赋值转换，第三种指标是对相关指标的主观的评价值，这时，可对这一指标的五个等级进行赋值（如表 4-1 所示）

表 4-1　各评价等级赋值表

等级	优秀	很好	好	一般	差
赋值	100	90	80	60	0
频率	f_1	f_2	f_3	f_4	f_5

转换值为 $x=100\times f_1+90\times f_2+80\times f_3+60\times f_4+0\times f_5$

例如，对“请问您对社区教育的满意程度”这一指标，实测值为：满意占 18%，较满意占 25%，一般占 41%，较不满意占 11%，不满意占 5%，则转换值为 $100\times 18\%+90\times 25\%+80\times 41\%+60\times 11\%+0\times 5\%=79.9$。

3. 问卷设计

本项调查分三张问卷。

（1）区一级调查问卷，由区学习办或区社区学院相关人员采用资料收集整理的方法完成

（2）街（镇）一级问卷，由街道学习办或街道社区学校相关人员采用资料收集整理的方法完成

（3）抽样调查问卷，采用面访的方法，每街道访问 432 个样本，按年龄段均匀分布

4. 数据统计和权重的设置

第一，数据统计按社会学习分指数、分区的次序进行。

第二，对每一种问卷，均按社会学习分指数、分区、分街道，采用上述的标准化转换方法，把报告期、基期的实测值转换为测评值。

第三，对于某一社会学习分指数，分区、分街道对上述测评值按二级指标

计算平均值，作为一级指标测评值（对报告期、基期的数据同时进行）。

第四，对于某一社会学习分指数，对于一个区，当二级指标采用抽样调查、街道调查和区级调查三种方法时，按抽样调查测评值权重为 0.4，街道一级指标测评值权重为 0.3，区一级指标测评值权重为 0.3 计算加权值（对报告期、基期的数据同时进行）；当二级指标仅采用街道调查和区级调查两种方法时，按街道一级指标测评值和区一级指标测评值计算平均值（对报告期、基期的数据同时进行）。

第五，对于某一社会学习分指数，对于一个区，只需计算报告期加权值与基期加权值之比，即为该区这一社会学习分指数的值；把区社会学习分指数的值相乘，即为该区社会学习指数的值。

第六，市某一社会学习分指数，只需把各区报告期和基期的加权值取平均值后相比即可。

第七，市社会学习指数即为市各社会学习分指数的乘积。

五、社会学习指数的实证研究

（一）样本说明

本项研究在上海市 A 区、B 区、C 区进行。每个区抽取 2 个街道。具体为：A 区 A1 街道、A2 街道，B 区 B1 街道、B2 街道，C 区 C1 街道、C2 街道。

区域、街道编号以问卷收到日期为序。访问对象为区学习办相关领导和人员、区社区学院相关领导和人员、街道相关领导和人员、街道社区学校相关领导和人员。每个街道抽取 432 名社区居民进行面访。样本的性别、年龄、文化结构数据分别如表 4-2、表 4-3、表 4-4 所示。

表 4-2　调查样本性别统计表

区	街道	多少人回答	男		女	
			频数	频率（%）	频数	频率（%）
C 区	C1	432	207	47.92	225	52.08
	C2	432	148	34.26	284	65.74
B 区	B1	432	142	32.87	290	67.13
	B2	403	208	51.61	195	48.39

续表

区	街道	多少人回答	男		女	
			频数	频率（%）	频数	频率（%）
A 区	A1	432	186	43.06	246	56.94
	A2	432	187	43.29	245	56.71
总计		2563	1078	42.06	1485	57.94

数据表明，在抽样调查中，全市答问人数为 2563 人，其中男性 1078 人，占 42.06%；女性 1485 人，占 57.94%；女性稍大于男性，这似乎和社区中女性参与活动积极性略高于男性有关。

表 4-3　调查样本年龄统计表

区	街道	多少人回答	7—23 岁		24—55 岁		56—65 岁		66—75 岁	
			频数	频率（%）	频数	频率（%）	频数	频率（%）	频数	频率（%）
C 区	C1	432	96	22.22	143	33.10	166	38.43	27	6.25
	C2	432	86	19.91	115	26.62	121	28.01	110	25.40
B 区	B1	432	91	21.06	124	28.70	119	27.55	98	22.69
	B2	428	123	28.74	103	24.07	97	22.66	105	24.53
A 区	A1	428	82	19.16	172	40.19	99	23.13	75	17.52
	A2	417	19	4.56	178	42.69	143	34.29	77	18.46
总计		2569	497	19.35	835	32.50	745	29.00	492	19.15

数据表明，在抽样调查中，对年龄的答问有 2569 人，其中 7—23 岁 497 人，占 19.35%；24—55 岁 835 人，占 32.50%；56—65 岁 745 人，占 29.00%；66—75 岁 492 人，占 19.15%。可见，访问的主体是 24—55 岁的中青年人群。

表 4-4　调查样本文化程度统计表

区	街道	多少人回答	小学及以下		初中		高中（中专）		大专		本科		研究生及以上	
			频数	频率（%）	频数	频率（%）	频数	频率（%）	频数	频率（%）	频数	频率（%）	频数	频率（%）
C 区	C1	432	68	16.00	79	19.00	88	20.00	149	34.00	44	10.00	4	1.00
	C2	421	0	0.00	151	35.87	204	48.46	45	10.69	21	4.98	0	0.00
B 区	B2	419	46	10.98	102	24.35	110	26.25	88	21.00	72	17.18	1	0.24
	B1	432	16	3.70	101	23.38	83	19.21	110	25.46	117	27.08	5	1.17
A 区	A1	392	17	4.34	57	14.54	162	41.32	76	19.39	74	18.88	6	1.53
	A2	417	2	0.48	44	10.55	183	43.88	111	26.62	76	18.23	1	0.24
总计		2513	149	5.93	534	21.25	830	33.02	579	23.04	404	16.08	17	0.68

数据表明，在本项调查中，对文化程度的答问有 2513 人，其中小学及以下 149 人，占 5.93%；初中 534 人，占 21.25%；高中（中专）830 人，占 33.02%；大专，579 人，占 23.04%；本科 404 人，占 16.08%；研究生及以上 17 人，占 0.68%。这一数据基本上反映了社区成员文化程度的实际情况。

（二）社会学习指数调查研究

1. 社区成员读书指数

这一指数的研究根据指标体系的第一个一级指标从三个二级指标用居民样本调查的方法进行。

（1）年读书经费数据

调查所得的年读书经费数据如表 4-5 所示。

表 4-5　年读书经费数据表

年份		C 区		B 区		A 区	
		C1	C2	B1	B2	A1	A2
2013 年	经费（元）	249.72	153.22	56.62	47.81	307.04	214.53
	序数	2	4	5	6	1	3
2014 年	经费（元）	199.14	159.62	65.90	62.55	352.62	239.64
	序数	3	4	5	6	1	2

数据表明，2013 年年读书经费，A1、C1、A2 分别占第一、二、三位，第四、五、六位分别为 C2、B1、B2。读书经费出现了明显的地域差异，其差异达到了一个数量级的程度，这似乎应该深入分析其深层次的原因。2014 年年读书经费的排位，只是 C1、A2 交换了位置，其余各安其位，反映读书经费的支出具有一定的稳定性。

数据还表明，2014 年和 2013 年比较，除 C1 是下降的之外，都呈现了上升的态势。C1 似乎应该从各个方面寻找原因，以对居民的读书投入有所推动。

（2）年读书数量数据

调查所得的年读书数量数据如表 4-6 所示。

表 4-6 年读书数量数据表

年份		C区		B区		A区	
		C1	C2	B1	B2	A1	A2
2013 年	数量（本）	24.90	6.90	7.53	3.94	11.47	15.55
	序数	1	5	4	6	3	2
2014 年	数量（本）	31.09	7.18	10.54	5.05	12.76	16.95
	序数	1	5	4	6	3	2

数据表明，2013 年年读书数量，C1、A2、A1 分别占第一、二、三位，第四、五、六位分别为 B1、C2、B2。读书数量的极差达到 20.96，表明出现了明显的地域差异，这似乎应该深入分析其深层次的原因。排名较后的街镇似乎还有较大的提升空间，还有许多推进工作可以开展。2014 年年读书经费的排位，保持了不变，反映读书数量具有一定的时间稳定性。

数据还表明，2014 年和 2013 年比较，都保持了小幅上升的态势，这和学习型是建设发展的整体大环境是一致的。

（3）周读书时间

调查所得的周读书时间数据如表 4-7 所示。

表 4-7 周读书时间数据表

年份		C区		B区		A区	
		C1	C2	B1	B2	A1	A2
2013 年	时间（分）	362.13	105.83	150	66	312.53	256
	序数	1	5	4	6	2	3
2014 年	时间（分）	233.89	106.41	180	81	345.34	266
	序数	3	5	4	6	1	2

数据表明，2013 年周读书时间，C1、A1、A2 分别占第一、二、三位，第四、五、六位分别为 B1、C2、B2。读书数量的极差达到 296.13，表现出明显的地域差异，这应该深入分析其深层次的原因。排名较后的街镇似乎还有较大的提升空间，还有许多推进工作可以开展。2014 年周读书时间的排位，A1、A2、C1 分别占第一、二、三位。

数据还表明，2014 年和 2013 年比较，除 C1 从第一位下降到第三位，有一个明显的落差外，都保持了小幅上扬的态势，这和前两个指标表现了明显的相关性。

（4）区社区成员读书指数

按照本课题建立的数学模型，可以得到如表 4-8 所示的区社区成员读书指数的计算数据表。

表 4-8　区社区成员读书指数的计算数据表

	C 区	B 区	A 区
2013 年测评值	49.54	18.14	52.79
2014 年测评值	45.08	22.71	58.30
区指数	0.91	1.25	1.10

注：表中测评值均为表 4-5、4-6、4-7 数据经过标准化处理的数值取平均值后得出。

数据表明，C 区区社区成员读书指数为 0.91，作为 2014 年测评值 45.08 和 2013 年测评值 49.54 之比，反映了报告期与基准期的一个比较，社区成员读书状况有所下降。B 区区社区成员读书指数为 1.25，作为 2014 年测评值 22.71 和 2013 年测评值 18.14 之比，反映了报告期与基准期的一个比较，社区成员读书状况有所上升。A 区区社区成员读书指数为 1.10，作为 2014 年测评值 58.30 和 2013 年测评值 52.79 之比，反映了报告期与基准期的一个比较，社区成员读书状况有所上升。而对三区进行比较，似乎 B 区增长较快，A 区次之，C 区第三。

（5）市社区成员读书指数

按照本课题建立的数学模型，可以得到如表 4-9 所示的市社区成员读书指数的计算数据表。

表 4-9　市社区成员读书指数的计算数据表

指标	数值
2013 年测评值	40.16
2014 年测评值	42.03
市指数	1.05

注：表中测评值为表 4-8 中各区数据取平均值得到。

数据表明，2013 年、2014 年测评值分别为 40.16、42.03，市社区成员读书指数为两者之比：1.05。表明市社区成员读书状态呈现小幅上升的态势。

2. 社区成员学习活动参与指数

这一指数的研究根据指标体系的第二个一级指标从 15 个二级指标进行调查。

其中 1 个二级指标用样本抽样调查方法，7 个二级指标用街道学习办、社区学校典型调查方法，另 7 个二级指标用区学习办、社区学院典型调查方法。

（1）抽样调查数据分析

通过在 3 个区 6 个街道的抽样调查，对于社区教育的满意度得到了表 4-10 所示的数据。

表 4-10　社区教育满意度数据

年份		C 区		B 区		A 区	
		C1	C2	B1	B2	A1	A2
2013 年	满意度	72.6	90.0	98.05	80.20	82.8	91.15
	序数	6	3	1	5	4	2
2014 年	满意度	80.0	91.4	98.80	85.28	83.66	91.98
	序数	6	3	1	4	5	2

数据表明，社区教育满意度 2013 年依次排列为 B1、A2、C2、A1、B2、C1，2014 年依次排列为 B1、A2、C2、B2、A1、C1，基本保持相对稳定。并且测评值相对集中，极差较小。这就说明，社区教育得到社区成员比较一致的满意评价，并且 2014 年比 2013 年有小幅的上升。

（2）街道学习办、社区学校典型调查数据分析

街道学习办、社区学校典型调查涉及 7 个指标，分别是：一年内街（镇）组织学习活动次数（街组数）、一年内街（镇）学习活动参与人数占街道居民数的百分比（街活比）、一年内街（镇）社区学校开设班级数（街班数）、一年内街（镇）社区学校教育经费投入（街经数）、一年内参与社区学校学习的人数占居民数的百分比（街学比）、一年内街（镇）内居民在市学分银行累计开户数占居民数的百分比（街银比）、一年内街（镇）内居民在市学分银行注册累计课程数（街银课）。（括号内为指标简称）

由于涉及的指标较多，在数据处理时，对上述指标的实测数据经标准化处

理后，取均值，得到如表 4-11 所示的数据表。

表 4-11　社区成员学习活动参与街道典型调查数据表

年份		C 区		B 区		A 区	
		C1	C2	B1	B2	A1	A2
2013 年	测评平均值	12.57	25.49	331.32	15.19	178.90	184.58
	序数	6	4	1	5	3	2
2014 年	测评平均值	13.17	21.88	676.26	17.57	205.09	199.73
	序数	6	4	1	5	2	3

数据表明，街镇社区成员学习活动参与情况，以测评值均值为依据，2013 年 B1、A2、A1 分别占一、二、三位，2014 年 B1、A1、A2 分别占一、二、三位。两年的测评平均值都呈现了较大的极差。这一事实表明，在各兄弟街道之间还存在较大的差异性，占位较后的单位似还有不小的提升空间。

为了深入地分析各测评指标的差异情况，可以从统计表中摘录相关数据，形成社区成员学习活动参与情况分指标比较表，如表 4-12 所示。

表 4-12　2014 年街道社区成员学习活动参与情况分指标比较表

	平均测评值第 1 位：B1	平均测评值第 6 位：C1
街组数	5.33	11.20
街活比	46.70	20.00
街班数	25.00	26.00
街经数	15.20	8.00
街学比	82.01	2.00
街银比	5.60	1.00
街银课	4554	24

数据表明，B1 之所以占为第一，主要原因在于“街银课”大大超过其他街道，这是街道高度重视社区教育课程在市学分银行注册和登记学习成果的一个重要举措。对于构建终身教育立交桥具有重要意义，对其他街道的社区教育具有示范意义和推广价值，也是其他街道提升社会学习指数的一条有效途径。同时必须指出，平均值排位较后的街道，在某些指标方面，仍然具有优势，甚至

超越排名第一的街道。例如，C1 街道的“街组数”就超过了“B1”，这是值得高度重视的。对于处于中间位置的街道。可以和这两个单位的 7 个指标一一比较，以得出有益于工作的有价值的结论。

（3）区学习办、区社区学院典型调查数据分析

区学习办、区社区学院典型调查涉及 7 个指标，分别为：一年内区组织学习活动次数（区组数）、一年内区学习活动参与人数占区居民数的百分比（区活比）、一年内社区学院开设班级数（区班数）、一年内社区学院教育经费投入（区经数）、一年内参与社区学院学习的人数占居民数的百分比（区学比）、一年内区域内居民在市学分银行累计开户数占居民数的百分比（区银比）、一年内区域内居民在市学分银行注册累计课程数（区银课）。（括号内为指标简称）

由于涉及的指标较多，在数据处理时，对上述指标的实测数据经标准化处理后，取均值，得到如表 4-13 所示的数据表。

表 4-13　社区成员学习活动参与区典型调查数据表

年份		C 区	B 区	A 区
2013 年	测评平均值	36.11	42.85	14.92
	序数	2	1	3
2014 年	测评平均值	36.11	45.98	17.83
	序数	2	1	3

数据表明，区社区成员学习活动参与活动的情况，按测评平均值排序为 B 区、C 区、A 区。各测评平均值的差距相对较小，都在一个数量等级，这表明各区间的建设和发展情况取得了相对的一致性和同步性。同时 2014 年和 2013 年的排序情况没有发生改变，这也说明各区的建设和发展具有稳定性。

为了更深入地了解各区在各指标方面的具体情况，特摘录 2014 年的数据，列于表 4-14 中。

表 4-14　2014 年区社区成员学习活动参与情况分指标比较表

区	B 区	C 区	A 区
区组数	45.5	6.25	80
区活比	24.1	55.88	0.82

续表

区	B 区	C 区	A 区
区班数	165	40	18
区经数	16.59	56	19
区学比	/	0.076	2.28
区银比	0.6	0.076	0.3234
区银课	1.72	94.48	4.40

数据表明，B 区之所以在排序中名列榜首，主要是因为在“区班数”上，达 165，占据了明显的优势，而在“区经数”“区银课”上的不足也是十分明显的，仅达 16.59、1.72。扬长避短是 B 区进一步推进学习型社区建设的新的任务。而 A 区在“区组数”上名列前茅，这也说明在整体上和其他区存在差距的情况下，在某一方面取得突破也是可能的，应该总结这一方面的经验，在其他方面进行推广，以求得学习型社区建设的全面提升。

（4）区社区成员学习活动参与指数

区社区成员学习活动参与指数的计算，是对各区的抽样调查平均测评值、街道典型调查平均测评值、区典型调查平均测评值分别以 0.4、0.3、0.3 的权重进行加权平均后得到 2013 年、2014 年测评值，再用后者比前者得到的。计算过程如表 4-15 所示。

表 4-15　区社区成员学习活动参与指数计算表

区	年份	样本测评值	街道测评值	区测评值	加权测评值
C 区	2013 年	81.3	19.03	36.11	49.06
	2014 年	85.7	17.50	36.11	50.36
	区指数	1.03			
B 区	2013 年	89.13	173.26	42.85	100.49
	2014 年	92.04	346.92	45.98	154.69
	区指数	1.54			
A 区	2013 年	86.98	181.74	14.92	93.79
	2014 年	87.79	202.41	17.83	101.19
	区指数	1.08			

数据表明，B 区、A 区、C 区的社区成员学习活动参与指数分别为 1.54、1.08、1.03，B 区有较快的增加速度。

（5）市社区成员学习活动参与指数

市社区成员学习活动参与指数的计算，是对各区的抽样调查平均测评值、街道典型调查平均测评值、区典型调查平均测评值分别以 0.4、0.3、0.3 的权重进行加权平均后得到 2013 年、2014 年测评值，再进行平均后，最后用后者比前者得到的。计算过程如表 4-16 所示。

表 4-16　市社区成员学习活动参与指数计算表

	C 区	B 区	A 区	平均值
2013 年	49.06	100.49	93.79	81.11
2014 年	50.36	154.69	101.19	102.08
市指数	1.26			

数据表明，市社区成员学习活动参与指数为 1.26。

3. 社会组织参与指数

同样的方法可得，C 区、B 区、A 区的社区组织学习活动参与指数分别为 1.23、1.15、1.11。C 区有较快的增加速度。于是，市社会组织学习活动参与指数为 1.16。

4. 学习型组织创建指数

同样的方法可得，B 区、C 区、A 区的学习型组织创建指数分别为 1.07、1.04、1.03。各区基本持平，B 区有稍快的增加速度。于是，市学习型组织创建指数为 1.04。

5. 终身学习机构和载体建设指数

同样的方法可得，B 区、C 区、A 区的学习型组织创建指数分别为 1.10、1.00、0.58。于是，市终身学习机构和载体建设指数为 0.79。

6. 社会学习平台建设指数

同样的方法可得，A 区、B 区、C 区的区社会学习平台建设指数分别为 1.06、1.05、1.00。A 区有稍快的增加速度。于是，市社会学习平台建设指数为 1.06。

7. 终身学习文化营造指数

同样的方法可得，A 区、B 区、C 区的社区成员学习活动参与指数分别为 1.11、1.03、1.00。A 区有较快的增加速度。于是，市终身学习文化营造指数为 1.06。

（三）区、市社会学习指数汇总

区、市社会学习指数汇总于表 4-17 中。

表 4-17　区、市社会学习指数汇总表

	A 区	C 区	B 区	市
社区成员读书指数	1.10	0.91	1.25	1.05
社区成员学习活动参与指数	1.08	1.03	1.54	1.26
社会组织参与指数	1.11	1.23	1.15	1.16
学习型组织创建指数	1.03	1.04	1.07	1.04
终身学习机构和载体建设指数	0.58	1.00	1.10	0.79
社会学习平台建设指数	1.06	1.00	1.05	1.06
终身学习文化营造指数	1.11	1.00	1.03	1.06
社会学习指数	0.99	1.20	2.82	1.42

数据表明，以 2013 年为基准期，2014 年上海市社会学习指数为 1.42。从这一指数，可见上海市学习型社会建设总体上呈现了较高的增长的态势，在本报告中分析的大量数据给这一结论提供了有力的支撑。从多维度深入分析可见，学习社会的推进还存在某种不平衡。如社区成员学习活动参与指数最高，达到 1.26，而终身学习机构和载体建设指数最低，仅为 0.79。这就表明，随着学习型社会建设的推进，广大社会成员学习热情被迅速激活，而相对而言，终身教育机构和载体的建设和发展仍显得提供有效服务的能力不足。这是值得广大教育工作者深思并采取积极行动的。同时，还可发现在各区域之间，也存在某种不平衡。由此挖掘深层次的原因，采取积极措施，转化不平衡为平衡，进而再突破平衡，达到新的发展水平。

社会学习指数的研究既要在某一时间节点的横断面上展开，还应在时序的纵轴上持续深入，我们将继续开展这一工作，使社会学习指数在学习型社会建设和终身教育体系构建中的作用得以充分发挥。

本报告提出的“社会学习指数”的指标体系和计算方法，具有开创性和探索性。其在学习型城市建设中的理论意义和实用价值还需在实践中进行检验。当这一指标体系和计算方法在某一区域应用时，一定要密切结合本区域的实际情况。我们期望这一工作能得到学习型社会建设的理论工作者和实际工作者的关注。

主要参考文献

[1]叶忠海. 学习型社会建设科学化不能忽视量化分析[J]. 成才与就业，2012(6A)：25.
[2]叶忠海. 社会学习指数：学习型社会建设量化的核心问题[J]. 成才与就业，2012(9)：29.
[3]联合国教科文组织. 建设学习型城市北京宣言：全民终身学习：城市的包容、繁荣与可持续发展中国[J]. 职业技术教育，2013(33)：41-43.
[4]亚历山大洛夫，等. 数学：它的内容方法和意义[M]. 孙小礼，赵孟养，裘光明，等，译. 北京：科学出版社，2012.
[5]岑詠霆.《卓越绩效评价准则》实施中的数量化方法研究[M]. 上海：上海科技教育出版社，2009.
[6]金德琅. 终身教育体系下的社区学校实体化建设研究[M]. 上海：上海社会科学院出版社，2007.
[7]岑詠霆. 模糊质量管理学[M]. 贵阳：贵州科技出版社，1997.
[8]岑詠霆. 市场调查技术：第三版[M]. 北京：高等教育出版社，2010.

进一步解放和增强社会活力，深化社区教育改革和发展*

党的十八届三中全会《决定》提出“进一步解放思想，解放和发展社会生产力，解放和增强社会活力”。习总书记指出“三个解放”，既是全面深化改革的核心，又是全面深化改革的目的。“三个解放”之间相互联系，相互促进，有机统一。就解放和增强社会活力与其他“两个解放”关系而言，解放思想是解放和增强社会活力的思想前提，解放和发展社会生产力是解放和增强社会活力的物质基础和条件；反之，解放和增强社会活力是解放思想、解放和发展社会生产力的社会基础和条件。

社区教育是以社区全体成员为对象的教育活动，涉及社区的方方面面和各类人群。更何况，我国处于空前的社会变革时期，大量的人口处于流动和非组织状态，要达到社区教育“三全”（全员、全程、全方面）的发展导向，仅靠党和政府的力量是不够的，需要与社会力量合力共同加以推进。发展社区教育的目标是建设学习型社会（区），学习型社会（区）建设是一项基础性的社会建设，是一项深刻的教育和社会变革，是人类社会发展史上前所未有的创举，要达到学习型社会（区）的要求和境界，更需要解放和增强社会活力，实施政府和社会通力合作。如何以解放和增强社会活力来促动社区教育发展，本文提出以下五个思路。

* 该文原系《全面深化改革背景下社区教育的改革和发展》一文的一部分，发表于《江苏开放大学学报》2015年第5期。

一、重在进一步解放思想

要认真学习、深刻领会进一步解放和增强社会活力的基本内涵和战略意义。何谓社会活力？简单来说，社会由社会人及其组织构成，活力指主体能动性；解放和增强社会活力，即是指解放和增强社会成员及其组织的主体能动性。从宏观上，正如十八届三中全会《决定》中所言："让一切劳动、知识、技术、管理、资本的活力竞相迸发，让一切创造社会财富的源泉充分涌流。"对照这一基本内涵，要反思和分析在开展社区教育和建设学习型社区中社会活力解放和增强的状况如何？有哪些进展？有哪些不足和问题？原因在哪里？在思想认识、体制机制上有哪些不足？在反思的基础上，以问题为导向，提出进一步解放和增强社会活力的思路和举措，包括正确认识和对待社会活力；正确认识和对待社会组织；正确认识和对待学习共同体。

二、重在充分发挥社区成员的主体性

（一）提高社区成员参与度

参与度包括参与的广度、深度和力度。仔细认真分析，哪怕是全国社区教育示范区，其参与度也不是很高。根据2013年全国178家社区教育试验区的统计，60岁以上老年人参与社区各类教育培训活动的百分比只有15.7%；学校老年入学率只有4.8%。因此要充分发挥社区成员的主体性，就要提高社区成员的参与度，以社区成员为主体，多种形式参与社区教育、学习型社区建设全过程，包括策划、实施、监督、评估、激励等基本环节。巩固和发展社区志愿者队伍是充分发挥社区成员主体性的重要措施。社会志愿者是公民主体性人格的体现，是社会成员主体性的反映，是学习型社会（区）建设中最有生机和活力的象征。从人的发展视角来说，志愿者是社会人潜能释放的标志，是人的全面发展在现今历史阶段的反映。根据这一认识，应以系统工程原理，建立和完善志愿者队伍建设制度体系，包括招募、培训、服务、评估、激励、退出等制度，把志愿者队伍作为社区教育的宝贵财富，充分发挥志愿者的作用。

（二）以社区不同人群学习需求为导向，优化社区教育服务

优化社区教育服务是一个从源头上激发社区成员学习内在性动力的问题。

如图 4-2 所示，人的学习需求是人的学习行为的心理源泉，从人的心理发展过程来说，人在一定的条件下产生学习需要，需要引起动机，动机导致行为，行为指向目标；旧的目标实现了，又在一定的条件下产生新的需要，所以人的心理发展就是人的需要、动机、行为和目标前后联系，按序推进，循环往复，螺旋式上升的过程。这个过程中，学习行为是由动机支配的，而动机又受制于人的需要，因此人的学习需求是人的学习行为的心理源泉。优化社区教育服务，充分发挥社区成员的主体性，就要了解和掌握社区内不同类型、不同层次人群，在特定时间内的学习需求，特别是主导性学习需求，并把握他们学习需求的变化及规律性，通过有针对性地满足社区不同人群的学习需求，从源头上激发社区成员学习的内源性动力。但凡社区教育示范区做得好的，社区教育工作者高明的，都是在这方面下功夫。这是社区教育下一步深化改革和发展非常重要的一个内容。

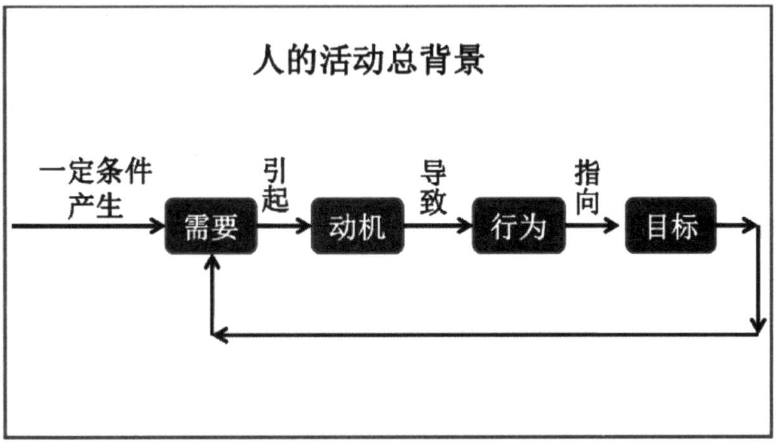

图 4-2　人的学习需求产生过程图

三、重在培育社会性

（一）激发社会组织活力，发挥其在开展社区教育和建设学习型社区中举足轻重的积极作用

第一，对什么是社会组织和社会组织的重要作用，在思想上要取得共识。

社会组织是指基于共同利益或信仰或兴趣自愿结成的社团，是一种非政府、非营利的自治性组织。在我国，社会组织主要包括社会团体、基金会、民办非企业单位，以及大量的社区基层组织等。社会组织的基本属性是非政府性、非营利性、志愿公益性或互益性。社会组织基本功能包括资源动员、社会服务、社会治理和政策倡导等。社会组织是政府与社会成员之间的桥梁和纽带，乃至“调节器”，最能体现社会自身的主体能动性。社会建设的根本在于社会主体的培养，这个社会主体包括社会组织。

社会组织这一概念的正式规范使用，始于 2006 年 10 月党的十六届六中全会的文件。党的十八届三中全会《决定》有关“社会组织”问题提出了一系列观点：激发社会组织活力；推进社会组织明确权责、依法自治、发挥作用；适合由社会组织提供的公共服务和解决的事项，交由社会组织承担；委托社会组织开展教育评估监测；政府购买服务；等等。可见党和政府对社会组织问题的重视。从政治学角度来说，现代社会由国家体系、市场体系、社会体系构成。国家体系的主体是各级党政机关；市场体系的主体是各类企业；社会体系的主体是各种社会组织。因此，社会组织是推进现代社会建设和发展的不可或缺的重要力量，是学习型社会（区）建设不可或缺的重要推动力，承担着学习型社会（区）建设的历史重任。

第二，政府与社会组织密切配合，在激发和增强社会活力上发挥好各自的功能和职责。政府方面，要转变职能，制定条例，扶持培育，购买服务，激励先进。在这个方面，广州市走在了全国的前列，广州市委、市政府在 2000 年就出台了《关于发展和规范我市社会组织的实施意见》，发布了《政府向社会组织授权制度》；2012 年制定了《政府向社会组织财政基本支持制度》，以及《政府向社会组织购买服务制度暂行办法》；2013 年广州市已经形成社区组织三级孵化培育基地网络，社区学校既是社区文化中心，也是社区组织孵化基地，建成 29 个孵化基地，有 630 多个社会组织入驻，孵化基地发挥政策咨询、项目策划、资金资助、办公场地、信息化平台、发展能力培养等功能和作用。社会组织方面，要明确定位，积极参与，探索创新，有效服务，依法自治。积极参与有一系列问题需要探索创新，如参与动力、参与内容、参与机制、参与模式、参与载体等；社会组织参与社区教育的内容有参与社区教育实验项目，参与社区学习型团队的建设，参与社区的培训活动，参与社区教育评估等；参与机制有项目参与制，包括委托制、竞标制、评估制及沟通协商机制等；参与载体有社区学习节等。总结归纳起来，社会组织参与社区教育可以开展以下工作：动员群众参与；反映群众诉求；提供学习服务；承担实验项目；开展教育评估；参与政策制定；规范自律行为；等等。

第三，进一步积极探索政府与社会组织的关系。包括正确处理政府引领与社区民间组织主体的关系；正确处理社区民间组织争取政府领导与保持独立自主性的关系；正确把握政府对社区民间组织履行管理职能与实施良性互动的关系。

（二）着力培育学习共同体的生成

在继续创建社区各类学习型组织的同时，加大对学习共同体（学习团队、学习联盟等）的培育力度。学习共同体是指以学习为核心理念和主要实践活动，以自主、协商、共享为基本特征，为实现共同目标而生成的一种充满活力、富有成效的非传统、自组织的社会群体。学习型组织与学习共同体有着共同之处，然而毕竟存在明显的差别。两者源于不同的学科背景和理论基础，学习型组织是系统动力学和控制论，学习共同体是社会学和社会文化学；两者的性质不同，学习型组织属于传统的正式组织，有明显的组织边界，而学习共同体是一种非正式组织，是自组织，没有正式的组织边界；另外，两者的载体和参与者身份建构不同，两者的追求目标不同，两者的运作机制也不同。因此，要建设学习型城市，其基础仅创建学习型组织是不够的，还有大量的学习共同体的培育和生成问题。

四、重在遵循和运行市场机制

（一）市场机制决定着社区教育与学习服务

教育服务（劳务）是一种以教育活动形式提供的具有价值和使用价值的商品。这种商品属性决定着社区教育与学习服务活动受市场机制所制约。狭义的市场机制，指的是市场内部的运行关系，主要表现为供求机制、价格机制、竞争机制等。市场机制直接关系到社会活力的释放程度。

（二）运用市场价值机制，建立政府购买社会（区）教育服务制度

政府按需编制社会（区）教育服务项目，以竞争性方式实施招投标制，吸引各方社会力量前来竞标。通过公平竞争，由成本低、质量高、信誉好的社会组织承担社会（区）教育服务。

（三）以市场需求为导向，调整教育服务结构及其空间布局

随着新型城镇化的深入发展，产业转型升级，势必带来人力资源市场需求的变化，从而为教育市场提供需求信息，于是要求教育专业结构与产业结构变革相配套。随着新型城镇化、城乡一体化的深入发展，人的城镇化问题显得尤为迫切，大量农民转为市民、转为企业员工，要求政府调整教育的空间布局。

（四）运用市场供求机制，建立专门性人才劳动力市场，招聘社区教育工作者和充实社区教育工作者队伍

在社区教育发展和学习型社区建设中需要必要的社区工作和社区教育工作者，为此可设置该类人才劳动力市场。通过供求机制，一则配置人力资源，使供需平衡；二则可激励工作者释放潜能，奋发进取。

五、重在推进模式进一步转型

由政府单力统包式推进模式转向政府引领下的“多力合一”的推进模式，建立现代化学习型社区建设和治理体系。党的十八届三中全会《决定》以“社会治理”取代“社会管理”。这一字之差，体现了主体多元、协同治理，即政府、市场、社会组织、社会个人等多元主体共同治理社会。《决定》还提出“实现政府治理和社会自我调节、居民自治良性互动”。这既是民主政治的体现，也是国际社会城市管理创新的导向。国际社会城市管理创新的导向表现在：由政府管理转向公共治理。公共治理就是指一定范围内多元主体对公共事务的协同治理过程。

表 4-18　传统城市管理与现代公共治理的区别

	传统城市管理	现代公共治理
管理主体	单一管理主体：政府	多样化主体：政府、公共部门、非政府组织、企业、社区基层组织、志愿者组织等
管理工具	法定权力与政府管制	多样化工具：政府管理、法律强制、分权与授权、多方谈判、协商与合作、社区自治等
管理体制	政府组织体制：纵向科层制度	科层组织、合作机制、网络化结构、自治体制
管理规范体系	法律、法规、政府政策	以法律、法规和政策为其规范体系的基础和核心；建构合约信用、行业规章、自治规则等社会规则体系

续表

	传统城市管理	现代公共治理
管理方式	政治及行政管理	政府管理和社会管理相结合

“多力合一”的推进模式就是在政府引领下，市场调节力、社会参与力、社区自治力、社会民众主体力，以及其他教育支撑力，多力合一共同推进社区教育的发展。其中，政府起引领、掌舵作用，通过编制规划，以规划引领；通过制定标准政策法规，以标准政策法规引领；通过资金投入，以经济手段引领；通过统筹协调，以协调加以引领；通过检查督导，以督导加以引领；通过选定项目，以服务项目引领等。政府不是不作为，而是更好地作为，引领社区教育发展，引领学习型社区建设。

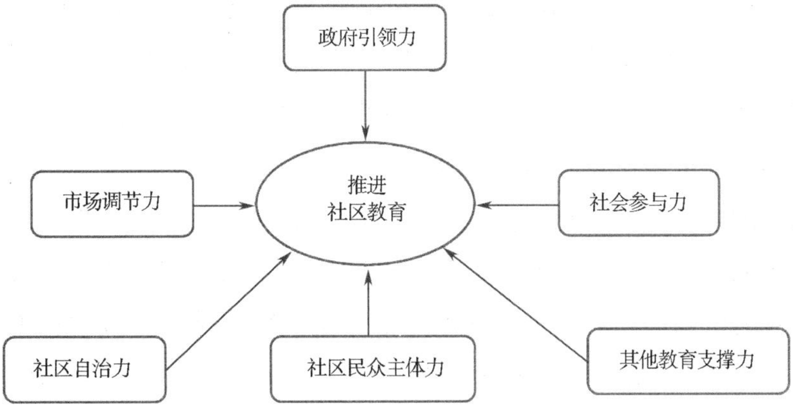

图 4-3　“多力合一”推进模式图

主要参考文献

[1]袁贵仁.深化教育领域综合改革[M]//《〈中共中央关于全面深化改革若干重大问题的决定〉辅导读书》编写组.《中共中央关于全面深化改革若干重大问题的决定》辅导读本.北京：人民出版社，2013.

[2]叶忠海.中国社区教育发展研究[M]//叶忠海.叶忠海学习与教育文选之七.上海：同济大学出版社，2011.

新型城镇化与社区教育发展研究*

国际城镇化发展规律表明，当人均 GDP 达到 3000 美元，城镇化率超过 50%时，就到了城镇化加速发展的时期。自新中国成立以来，伴随着工业化进程加速，国内城镇化总体上实现了城镇化的快速发展。1949 年，中国只有 132 个城市，城市化水平仅为 10.6%，改革开放以来，1978 年到 2013 年，中国的城镇化率 17.92%提升到 53.73%，城镇常住人口从 1.7 亿人增加到 7.3 亿人；城市数量从 193 个增加到 658 个，建制镇数量从 2173 个增加到 20 113 个，具备了加快推进新型城镇化的客观基础和条件。

但是，随着我国城市化进程的持续高速的推进，过去传统粗放的城镇化模式暴露出越来越多的问题。尤其是我国长期的城乡二元制，依靠工农产品剪刀差、廉价农村劳动力和廉价土地支撑的工业化、城镇化，导致农村不断被边缘化，“大城市”病日益显现。其中广受诟病的一条就是城乡二元制使进城务工人员难以实现以家庭为单位的永久性迁移。按常住人口统计，中国城镇化率已经达到 53.73%，但户籍人口统计，城镇化率只有 36%，也就是说有将近 18%，即 2 亿多为“半城镇化”人口，并没有成为其所在城镇的居民。改变众多因素导致的城乡长期二元割裂的局面，即改变旧的城镇化模式，加速推进统筹城乡发展的新型城镇化，成为推动中国当前经济社会发展的重要举措。

党的十六大报告明确提出，要使城镇人口的比重较大幅度提高，工农差别、城乡差别和地区差别扩大的趋势逐步扭转。要走中国特色的城镇化道路。党的十七大报告进一步将中国特色城镇化道路作为中国特色社会主义道路的五

* 该文发表于《开放教育研究》2014 年第 4 期，原系国家教育部职教与成教司项目的最终成果（项目编号：12），项目组长：叶忠海，成员：张永、马丽华、贾红彬，文稿由叶忠海主编并主笔完成，后中国人民大学复印报刊资料《成人教育学刊》2015 年第 1 期全文转载。

个基本内容之一。国家“十二五”规划指出加快社会主义新农村建设，加强农村基础设施建设和公共服务，实施区域发展总体战略和主体功能区战略，促进区域协调发展，积极稳妥推进新型城镇化。继而，党的十八大报告中明确强调，中国未来发展必须坚持走中国特色新型工业化、信息化、城镇化、农业现代化道路，推动信息化和工业化深度融合、工业化和城镇化良性互动、城镇化和农业现代化相互协调，促进工业化、信息化、城镇化、农业现代化同步发展。2012 年中央经济工作会议，把生态文明理念和原则全面融入城镇化全过程，强调走集约、智能、绿色、低碳的新型城镇化道路。2013 年 12 月在北京召开的中央城镇化工作会议指出，城镇化是现代化的必由之路。推进城镇化是解决农业、农村、农民问题的重要途径，是推动区域协调发展的有力支撑，是扩大内需和促进产业升级的重要抓手，对全面建成小康社会、加快推进社会主义现代化具有重大现实意义和深远历史意义。

2014 年 3 月，中共中央国务院印发了《国家新型城镇化规划（2014—2020 年）》（以下简称《规划》），发出通知，要求各地区各部门结合实际认真贯彻执行。通知指出，《规划》是今后一个时期指导全国城镇化健康发展的宏观性、战略性、基础性规划。要求各级党委和政府要进一步提高对新型城镇化的认识，全面把握推进新型城镇化的重大意义、指导思想和目标原则，切实加强对城镇化工作的指导，着重解决好农业转移人口落户城镇、城镇棚户区和城中村改造、中西部地区城镇化等问题，推进城镇化沿着正确方向发展。①

通过由中共中央国务院印发的《规划》来引领城镇化转型，不仅是我国的一大特色，也直接反映了我国对新型城镇化的重视及新型城镇化对于我国的重要性。概言之，延续了三十多年的我国城镇化的既有模式已经难以为继，政府提出新型城镇化的思路，正当其时。相对于传统城镇化，新型城镇化的提出具有推动工业化的发展、保障经济持续健康发展、促进城乡与区域协调发展的战略价值，加快推进社会主义现代化和实现中华民族伟大复兴的中国梦的重大现实意义和深远历史意义。

---

① 中共中央国务院：《国家新型城镇化规划》，《人民日报》2014 年 3 月 17 日。《国家新型城镇化规划》，共 8 篇 31 章，其新意突出在体现一个核心（以人为本）、两个城镇化率、三件主要工作、四项战略任务、五大目标、六项改革措施等方面。

一、新型城镇化的内涵、核心和基本特征

（一）新型城镇化的内涵

社会学家认为，城镇化是一个城镇生活方式的发展过程。人口学家认为，城镇化就是人口向城镇集中的过程。人类学家认为，城镇化是“城市性”生活方式形成、强化和传播的过程。经济学家认为，城镇化是区域经济发展到一定阶段的产物，是人类生产活动从农业向非农业转换，生产要素向城镇流动集聚的过程。地理学家认为，城镇化是地域演化的空间过程，包括乡村地域向城镇地域的转化、城镇地域向外扩张和城镇内部地域不断演替的过程。国家建设部1998年颁布的《中华人民共和国国家标准城市规划基本术语》（GB/T 50280—98）对所列词条“城市化”的解释是“城市化——人类生产和生活方式由乡村型向城市型转化的历史过程，表现为乡村人口向城市人口转化以及城市不断发展和完善的过程。又称城镇化、城市化”。[①]

城镇化是社会进步的标志，是现代化的必经之路。中国城市化经历了从传统城镇化到新型城镇化的转变。十八大报告中关于城镇化道路有两个限定词，一个是“新型”，另一个是“中国特色”。也就是说，我国的现行的城镇化不仅不同于国外的城市化道路，其内涵也有别于我国传统城镇化。尽管新型城镇化与传统城镇化概念两者都具有在人口聚集城市、城镇空间扩张，非农产业扩大和城镇观念意识转化等特点。然而，传统的城镇化是偏重城市优先发展，讲求单项突破，片面追求城市规模扩大，而新型城镇化以人为本，讲求城乡互补、协调发展，提升城市文化和公共服务的内涵。进一步来说，新型城镇化不仅是城乡结构和农村居民身份的转变，还是由产业结构、空间结构、社会结构以及生活方式、思想观念的变化引起的一系列的城镇的发展和变化的系统性工程。

由于各领域的针对性和侧重点不同，“新型城镇化”的定义至今尚无达成统一的表述。有的学者强调新型城镇化追求人口、经济、社会、资源、环境等协调发展的城乡一体化；有的学者认为，新型城镇化，就是着眼解决“三农”问题，以城乡统筹为结合点，以城乡一体化为切入点，坚持以工促农、以城带乡、城乡统筹发展，推动城镇生产要素和产业链条向农村延伸、基础设施和公

① 这一定义，大致与弗里德曼的解释相同。

共服务向农村覆盖，逐步实现农民就业城镇化、农村基础设施城市化、生活服务社区化、城乡经济社会融合发展的城镇化道路。综合以上研究成果、汲取传统城镇化带来的经验教训，立足我国发展的基本国情，参考《规划》的内容，本文认为可以把新型城镇化定义为：以科学发展观为引领，以构建和谐社会为目标，以人的城镇化为核心，以新型工业化、信息化和农业现代化为发展动力，以统筹兼顾为原则，发挥市场机制对资源配置的决定性作用，全面提升城镇化质量和水平，从而实现城乡融合可持续发展的过程。

（二）新型城镇化的核心

有学者对十八大报告关于新型城镇化道路的论述，解读为以下五点：第一，新型城镇化是一条具有明显中国特色之发展道路；第二，新型城镇化是一条工业化与城镇化良性互动之发展道路；第三，新型城镇化是一条城镇化与农业现代化相互协调之发展道路；第四，新型城镇化是一条与工业化、信息化、农业现代化共生同步之发展道路；第五，新型城镇化是一条以人的城镇化为本质的发展之路。

将十八大报告中对新型城镇化的界定和《规划》中对新型城镇化发展目标的设定，与传统城镇化相比较，可以发现新型城镇化发生了以下三个转变。

首先，相对于传统城镇化，新型城镇化更强调是“人的城镇化”。传统城镇化追求城市规模扩大、空间扩张、“高楼大厦”为标志的城市形象，忽视了城市中人的主体性，淡化了人的需求，是“目中无人”的城镇化。“以人为本”的新型城镇化，除实施放宽城镇户籍限制外，还使在城镇稳定就业和居住的农民真正融入城镇，切实改善他们的就业、居住、教育、就医等基本生活条件，充分体现以人的城镇化为核心的城镇化。

其次，相对于传统城镇化中的粗放式的耗资用能、“量”的扩大，新型城镇化更强调“质”的提升。传统城镇化理念下的粗放式开采、建设给人们的生活带来了很多负面影响，耕地被无规划的占用、生态遭到破坏。鉴于此，《中共中央关于制定国民经济和社会发展第十二个五年规划的建议》中明确指出，“加快建设资源节约型、环境友好型社会，提高生态文明水平”。2012 年底中央经济工作会议又进一步提出，“积极稳妥推进城镇化，着力提高城镇化质量。要围绕提高城镇化质量，因势利导、趋利避害，积极引导城镇化健康发展”。新型城镇化注重减少能源使用，推行低能耗，低排放方式，遵循符合生态文明观的村镇规划与建设原则，这不仅是提升“质”的前提，更是提高人们生活水准的基本保障。

最后，新型城镇化体现的是经济社会发展的和谐与协调，这有利于破解经济可持续发展的瓶颈问题。传统城镇化偏重经济发展、过分依赖工业化，导致交通拥挤、环境恶化、贫富分化等不可持续发展的“城市病”。新型城镇化注重结合农业现代化、现代服务业等的多力支撑体系加强城市基础设施建设，从而增强城市综合承载能力。正如有的教授所言：“此前的城镇化是以工业化带动城镇化，以牵引式就业为主要方式，而未来则要以城镇化为引擎，促进工业化和服务业发展。”

新型城镇化具体新在哪里，对此国家发改委、住建部、人社部、财政部、公安部、国土部六部委针对新近发布的《规划》进行了解读。围绕如何扭转“土地城镇化”快于人口城镇化的局面，如何使“新市民”的农民真正享受到城市里的基本公共服务等问题，六部委针对《规划》指出，通过把进城落户农民完全纳入城镇住房保障体系来保障农业转移人口市民化；修改并完善户籍制度改革意见，提高高校毕业生、技校毕业生、技术工人城镇落户率；通过棚改计划，改造1亿人居住条件；城市划定绿化、水源、文物和基础设施四条控制线，防止染上“城市病”。

从新型城镇化中“新”的涵义来看，可以说“以人为本”是新型城镇化的核心所在。以人为核心的新型城镇化可以概括为，重视民生、生态文明、平等合作、可持续发展和优质高效。

1. 重视民生

立足于人的需要，充分改善民生。首先是提高农民的收入、保障其基本权益（福利水平、文化学习等），再是缩小收入差距、城乡差距、贫富差距，建设平等城镇化。保障每个社会成员都能享有现代城市生活方式（例如住房、教育、医疗、社会保障等）的基本权利。而要解决“人的城镇化”，必须即重点解决教育、卫生和医疗、社会保障、就业等公共服务建设问题。

2. 重视生态文明

保护生态环境、注重“低污染、低耗能、低排放”式的低碳转型是新型城镇化建设的重中之重。

3. 重视平等合作

重视农村与城市的合作，农民工市民化和城乡公共服务一体化。新型城镇化的主体是农民，促进农民的全面发展，使农民有序地转化为市民。并要调动农民的积极主动性，体现人的平等地位，使之成为推动中国经济迅速发展、新城镇建设的主体和生力军。

4. 重视可持续发展

优化产业结构、产业链条。做好规划，按照产业结构和资源优势合理规划城镇布局，使空间经济结构与产业结构协调发展。

5. 重视优质高效

城乡土地利用的节约集约和城乡各类已经建成设施的高效利用。依托广大市民与公众，在收入分配制度、土地制度、行政管理体制等方面大胆创新。这些不仅是为了促进人的发展，更要发挥人在城镇化过程中的主体性。

（三）新型城镇化的基本特征

新型城镇化既不同于其他国家所走过的城市化道路，也不同于我们以往所走过的城镇化道路，它是新的历史发展阶段适合中国国情的城镇化道路，具有以下特征。

1. 发展理念重科学性

从发展理念看，新型城镇化是坚持科学发展观的指导。在新的发展阶段和发展形势下，新型城镇化坚持以人为本，遵循经济社会和城镇化发展的一般规律。特别是尊重人民意愿，因势利导，稳步推进城镇化进程，实现城镇化科学发展，使城镇化成为一个顺势而为、水到渠成的发展过程。还要从实际出发，突出自身特色。各地在推进新型城镇化过程中，需考虑自身的特点和发展实际，依托各种资源，按照科学发展的理念，打造特色发展模式，构建专业化的城镇。

2. 发展目标重人本性

推进新型城镇化过程中要坚持发展目标的人本性，始终把“为民”作为工作的出发点和落脚点。以“以人为本”为发展目标，就是使民生不断改善，提高人们的物质文化水平。也就是说，其目的不是为了城镇化而城镇化，而是以服务于人民的安居乐业，促进人的发展和人民利益的实现为终极目的。新型城镇化中的一个重要问题是农民工问题，从目前我国城镇化发展要求来看，主要任务是解决已经转移到城镇就业的农业转移人口落户问题，努力提高农民工融入城镇的素质和能力。

3. 发展过程重协调性

新型城镇化尊重经济社会发展的客观规律，由原来的重城轻乡、城乡分治，向城乡统筹转变。城乡统筹不是降低城市的生活标准，也不是消灭乡村，而是通过城镇化建设，让农村居民在生活方式、居住环境上享受与城市居民均等的待遇。通过统筹城乡发展、统筹经济社会发展、统筹区域发展，构建大中小城市和小城镇协调发展的城镇体系，建设和谐宜居、绿色低碳、充满活力的现代城市。从发展过程来看，不仅促进城镇化健康发展，也体现了发展过程的协调性。

4. 发展方式重集约性

新型城镇化是立足于我国人多地少、资源、环境刚性约束凸显的基本国情的理想选择。要改变高投入、高消耗、高污染、低效益的粗放型发展模式，走低投入、低消耗、低污染、高效益的集约型发展模式，实现城镇化绿色发展。2013 年 12 月中央城镇化工作会议中也指出，“高度重视生态安全，扩大森林、湖泊、湿地等绿色生态空间比重，增强水源涵养能力和环境容量；不断改善环境质量，减少主要污染物排放总量，控制开发强度，增强抵御和减缓自然灾害能力，提高历史文物保护水平”。

5. 发展导向重公平性

公平是社会的一种基本价值观念与准则，社会健康运行的基本原则和价值取向。公平问题是个人、群体、社会之间利益、权利的合理配置问题，是一个实现使社会成员和谐相处、社会正常运行和健康发展的基本条件。新型城镇化建设以社会公正为发展导向，就是努力使城镇和乡村的公民都能够享有均等的公共服务。促进公共服务均等化，可破除因制度不完善导致的城镇内部二元结构①。体制机制障碍是城镇化健康发展的最大障碍，新型城镇化建设以社会公正为价值导向就是要改变这种格局，营造公平统一的体制环境。

二、新型城镇化与社区教育发展的内在关系

新型城镇化与社区教育发展之间有着内在的双向依存性关系。一方面，新型城镇化是社区教育转型和发展的背景、强大动力和基础条件；另一方面，城乡社区教育发展又是新型城镇化的前提、基础和基本途径。

---

① 因为在现代化进程中，为了将有限的资源集中在城市，我国长期实行城乡分治的管理模式，城乡二元结构日益明显。例如城镇常住人口内部就逐步产生了二元结构，大量在城镇常住的农村户籍人口，虽然为城镇的财政贡献收入，但是却享受不到均等的公共服务。

（一）新型城镇化推动着社区教育的转型和发展

1. 新型城镇化推动着农村社区教育的转型

综观我国经济发达地区农村城镇化的现状，不难发现具有农村产业结构非农化、农村农户生产兼业化、农村社区形态多样化和反差化、农村住户构成成分混合化、农村农民物质生活接近小康化等特点。随着上述城镇化特点的产生和发展，推动着由稳定期的农村社区教育转向转型期的农村社区教育，即城镇化进程中的农村社区教育。

相对于稳定期农村社区教育而言，转型期农村社区教育有着如下的特点：第一，目的趋向性，是指其发展目的具有明显方向性特点，服务于“农业现代化、农村城镇化、城乡一体化、农民市民化”的价值取向。第二，结构复杂性，是据其构成成分具有复杂多样性特点，既有农村社区教育的成分，又有半城市化社区教育的成分，还有城市社区教育的成分。第三，过程中介性，是指其具有由农村社区教育向城市社区教育过渡的中介环节特点。该阶段社区教育具有双重性，既反映农村社区教育的特点，又反映城市社区教育的特点。第四，演化动态性，是指其具有不断演化的动态特点，该时期社区教育的诸要素，包括社区教育的对象、阶段目标、重点、内容、方式等，比较稳定期农村社区教育的变化大得多。

2. 新型城镇化影响着城市社区教育诸要素发展

第一，影响城市社区教育的历史重任，即要将农村转移劳动力，实现人的城镇化。第二，影响城市社区教育的结构，农村转移劳动力的社区教育，成为其构成重要成分。第三，影响城市社区教育的对象重点，约 2.6 亿农民工是城市的弱势人群，成为其特别关注的重点。

3. 新型城镇化促进社区教育城乡一体化发展

区域经济学原理表明，区域经济发展是集聚和扩散两种机制综合作用的结果。城镇化过程也不例外，既有农村向城市集聚过程，又有城市向农村扩散过程。在此过程中，显然促进着社区教育城乡一体化发展。其包括城乡社区教育统筹的规划、整体性的布局、教育资源的共享、实验项目的合作，等等。总之，促使社区教育“以城带乡”战略实施。

（二）社区教育促进新型城镇化的进程和水准

新型城镇化的核心——人的城镇化，即由传统的“农民”转化为现代文明的“市民”。社区教育承担着“化人”的重任，因而在新型城镇化的过程中居于核心地位，起着关键作用。

1.“化人”之一：提升转移农民的就业和生存能力

这是新型城镇化的前提。全国 2.5 亿农村剩余劳动力转移到城市，要实现人的城镇化，首先就有个就业问题。若就业问题解决不了，转移农民要融入城市，实现人的城镇化，从而实现新型城镇化则是一句空话。鉴于社区教育的性质、特点和价值取向，最适宜担当起这个历史使命。通过社区职业培训，使转移农民懂得和掌握就业或再就业的技能，从而提高自身生存和发展能力，显然是其跨入城镇化门槛的重要一大步，进而是实现新型城镇化的前提。

2.“化人”之二：培育新市民文明素质

这是实现新型城镇化的基础。新型城镇化，即完整意义上的城镇化，应包含两个方面的含义：一是物的城镇化，即物质形态和物质结构上的城镇化；二是人的城镇化，即农民转化为现代文明市民。前者是城镇化的物质基础；后者是城镇化进程中瓶颈和难点，因而也是实现新型城镇化的关键所在。要解决这个瓶颈，主要依靠城乡社区教育。通过社区教育使农民的价值观念、思维方式、生活方式、行为方式等实现转变，以及文明水平的提高，不仅使转移农民融入城市，实现人的城镇化，而且促进农村地区的生活方式、生产方式、组织方式和传统方式向城镇化转变。可见，城乡社区教育为新型城镇化奠定基础。

3.“化人”之三：培养农村实用人才

这是实现新型城镇化的人才保障。要实现新型城镇化，必然要求农村产业结构作调整，由原有的第一产业为主导，转变为第二、三产业为主导。换句话说，主导产业由一产向二、三产转化。城市发展史表明，产业结构的变革，有赖于相对应的实用人才的支撑。而农村实用人才的培养，离不开农村社区教育。其是培养农村实用人才的主阵地，从而为实现新型城镇化提供人才保障。

4.“化人”之四：营造终身学习文化氛围

这是新型城镇化的重要标志。新型城镇化，是高质量的“人的城镇化”。这就意味着转移农民，不仅要解决就业、居住、社会保障、子女就读等基本问题，而且要接受城市精神的熏陶，城市文化的洗礼，形成新的理想信念、价值观念和文明行为，更加自觉、自信地融入城市生活。可见，新型城镇化，是具有城市精神和文化品位的城镇化。实践证明，社区教育是培育全社会终身学习文化，营造积极进取向上氛围的教育形态，这显然促进着新型城镇化的进程。

三、新型城镇化对社区教育发展带来的机遇和挑战

（一）新型城镇化给社区教育带来发展的空前机遇

正如前述，我国以人为核心的新型城镇化，作为总背景、总条件，对社区教育发展提出了全面要求，给社区教育发展注入了强劲动力。我国社区教育界若能紧紧抓住这个发展的契机，积极主动，顺势而为，可以预见，新型城镇化将会史无前例的、强有力地推动着我国城乡社区教育的发展，包括社区教育发展的规模扩大、质量提高、类型转型、结构调整以及效益提升等。

（二）新型城镇化对社区教育发展提出的严峻挑战

这种挑战，主要是通过对人的素质的挑战，反映到社区教育领域。

1．新型城镇化对人的素质的挑战

（1）价值观念的挑战

多数的进城农民工的价值取向，即是进城找饭碗，养家求温饱，因而他们往往选择暂时留在城市，并非选择主动适应城市生活，将融入城市作为价值取向。他们在自我身份认同、城市归属感、对未来生活的预期等方面往往表现为困惑和模糊性。

（2）职业能力的挑战

由于传统农民长期处于人力耕种、产品单一的低效农业生产之中，因而形成的单一的传统的农业技能，造成农民工由一产转移到二产、三产的再就业能力弱。

（3）知识结构的挑战

农民工文化程度较低，老一代农民工初中及以下文化程度的占85.9%，新生代农民工尽管受教育程度普遍有所提高，然而初中及以下文化程度的仍占66.7%。特别新老农民工均普遍缺乏与土地、户籍、社会保障等制度相关的政策法规知识。

（4）生活方式和文明行为的挑战

在城镇化过程中，传统农民需由长期农村散居式的生活方式，转向城镇的社区集约式的生活方式，对其长期在农村养成的生活行为和习惯、习俗显然是新的挑战。特别外出农民工进城后，在完全不同于乡村的城市生活，面临完全

陌生的工作和生活环境、社会关系、人际关系，需要不断地调整自己的行为方式和人际交往等。

2. 新型城镇化对社区教育的挑战

（1）认识不到位

涉及城镇化的相当部分地区领导和教育行政部门，对新型城镇化与社区教育内在关系还来不及思考，特别未意识到社区教育是推进新型城镇化的基础、核心和关键所在，因而在新型城镇化中没有将社区教育放在相应位置上加以统筹考虑。

（2）统筹规划不到位

由于上述的认识不到位，尽管“十二五”期间制定了社区教育规划，然而该规划未很好嵌入新型城镇化背景中加以谋划，以新型城镇化对社区教育提出新要求去考虑社区教育未来新发展。

（3）教育布局不到位

由于上述的规划不到位，随之带来了社区教育空间布局存在失衡，例如，如何应对新型城镇化，农业人口转移的新需求，综合考虑城乡社区教育机构的设置，教育资源的配置，等等。

（4）课程内容针对性不到位

正如前述，人的城镇化，即传统农民转化为现代文明市民，是实现新型城镇化的核心、目标和关键。据此，就得调查研究新型城镇化对人的素质新要求，分析城乡居民素质的现状，从中寻找出居民素质的应然与实然的差距，以此差距来设计新型城镇化过程中社区教育课程内容。对此，大多城镇化地区来不及加以系统调查，深入研究，因而课程内容针对性不到位。

（5）激发社会活力不到位

在新型城镇化过程中，社区教育要真正能担起“化人”的重任，仅靠行政力量是远不够的，必须高举志愿者精神，充分发挥社会民众主体性。同时，要注重培育社会性，激发各类社会组织的活力，以利于社区教育真正落地结果。

四、社区教育适应并促进新型城镇化的思路与对策

（一）社区教育适应并促进新型城镇化的思路

1. 坚持以人为本，促进人的深层次转变

2013 年 12 月中央城镇化工作会议要求推进以人为核心的城镇化，以有序推进农业转移人口市民化为首要任务。城镇化是关系到国计民生的大变革，其涉及的主体是广大农民群众，覆盖的区域是广大农村。调查显示，失地农民中有 55.9%的人不知如何融入城市生活。以人为本是城镇化战略的出发点与归宿。新型城镇化的科学要义归根结底在于完成人的三大转变：表层次——身份的转变，即完成农业户籍向城市户籍的转变；中层次——生活方式的转变，即由农村的乡村散住式向城市的集约社区转变；深层次——心理的转变，即价值观念、思维方式、心理意向等转变，由“传统人”向“现代人”转变。可见，城镇化的目的与社区教育的目的相契合——提高人的整体素质，促进人的全面发展。社区教育应当充分发挥育人功能，培养社区成员的自学能力，提高居民道德、文化、技能素质，养成科学的生产生活方式，帮助农民“思想进城”，形成与城镇化相适应的价值观念、思维方式、文明素养、精神风貌、生活方式、行为准则、受教育水平等。

2. 统筹规划，协调发展

城镇化涉及到城市社区教育、农村社区教育，以及两者的内在联系。更何况，社区教育作为实践终身教育理念、构建终身教育体系的重要载体，涵盖儿童期、青少年期、中老年期等各年龄段，涉及文化素质教育、职业培训、闲暇娱乐教育等各种类型，囊括初级、中级、高级等各层次。因此，新型城镇化过程中，社区教育必须要统筹规划和实施，从而达到各类各层次社区教育协调发展。

3. 分类指导，强化针对性实效性

从城镇化空间而言，可粗放式划分为迁移城镇化和就地城镇化；或划分为特大、大、中、小城市郊区（乡村）城镇化。它们对社区教育要求及其对象重点显然不同。就地城镇化地区的社区教育对象重点之一，在于对该地区居住的农民开展新市民教育，培养与城镇化相适应的价值观念、品德素养、生活方式、行为习惯等。特大、大城市郊区城镇化比中、小城市乡村城镇化，其目

标、内容和重点显然不同，因而对社区教育发展要求显然有差异。从城镇化动力而言，又可分为工业化带动的城镇化、高科技带动的城镇化、现代服务业带动的城镇化、现代农业带动的城镇化、旅游业带动的城镇化等。特别旅游业带动的城镇化显然不同于工业化带动的城镇化，拥有 4A、5A 景区旅游吸引核的城镇，就可打造旅游城镇化。不同产业带动的城镇化，无论对就地农民工还是对外出农民工的职业技能培训，以及实用人才培养，其培训的具体目标、课程内容（应知应会）显然不一样的，培训内容必须为当地产业转型升级服务，为该地支撑产业培养应用型人才服务。

4. 以城带乡，城乡一体化发展

基于当前中国总体上已进入以工促农，以城带乡的发展阶段，何况中央又提出以人为核心的新型城镇化。我们应紧抓这个历史性发展契机和有利条件，社区教育可走“以城带乡”的发展道路。在此过程中，城市应充分发挥辐射性功能、示范性功能和服务性功能，带动城乡社区教育整体性发展。

（二）社区教育适应并促进新型城镇化的对策

1. 农村社区教育的对策

新型城镇化的实践运行推动着我国农村社区教育逐渐由稳定发展到转型发展的新阶段，带来农村社区教育在机构性质、教育目的、教学内容、教学形式、结构层次、经费来源、管理模式等多方面的深刻变革，迫切需要农村社区教育在保持本土特色、服务地方需求的同时，满足我国新型城镇化进程中对提升农村居民素质、提高百姓生活质量、改善居民生存环境等方面的需要，从而顺应我国新型城镇化的发展形势。

（1）开展农村居民教育培训工程

农业的现代化、农民的市民化、农村的城镇化是我国新型城镇化的不懈追求，这与当前我国农业生产滞后、农民传统保守、农村贫穷落后的现实面貌形成鲜明对照，“三农”问题不仅是发展我国综合经济实力重中之重，而且也是科学推进新型城镇化的关键议题。开展农村居民教育培训是社区教育不可推卸的历史责任。

第一，提升农民文明素质工程。新型城镇化的核心是人的城镇化，农民市民化是传统农民脱胎换骨走向现代文明的过程。广大农民的现代意识、思想观念、文明素养、生活习惯需逐步城镇化，努力缩短人城融合的时间，努力实现有品质的城镇化。为此，就必须加强对农村居民的文明素质教育，以适应新型城镇化发展的需要。社区教育应在教育和学习活动中更新农民的价值观念、生活方式和行为习惯，使他们逐渐形成符合社会主流的人生观、世界观、价值观，逐渐趋近现代市民的生活方式和行为习惯，逐渐形成相互包容、相互认同、相互理解的思维观念。

第二，政策法规培训工程。受制于自身文化水平，农民的信息获取量偏低，对于与自身利益息息相关的政策法规不了解、不清楚，既影响个人家庭维权和发展，也迟滞新型城镇化的发展进程。农村社区教育应当创新教育方式，通过组织农民喜闻乐见的活动，利用农村闲暇时间或其他可以利用时间进行政策宣传，使广大农民了解国家人口管理、土地管理、行政管理、法律法规、财税金融等方面的政策，形成有利于城镇化健康发展的群众基础。

第三，职业技能培训工程。农业现代化是城镇化发展的根基，工业化是城镇化发展的动力，服务业是城镇化发展的必要条件。城镇化过程中伴随着城市规模的扩大、基础设施的扩建、产业结构的升级、消费潜力的释放，带动相关产业的就业需求不断加剧。而我国农村广大居民由于缺乏相关的职业技能培训，普遍职业技能较低，不能适应当前用工单位的需求。更何况，当前我国本地农民工增长快于外出农民工。据国家统计局最近颁布的《2013 年全国农民工监测调查报告》表明，2013 年，外出农民工比上年增长 1.7%，而本地农民工却增长 3.6%。据此，农村社区教育作为实施职业培训的重要基地，应当义不容辞地承担起对本地农民工、农村剩余劳动力、失地农民的培训。社区教育主管部门要将农村职业技能培训与当地产业结构转型升级相协调、与富民工程相结合、与企业需求相结合、与文明建设相结合，以提高农民的就业创业能力和岗位适应能力。

（2）培养农村居民的终身学习理念

新型城镇化核心是“化人”运动，城镇化过程中没有农村居民素质的普遍提升，城镇化就沦落为传统的“造城”运动。据此，要培养农村居民终身学习的理念、自我导向的学习方式，提升他们的综合素养。

第一，积极宣传，广泛发动。在广大农村地区，农民终身学习意识淡漠，对社区教育的认知度、参与度低。农村社区可通过网站、报刊、广播、电视、板报专栏、横幅标语等形式广泛宣传终身学习的重要意义，营造终身学习的良好氛围，潜移默化影响农民树立终身学习理念。

第二，搭建平台，开展活动。农村社区教育以农民需求为导向，通过举办丰富多彩形式多样的社区文化教育活动，引导农村居民积极参与其中，满足其精神文化需求，树立健康向上、文明和谐的社区精神风貌，增强社区归属感。

第三，树立典型，激发热情。通过培养典型、寻找典型、推广典型来激励民众、教育民众，发挥示范引领作用，实现从“要我学”到“我要学”的转变。

（3）关注农村弱势群体

城镇化过程中，农村青壮年男性劳动力外出打工，剩下的大部分为留守儿童、留守妇女、老年人，给经济社会发展带来诸多风险隐患。以人为本的新型城镇化必然要求农村社区教育密切关注此三类人群的特殊需要，预防城镇化过程中可能造成的弊端。

第一，针对留守儿童。社区教育应当组织保育班等各类组织形式，在学业上不让孩子滑坡，在品德上不让孩子掉队。社区教育与学校教育加强合作，关心孩子的健康成长。

第二，针对留守妇女。社区教育应当开展“妈妈课堂”，一方面，给予留守妇女应有的农业劳动技能教育，更好地担当起家庭农业劳动；另一方面，沟通交流如何为人女、为人妻、为人母，培养女性应有的家庭美德、人际交往技巧、家庭教育观念和生活实用技能，在自我实现的同时能够给整个家庭带来和谐。

第三，针对老年人。社区教育应当开展健康养生讲座，帮助老年人解决心理困惑，教授老年人如何保持平和的心态。老年人也有学习的能力与发展的空间，帮助老年人养成看书、读报的终身学习好习惯，并引导和组织老年人参与农村社区治理，关心下一代健康成长，充分发挥老年人不可替代的作用，促进老年人积极老龄化。

（4）打造优良的师资团队

我国农村社区教育长期存在师资队伍素质不高、专业化水平偏低、数量不足、流动性大等问题，与农村城镇化发展所需要的优质师资队伍相距甚远。何况，农村社区教育对象基础差、居住分散、求知欲不强，这对教师的能力提出了更高的要求。因此，稳定和充实农村社区教育师资队伍，提高其工作水平与业务能力已迫在眉睫。应由政府牵头，组织、人事、教育、劳动和社会保障等部门齐心协力，在社区教育经费、人力等方面加大投入，要努力打造一支以专职人员为骨干、兼职人员为主体、志愿者为基础的社区教育工作者队伍，为城镇化进程中的农村社区教育发展做出贡献。

第一，加强专职教师队伍。发挥专职教师的骨干引领作用，要积极构建农村社区教育专职师资队伍培训体系，通过学习进修、专家讲座、交流研讨、参观访问、实验研究等形式，为专职教师提供业务培训。要加强“双师型”师资队伍建设，要求专职教师参与社会工作者、技工技师等职业技能岗位培训，鼓励专职教师参加国家职业资格证书考试，切实提高专职教师的服务指导能力。

第二，夯实兼职教师队伍。兼职教师的存在能保证课程设置的灵活性，适应农民需求的多样性。应当在专职教师队伍的引领和带动下不断充实农村社区教育兼职教师、管理者，稳定现有兼职教师，挖掘农村潜在的教育人力资源，培育农村社区教育发展的储备资源。

第三，壮大志愿者队伍。社区教育作为社会公益事业，应大力倡导志愿者以多种方式参与农村社区教育。社区志愿者是社区教育不可或缺的力量，应发动社区内热心公益的老干部、退休教师、高校在校生等优秀人才组成志愿者队伍加入社区教育各项工作。社区教育对社区志愿者招募、培训、服务、评价和激励等要形成科学规范的制度体系。

第四，有条件的农村社区还可组建结构多元的专家组。要发挥区内外专家的力量，通过成立社区教育研究中心、社区教育实验工作专家组等方式，聘请高校、企业、机关单位、研究院所的社区教育专家，为农村社区教育工作出谋划策，提供智力支持。

2. 城市社区教育对策

城市社区教育有别于农村社区教育，前者起点高、底子厚、资源富、条件优，因此在新型城镇化过程中，城市社区教育应当承担更多的职责，面对新型城镇化带来的挑战更应当积极应对。

（1）深化认识内在关系

新型城镇化不仅是物的城镇化，更为重要的是人的城镇化，且处于核心的地位。有些地区领导对新型城镇化与社区教育发展之间的双向依存性关系还存在模糊认识，弱化乃至忽视社区教育在提升农民素养、培育新市民、营造终身学习氛围等功能，直接削弱了新型城镇化以人为本的发展理念。据此，地区领导要深化新型城镇化与社区教育发展内在关系的认识。若淡化社区教育，就直接关系到城市社区居民素质的提高，从而直接影响到新型城镇化的进程和水平。作为城市社区教育工作者则应牢牢把握这个前所未有发展的契机，以新型城镇化为背景、条件和动力，努力将城市社区教育推向前进，以积极姿态迎接城市社区教育新高潮的到来。

（2）牢固树立包容性理念

包容性是现代文明城市的首要典型特征，决定着城市的胸襟和气度。城市包容性，即是城市本地人对外来人员的包容程度，反映在安居立业、融入社会等方面。其中，教育与学习的包容性又是城市包容性的核心和基础。据此，包容性是新型城镇化的核心理念，是人的城镇化的思想基础和先决条件。2013 年全球首届学习型城市建设大会通过的《北京宣言》就明确提出，“要促进从基础教育到高等教育的包容性学习”，并指出，“终身学习体系所面临的最大挑战之一是确保所有的公民和居民的包容性”。当今，要使我国大量的由农村转移到城市的外来务工人员城镇化，其中关键性之一，即是以包容性理念为指导，解决好外来务工人员的教育和学习。

（3）实施外来务工人员教育培训工程

据国家统计局发布的最新监测结果显示，2013 年全国农民工总量为 26 894 万人，比上年增长 2.4％。其中，外出农民工为 16 610 万人，比上年增长 1.7％。如此庞大的外来务工人员队伍涌入城市，需逐步与城市社会融合，势必要求城市社区教育，在包容性理念指导下加大对外来务工人员的教育培训力度。

第一，加大对外来务工人员的职业技能培训。农民市民化，首要的问题要解决就业问题。在社会主义市场经济体制下，市场机制在配置资源中起决定性作用，因而要解决农民工就业问题，就得通过职业培训增强农民工就业适应能力和岗位胜任能力。然而，据国家统计局统计显示，2013 年接受过技能培训的农民工只占 32.7％。据此，加大对外来务工人员职业技能培训，实为紧迫。

第二，加大对外来务工人员的新市民文明素质教育。正如前述，农民市民化，是传统农民脱胎换骨的“化人”过程。要改变农民原有的价值取向、思想观念、思维方式、劳动方式、生活方式，以及生活习惯，必然要求城市社区教育加大对外来务工人员的新市民文明素质教育，并持之以恒地坚持下去。

第三，加大对外来务工人员的学历提高教育。据上述的统计表明，尽管我国 1980 年及以后生出的新生代农民工受教育程度普遍有提高，初中以下文化程度仅占 6.1％，然而其多数仍为初中文化程度，占新生代农民工总数的 60.6％。可见，新生代农民工有着学历提高的愿望和空间。据此，城市社区教育还必须加大对新生代外来务工人员的学历提高教育，使他们日后有更大的发展空间。

（4）协调布局教育网点

新型城镇化方式伴随着城市地域扩张、人口向城镇迁移的过程，因此新型城镇化中必然涉及社区教育网点的布局问题。社区教育布局应与工业区、住宅区、商业区、公共活动场所分布相协调，要坚持以下原则。

第一，与教育效益、公平相结合。一方面，社区教育的布局要尽量分布在人口稠密、交通便捷的区域，使社区学校、教学点的师资、设备、场馆发挥最大化的效益；另一方面，社区教育布局要考虑薄弱乃至于空白地区，保障所有市民的同等学习权利，满足他们的学习需要。

第二，与区域经济发展相协调。社区教育布局的数量、规模、结构应与区域经济发展水平、资源特色相结合，有计划、分阶段地稳步推进，防止出现社区教育过度滞后或盲目扩张的极端态势。

第三，与区域内其他教育资源相统筹。社区教育的布局应与区域内普通学校、成人学校、图书馆、文化宫、活动中心、体育馆、博物馆、纪念馆等包含教育意义的资源整合利用，弥补自身的资源劣势，最大限度满足居民多样化的学习需求。

第四，与城市发展形态相适应。未来我国城镇空间分布将呈现由分散到高度集中，再适度分散的演变，社区教育要适应该变化趋势，灵活动态地调整，在规划中留下弹性空间。社区教育的网点设置要与城镇形态相照应，便于满足居民的学习需要，同时形成与生态环境相适应的布局结构。

第五，与生态环境可承受力相平衡。社区教育的发展布局，既要考虑人口的教育需求，同时应兼顾生态环境的可承受力。新式校舍建设要适度，要挖掘现有资源的潜质，实现资源利用效益的最优化。

（5）推进社区数字化学习

《国家中长期教育改革和发展规划纲要（2010—2020 年）》中明确提出，“到 2020 年，基本建成覆盖城乡各级各类学校的教育信息化体系……构建先进、高效、实用的数字化教育基础设施”。数字化学习资源具有多媒体、超文本、友好交互、虚拟仿真、远程共享等独特优点，学习者可以摆脱时空的限制，根据自己的实际需求进行灵活个性的自主学习。新型城镇化建设号召推进“智慧城市”建设，其观念与数字化学习型社区不谋而合，大胆尝试把实体教育和虚拟学习相结合，把传统教育和网络教育相结合，推进数字化学习社区建设，能够为社区居民提供更方便的学习条件、更丰富的优质资源。同时，数字化学习不仅升华了社区教育的载体，深化了社区教育的内涵，而且为社区教育发展拓展了新空间，实现了教育模式跨越式发展。

（6）创新完善治理体制

新型城镇化强调以人为本、服务为先的理念，强调创新城镇治理方式，完善城镇治理结构，提升城镇社会治理水平。城市社区教育治理体制也不例外，实施政府引领下的“多力合一”推进模式，包括市场调节力、社会参与力、其他教育支撑力、基层社区自治力、社区民众主体力等。政府通过编制规划、制定政策法规、统筹协调、保障投入、督导检查，来引领社区教育的发展。要注重把握和运用市场的供需、价格、竞争等机制，发挥市场的“无形之手”在社区教育中的调节作用和资源配置的决定性作用。要注重培育社会性，激发社会组织活力，发挥社会组织在社区教育中不可替代的重要作用。要注重发挥社区基层单位在社区教育发展中自我组织、自我管理、自我教育、自我更新的自治作用。要注重充分发挥社区民众的主体性，参与社区教育的策划、运行、监督、评估的全过程。

3. 城乡社区教育一体化对策

（1）实施以城带乡战略，推进城乡社区教育一体化发展

《国家新型城镇化规划》中明确规定：“加大统筹城乡发展力度，增强农村发展活力，逐步缩小城乡差距，促进城镇化和新农村建设协调推进。”社区教育作为社会公共服务也不例外，力求实现城乡社区教育一体化发展，让广大农村居民参与现代化进程、共同分享现代化成果。根据上述的国家规划规定和“以城带乡”的思路，可从如下方面努力。

第一，加强对“以城带乡”工作的领导。社区教育指导委员会及其办公室，应定期研究“以城带乡”工作，要有专人负责该项工作，并把其纳入对办公室及其相关人员的考核内容。

第二，统筹规划城乡社区教育。制定社区教育的规划，响应城乡统筹规划，并把“以城带乡”的理念和机制写入规划之中。

第三，制定以城带乡、城乡一体发展的政策法规。实践证明，要有效而持续地推进城乡社区教育整体化发展，必须要有科学的长效机制。为此，城乡社区教育一体化发展应制度化、法制化。

第四，配置教育资源向农村倾斜。城市社区教育具有雄厚优势，如师资素质高、经费来源广、管理体制完善等，而农村社区教育也有自身特色，如实践场所广阔、本土课程丰富等。比较而言，当前农村社区教育处于劣势，因而配置社区教育资源，重点向农村地区倾斜，扩大社区教育资源覆盖农村的范围，注重农村社区教育基础设施建设。

第五，建立各种“以城带乡”的协作组织。发动城市的区、街道与农村地区的县、乡镇结对，建立“社区教育联合体”，并向“共同体”发展；建立城乡社区教育合作办学的协作机制；建立城乡社区教育学分认证和互认的专家组；等等。

第六，以合作项目落实并深化“以城带乡”。根据农村社区教育发展的需求，城乡签订“合作项目”并加以实施，包括人员培训、挂职锻炼、网络建设、互设平台、信息共享、联合开发、合作研究等，以此落实和深化“以城带乡”的长效机制。

第七，多形式多渠道加大城市对农村辐射。发动组织城市学校、教育培训中心和研究机构，到农村设立分校、分中心和分支机构；引导和组织人民团体、社会组织、企事业单位和社会力量，特别是大学生、研究生志愿服务到农村，发挥自身的智力和专业优势，参与农村社区教育实践，加强农村社区教育力量。总之，要加大加快社区教育服务向农村延伸的步伐。

（2）在生态文明建设中推进城乡社区教育一体化发展

2012 年 12 月中央经济工作会议提出，“要积极稳妥推进城镇化……把生态文明理念和原则全面融入城镇化全过程，走集约、智能、绿色、低碳的新型城镇化道路”。传统城镇化建设片面追求规模集聚效益，对生态环境造成严重破坏，“城市病”问题日益突出，而新型城镇化坚持集约高效的科学发展观，将生态文明理念融入城镇化建设全程。社区教育作为贴近基层、贴近群众的“平民化”教育类型，与人民的关系最直接、最紧密，必须发挥自身特色推进生态城镇、绿色城镇建设。其中，城市与农村在生态文明建设方面各有优势、特色和弱点，社区生态文明教育可互为学习，互为补充，资源和成果共享，以达到一体化发展。

第一，城乡结对，共同制订社区生态文明教育规划和计划。

第二，城乡结对，将社区生态文明教育作为合作项目，双方定期交流经验、定期研讨问题、定期互访考察、定期成果展示，加以共同推进。

第三，城乡结对，共享优质的生态文明教育资源，特别是城市优质的师资队伍和教育设施可为农村社区生态文明教育所用。

第四，城乡结对，共用生态文明教育的空间和场所，特别是农村有着天然的良好生态环境，可作为城乡共同的生态文明教育的实验区。

在这里，还需强调的是，在城乡整体性推进社区生态文明教育中有下列诸点需共同把握。

第一，社区教育要将生态意识养成贯穿到学习过程的各方面，融入到参与者的日常学习、工作、生活中，如举办废旧物品变废为宝的技能讲座、开展垃圾分类活动、编制环保歌曲、设计环保海报、环保知识有奖竞答等。

第二，倡导环境友好型的生活方式。环境危机的爆发与人们的生活方式息息相关，新市民应该拥有科学环保的生活意识，将自身的生活融入到整个自然生态系统中去考虑，从生态系统的承受力、容纳量出发做出行为，履行个人的生态职责，如节能节水、减少浪费等。

第三，提高生态城镇建设中的社会参与。城镇化的主体是社区居民，生态城镇的最终受益者也是社区居民。社区教育是推动生态城镇建设的基本途径，可通过社区教育提高社区居民参与度，扩展生态志愿者群体、推进生态家庭建设等。

根据世界城镇化发展普遍规律，我国仍处于城镇化率30%—70%的快速发展空间，为避免落入传统城镇化的陷阱，新型城镇化与社区教育发展应加强双向依存关系。城镇化的发展战略为社区教育的发展提供了难得的机遇，社区教育为城镇化的推进提供了文化底蕴、智力支持、精神动力、人才保障。社区教育要牢牢把握城镇化发展的战略机遇期，实现自身的更新、重建、现代化，从而为城镇化的稳步推进贡献智慧与人才。新型城镇化与社区教育发展走的是同一条路径：人口城镇化—人的城镇化—人的现代化—国家现代化—实现中国梦。二者目前均处致力于人的城镇化的阶段，而致力于实现中国梦则是二者现在和将来共同的走向。

后　记

为全面反映我国新型城镇化及其对社区教育发展新要求，本课题研究设立了分课题组：西部地区的成都市温江区分课题组；中部地区的山西大学职业与继续教育研究中心、江西师范大学继续教育学院两个分课题组；东部地区的上海市浦东新区社区学院、青浦区社区学院、广州市社区学院三个分课题组等。本研究报告吸纳了上述分课题组有关研究成果，在此致以诚挚的谢意！

主要参考文献

[1]国家统计局. 2013 年国民经济和社会发展统计报告[EB/OL]. (2012-02-25)[2013-12-20]. http://www. gov. cn/gzdt/2012—02—25/content_1541240. htm.

[2]胡锦涛. 坚定不移沿着中国特色社会主义道路前进为全面建成小康社会而奋斗：在中国共产党第十八次全国代表大会上的报告[M]. 北京：人民出版社，2012.

[3]中央城镇化工作会议在北京举行习近平李克强作重要讲话[EB/OL]. (2013-12-14)[2014-01-20]. http//news. ifeng. com/gundong/detail_2014_01/20/34131196_0. shtml.

[4]胡际权. 中国城镇化发展研究[D]. 重庆：西南农业大学，2005：24-26.

[5]吴江，王斌，申丽娟. 中国新型城镇化进程中的地方政府行为研究[J]. 中国行政管理，2009(3)：88-91.

[6]余学友. 新型城镇化带动"三化"协调发展的思考与建议[N]. 安阳日报，2010-05-15(6).

[7]袁建新，郭彩琴. 新型城镇化：内涵、本质及其认识价值：十八大报告解读[J]. 苏州科技学院学报(社会科学版)，2013(3)：17-20.

[8]国家新型城镇化规划(2014—2020 年)[N]. 人民日报，2014-3-17(9).

[9]中央经济工作会议定调稳中求进四大变化引关注[N]. 新京报，2012-12-17.

[10]各界热议城镇化冀望引领"新十年"[EB/OL]. (2012-11-09)[2014-2-2]. https://finance. eastmoney. com/a2/20121109258412698. html.

[11]六部委负责人解读新型城镇化，新在哪[N]. 人民日报，2014-3-20(2).

[12]中央城镇化工作会议在北京举行习近平李克强作重要讲话[EB/OL]. (2013-12-14)[2014-01-20]. http://news. ifeng. com/gundong/detail_2014_01/20/34131196_1. shtml.

[13]中央城镇化工作会议在北京举行习近平李克强作重要讲话[EB/OL]. (2013-12-14)[2014-01-20]. http://news. ifeng. com/gundong/detail_2014_01/20/34131196_0. shtml.

[14]国家新型城镇化规划(2014—2020 年)[EB/OL]. (2014-3-16)[2014-3-29].

http://news. xinhuanet. com/politics/2014—03/16/c_119791251_9. htm.
[15]国家统计局. 2012 年全国农民工检测调查报告[EB/OL].(2013-05-27)[2013-05-27]. http://www. gov. cn/gzdt/2013-05/27/content_2411923. htm.
[16]叶忠海. 学习型社会建设研究与探索[M]. 上海:同济大学出版社,2013.
[17]叶忠海. 上海创建学习型城市的目标、特色和重点[J]. 教育发展研究,2005(13):76-78.
[18]余益中. 城镇化建设与农村教育改革[J]. 教育研究,2002(6):60-62.
[19]华芳英. 论城镇化进程中农村社区的变化及对社区教育的诉求[J]. 成人教育,2012(3):26-30.
[20]上海市人民代表大会常务委员会. 上海市终身教育促进条例[DB/OL].(2011-01-05)[2013-05-27]. https://flk. npc. gov. cn/detail2. html? NDAyOGFiY2M2MTI3Nzc5MzAxNjEyN2VkOTk3NTJkNTU.

附文

中国学习型城市建设10年：历程、特点和规律性*

任何事物的发展，均离不开一定的时空条件。其发展总是导因并受制于特定的时空环境，打上该时空深深的印记。学习型城市提出和建设也不例外，深深植根于当代中国社会历史背景之中，同社会历史背景的变化发展有着本质的联系。2002年，中国政府提出建设学习型社会，则是中国全面建设小康社会的迫切要求。近十年来，中国学习型城市建设的发展，始终以教育强国战略的实施、创新型国家的建设、和谐社会的推进、中华民族复兴的迈向作为总背景、总动力、总条件。中国改革开放、社会主义现代化建设，为学习型城市发展提供了肥沃土壤和良好环境。

一、中国学习型城市建设的历程和阶段

纵观中国提出和建设学习型城市的十余年历程，若以对学习型城市建设产生直接的重大影响的历史事件2002年11月党的十六大正式提出建设学习型社会和2010年7月颁布《国家中长期教育改革和发展规划纲要（2010—2020年）》为依据，则可将我国建设学习型城市大体分为准备起步、积极探索、发展提升三个阶段。

（一）准备起步阶段（20世纪90年代—2002年）

20世纪90年代，人类已步入知识经济的时代，“知本”将逐渐成为推动经

* 该文由叶忠海、张永、马丽华合作而成，发表于《开放教育研究》2013年第8期，后中国人民大学复印报刊资料《成人教育学刊》2013年第11期全文转载。

济社会发展的第一要素。面对知识经济所带来的机遇和挑战，终身教育和终身学习成为这一阶段教育领域关注的焦点。对此，中国也是如此，学习型城市建设处于准备起步阶段。

1. 理论准备受国际上终身学习思潮的影响，20 世纪 90 年代，我国有些学者开始涉足这一研究，并涌现出了一批学术研究成果。但对学习型城市的探讨很少，主要集中在终身教育和终身学习的理论探讨上。本世纪初，有关学习型社会、学习型城市研究明显增加。代表性课题有郝克明主持的国家社会科学基金重点项目："构建学习型社会和终身学习体系的研究"（2001），叶忠海主持的上海市哲学社会科学重点课题："上海市创建终身教育体系和学习型城市研究"（2001），厉以贤主持的全国教育科学教育部重点课题："学习型社区和学习型组织的理论与实验研究"（2001）等。

2. 政策准备，20 世纪 90 年代以来，我国颁布了一系列涉及终身教育和终身学习的相关法律、法规及政策。如《中华人民共和国教育法》（1995）、《面向 21 世纪教育振兴行动计划》（1999），其中都提出"要逐步建立和完善终身教育体系"。到本世纪初，时任党的总书记、国家主席的江泽民在亚太经合组织（APEC）人力资源高峰会议上率先提出"构筑终身教育体系，创建学习型社会"（2000）。接着，2002 年 11 月，党的十六大报告在论述实现全面建设小康社会宏伟目标中提出了"形成全民学习、终身学习的学习型社会，促进人的全面发展"，这是在党中央的正式文件中首次提出建设学习型社会。之后，全党全社会掀起了建设以城市空间形态为特征的学习型城市的热潮。

3. 实践准备在理论研究和政策颁布的基础上，各地开始尝试性的开展学习型城市建设活动。上海市（1999）、北京市（2001）、大连市（2001）、常州市（2001）和南京市（2002）率先提出建设学习型城市，拉开了我国建设学习型城市的序幕。在这些地方政策中阐述了学习型城市的内涵、建设的必要性，建设学习型城市的目标、任务、内容和措施等。

总之，在这一阶段，我国在建设学习型城市相关理论研究方面刚刚起步，在政策层面提出了构建学习型社会和终身教育体系，在实践层面启动了建设学习型城市的步伐，这些都为我国今后发展学习型城市建设作了一定的准备。

（二）积极探索阶段（2003—2010 年）

以党的十六大提出建设学习型社会为标志，中国学习型城市建设进入了新阶段。该阶段是我国全面建设小康社会的关键时期，也是推进学习型城市建设的积极探索时期。

1. 理论探索

这一时期有关学习型城市建设的理论研究有了新的探索，涌现出一批相关研究成果，并有成为理论界研究热点的趋势。其中，代表性成果有：《创建中国特色的学习型社会》（张声雄等，2003）、《创建学习型城市的理论和实践》（叶忠海，2005）、《跨进学习社会——建设终身学习体系和学习型社会的研究》（郝克明，2006）、《建设学习型城市》（马仲良、吴晓川，2008）、《学无止境，构建学习型社会研究》（顾明远、石中英，2010）、《学习型社会建设的理论与实践》（学习型社会建设课题组，2010）等。

2. 政策颁布

这一阶段国家相继发布了一系列相关政策文件，在政策文件中明确提出了建设学习型社会和学习型城市。如经国务院批准的《2003—2007 年教育振兴行动计划》（2004）、国务院批转的教育部《国家教育事业发展“十一五”规划纲要》（2007）、党的十七大报告（2007）等。之后的《国家中长期教育改革和发展规划纲要（2010—2020 年）》（2010）中再次强调“广泛开展城乡社区教育、加快各类学习型组织建设，基本形成全民学习、终身学习的学习型社会”，并把“基本形成学习型社会”作为我国教育未来十年的三大战略目标。

3. 理论探索和政策颁布后的发展

实践探索在上述理论探索和政策颁布的基础上，在率先创建学习型城市的引领下，重庆、武汉、杭州、常州、南京、太原、青岛、珠海、昆山等很多城市，相继提出了建设学习型城市的目标，以很大的热情探索了中国特色的学习型城市创建之路。一场声势浩大的学习型城市建设活动，从东部沿海地区向中西部地区逐步扩展和延伸。

总之，这一阶段，相关理论研究受到越来越多的关注。在政策层上，不仅中央多次强调开展学习型城市的创建，而且创建城市先后出台了一系列积极探索的政策。在实践层面上，通过对学习型城市、学习型企业和学习型社区的探索，推动了学习型社会的发展。

（三）发展提升阶段（2011 年至今）

随着终身教育和学习型社会建设的理念不断深入人心，以国家教育规划纲要颁布为标志，以我国实施“十二五”规划为起始，特别是以习近平同志为总书记的党中央提出实现中华民族伟大复兴的中国梦后，中国的学习型城市建设正在快速发展迈上新的台阶。

1. 理论提升

2011 年以后，我国终身教育界通过纪实性素材的个案研究、实务探讨深入展开。个案研究建构的发展，不仅有助于各城市间进行经验分享与标杆学习，也使学习型城市建设的相关理论得到进一步提升。例如，《学习，让城市更精彩苏州创建学习型城市记实》（朱永新，2011）、《学习型社会建设研究与探索》（叶忠海，2013）等的发表。特别近年来，终身教育学界，通过学习型城市与实现中国梦的内在关系的思考与研究，对学习型城市建设的意涵、战略意义等问题的认知提高到新境界，学习型城市是实现中华民族伟大复兴的“基石”。

2. 政策提升

2011 年的“十二五”规划中进一步强调了学习型城市建设，之后 2012 年党的十八大报告，特别习近平总书记在第十二届全国人大第一次会议上讲话，号召全体中华儿女同心实现中华民族伟大复兴，将学习型城市的建设提升到实现中华民族伟大复兴的高度。

3. 实践提升

在实现中国梦的指引下，在中国道路、中国精神、中国力量的激励下，各地建设学习型城市不仅充满着信心和决心，而且根据自身的政治、经济、文化与社会的实际，因地制宜，学习型城市建设呈现多元目标和模式，显示出学习型城市建设的区域特色。

总之，这一阶段虽然只有两年多的时间，但无论是理论上、政策上还是实践上，推进学习型城市建设均紧紧与新时代的中国历史使命相联系，学习型城市建设有了进一步的发展提升。

二、中国学习型城市建设的基本特点

（一）运行机制：双推动机制

我国是世界上人口最多的国家，接受终身教育服务的人数也最多。在学习型城市建设过程中，为民执政的党和政府应发挥主导作用，尽力推动，充分发挥我国社会主义制度的政治优势。我国又是发展中国家，经济基础仍较薄弱，党和政府的投入仍有限。更何况，正如前述，学习型城市建设是一项复杂的社会系统工程，必须调动社会各方积极性，坚持以党政为主导，政府推动与社会推动相结合的运行机制。

在我国，创建学习型城市的成功实践表明：一是创建学习型城市需要有党和政府强有力的推动，这是我国建设学习型城市的政治优势和基本特点；二是需要形成“多力合一”整体性推进的运行机制，即党政主导力、市场调节力、社会参与力、教育支撑力、基层社区和单位自治力、社会民众主体力整合成统一的力量，整体性推进学习型城市的构建。

党政主导力，在构建学习型城市中起着宏观调节作用。其具体职能是编制规划、立法和制定政策、统筹协调、经费保障、督查评估等，真正由微观直接组织学习活动转向宏观调控和保障，并调动和整合各方力量参与建设活动。不仅如此，我国学习型政党和机关的建设，又成为学习型城市建设的“龙头”，发挥示范标杆作用，强有力地推动着学习型城市的建设。

市场调节力，在构建学习型城市中起着基础性的调节作用。通过市场的内在机制，来调节学习型城市构建中供方与需方的关系，以及调节学习型城市建设与其他社会建设的协调发展。

社会参与力，在参与学习型城市建设中起着助推作用和中介作用。社会力量发动组织起来后，可激发社会创造活力，利用自身的资源优势，参与学习型城市建设项目和教育培训项目，发挥助推器作用，加快建设步伐。同时，社会组织，还可在政府管理与基层群众自治之间起中介作用，使两者有效衔接和良性互动。

教育支撑力，在建设学习型城市中起着教育基地和专业支撑作用。学校的教育资源向社会（社区）开放，让社会民众共享；特别是高校的开放，让更多的成人学习者回流到学校接受继续教育。学校主动与社区沟通，乃至于“学社融合”，支撑学习型社区构建；特别是高校积极主动地与行业（企业）合作，协助制定岗位规范和培训标准，以及协助开展专业的课程认定和证书认可工作。教育机构特别是高校接受政府和行业的委托，组织有关专家学者研究和实施不同类型教育之间的专业沟通、不同层级教育和专业衔接等问题。

基层社区和单位自治力，在建设学习型城市中起着基层社区和单位的自治作用。在创建学习型社区和单位中，基层社区和单位在基层党组织领导下充分发挥着自我组织、自我教育、自我管理、自我监督、自我服务等作用，为学习型城市建设奠基。

社会民众主体力，在构建学习型城市中起着不可替代的主体作用。创建学习型城市最终价值取向在于促进城市民众的全面发展；其建设必须依靠广大社会民众，在参与设计、实施、监督、评估等建设全过程中，城市民众作为主体，充分发挥着创造力。

总之，党政主导下的“多力合一”整体性推进的运行机制，是学习型城市建设的必需；学习型城市建设的推进，则是党政主导下多方力量的“合力效应”。

（二）推进策略：“三种策略”

基于中国是一个人口众多、多民族、地理环境相当复杂的国家，区域间、城乡间发展仍不平衡。为了科学而有效地建设学习型城市，就需要从中国国情出发，我国学习型城市建设采取如下的策略。

1. 置入式策略

从系统论角度来看，推进我国社会主义现代化是个综合性建设的母系统，包括经济、政治、文化、社会、生态等现代化建设子系统。学习型城市则是现代化城市的一个向度，也是我国现代化建设的子系统。更何况，学习型城市是由工业社会向知识社会转化发展的产物，是以知识经济和知识社会为其深厚的生存背景和发展空间。学习型城市的形成，取决于知识产业的发展和社会现代化进程。因此，我们丝毫不能离开社会主义现代化建设这个总背景、总动力、总条件，就教育论教育、就学习论学习，而应置于推动社会主义现代化进程中建设学习型城市，把学习型城市建设同加快社会主义现代化进程、加速社会经济转型和发展、迅速提升社会信息化水准、强化构建和谐社会的力度、加大适合社会开放程度和国际化步伐等连接起来。

2. 以东带西策略

中国经济社会发展水平呈现出明显的“东高西低”的区域不平衡特点。这种区域不平衡性，从根本上规定着中国建设学习型城市，必须贯彻以东带西原则。统筹规划东、中、西部地区学习型城市的建设，建立以东带西建设学习型城市的内在机制，通过西部地区到东部地区挂职、东部地区跟西部地区结对、西部地区到东部地区学习考察等方式，加大对中西部地区的投入扶持力度，积极探索民族地区学习型城市建设，建立健全区域间统筹兼顾的长效机制。

3. 联动协作策略

基于各地建设学习型城市发展的不平衡，为了有效地整体性推进学习型城市建设，创建城市采取了联动协作策略。该策略，是多层次、多形式的。就多层次而言，既有城市间的联动合作，例如，成立了“全国学习型城市建设联盟”，各大区域先后成立了长江三角洲地区、环渤海地区、珠江三角洲地区、西部地区、中部地区、东三省内蒙古地区等区域协作组织，推动该地区学习型城市建设和社区教育发展；又有城区内部各种联动协作，形成公共社区、企业园区、大学校区等多元联动的终身学习共同体，推进学习型城区建设。

就多形式而言，联动协作策略内在运作机制是不尽相同的，有盟约运作机制、会议协商机制、交流互动机制、项目合作机制、平台对接机制等。实践证明，联动协作策略有效地推进我国学习型城市建设。

（三）建设重点：“三大重点”

从学习型城市本体维度来理解，学习型城市指的是以社会学习者为中心，以终身教育体系、终身学习服务体系、学习型组织为基础，以形成终身学习文化为基本标志，能保障和满足社会成员学习基本权利和终身学习需求，从而有效地促进社会成员全面发展和社会价值得以充分实现，以及社会可持续发展的一种开放、创新、富有活力的新型城市。据此，为科学而有效地建设学习型城市，必须紧紧抓住三个方面关键性要素的建设。

1. 学习型组织——学习型城市之“基石”

各类学习型组织的创建应是建设学习型城市的重点之一。而创建学习型组织，要在形成其充分必要条件（共同愿景、组织学习、学习成效）上下功夫。其中，组织学习又是建设学习型组织的关键，是个体学习通向学习型组织的必经中介。

2. 终身教育体系和终身学习服务体系——学习型城市之“架构”

科学构建终身教育体系和终身学习服务体系应是建设学习型城市重点之二。就终身教育体系的科学构建而言，不仅要发育其体系中的各种教育要素，达到学习型城市的基本要求；更为重要的是要在衔接（纵向）、沟通（横向）、整合（纵横）、协调（内外）、优化（整体）上下功夫。为此，要建立和完善“三大教育制度”，即教育沟通制度、回归教育制度、社区教育制度。就终身学习服务体系而言，主要是抓好社会学习网络平台和社会学习资源建设。

3. 终身学习文化——学习型城市之“灵魂”

营造社会终身学习文化是建设学习型城市重点之三。营造城市终身学习文化，可从学习文化结构的三个层面着手：终身学习物质文化建设、终身学习制度文化建设、终身学习精神文化建设。通过终身学习文化建设，使“学习”成为社会的核心理念之一，学习价值观取得社会共识，学习活动成为社会时尚，越来越多的社会成员自觉地终身学习。

（四）保障措施："六类保障"

1. 组织保障

为了推进学习型城市建设，各地尤其是学习型城市建设先进城市设立专门职能部门与业务指导部门，确保创建工作实效。其职能是规划指导、统筹协调、督导评估和条件保障等，并充分发挥专家在民主决策、科学决策中的智慧和作用。如上海市市委、市政府成立了“上海市学习型社会建设与终身教育促进委员会”，由市委分管副书记任委员会主任，市委常委、市委宣传部部长和市政府分管副市长任委员会副主任，20 位市委、市政府相关委办局领导为委员会委员。委员会对上海市推进学习型社会与终身教育建设，进行宏观规划决策和统筹、协调、指导工作。委员会下设办公室，设在上海市教委，市文明办派驻专人参与日常工作。建立了例会制度和议定事项落实机制，形成了全市各有关单位和部门共同支持终身教育事业发展的改革合力。

2. 法规制度保障

国家和地方制定的法规制度包含促进条例、规划纲要、政府文件、各类发展规划和工作标准。首先是国家和地方制定中长期教育规划纲要，以终身学习理念指导教育工作全面创新；其次是少数学习型城市建设先行城市颁布促进条例，为创建工作提供法律保障；再次是各地出台市级文件，通过顶层设计绘就建设蓝图；又次是各地制定各类发展规划，推进创建工作持续发展；最后是国家和地方制定机构与队伍建设等工作标准，确保创建工作规范发展。

3. 基地保障

国家和地方注重学习型城市的基地建设，在一个城市范围内，形成了开放大学、社区学院、社区学校、社区教学点四级网络。2012 年 7 月 31 日，国家开放大学在人民大会堂正式揭牌成立。中共中央政治局委员，国务委员刘延东为国家开放大学揭牌并发表题为《努力办好中国特色开放大学》的重要讲话。她强调，要以现代信息技术为支撑，整合共享优质教育资源，创新教育教学模式，办好中国特色的开放大学，为社会成员提供更加灵活便捷公平开放的学习方式和多层次多样化的教育服务，为建设学习型社会和教育强国、人力资源强国做出积极贡献。

4. 经费保障

国家和地方各级政府注重落实学习型城市建设的经费投入，基本形成了政府投入为主、各级各类成人教育机构、企事业单位、城镇和农村社区、社会组织、举办者多方参与的投入保障新机制。各地的实践探索重点是：设立终身教育专项经费，建立可持续的投入制度；落实职工教育经费及教育费附加，加强企业经费投入保障力度。

5. 队伍保障

专职人员在学习型城市建设过程中起着骨干作用。学习型城市建设的专职队伍是指从事非正规教育的终身教育工作者，包括社区教育工作者、企业培训师、干部培训师、社会培训师等。各地在探索过程中正在形成了以下建设对策：一是解决终身教育工作者的职业化，包括设置专业岗位、确定岗位编制、制定岗位专业职务系列等基本问题，这是终身教育工作者专业化的前提；二是加强终身教育工作者的专业标准研究与专业共同体的建设；三是建立终身教育工作者的专业教育和培训制度，设立和实施终身教育工作者培训工程。此外，学习型城市建设还注重拓展兼职队伍来源渠道，明确其职业素质和服务能力；创新志愿者队伍建设模式，弥补学习型城市建设力量薄弱的短板。

6. 理论保障

我国学习型城市建设一直坚持实验与示范先行，在此基础上不断推广拓展。在此过程中，学习型城市的理论和实践研究发挥不可替代的保障作用。我国学习型城市研究，以国情为基点，以人为本，调查研究民情、民生、民意；植根于丰富的终身教育和终身学习的实践，研究学习型城市建设中的新问题。国家和地方注重建立健全有关研究机构和学术团体，加强成人教育学专业学位点建设，充分发挥现有的成人教育研究机构和学术团体的作用。

三、中国学习型城市建设的基本规律性

任何事物的产生和发展，都有规律性。不论其发展形势怎样，规律总制约着事物的发展。学习型城市发展作为一种特殊事物的运动形式也不例外。学习型城市发展规律，从根本上左右着学习型城市发展，从而规定着其建设实践活动。要科学而有效地建设学习型城市，就要在认识和遵循规律中推进学习型城市建设，符合学习型城市发展规律的规定性。

（一）学习型城市发展取决于知识经济发展，发展知识产业是建设学习型城市的根本之举

中国城市发展史实充分表明，社会生产力发展是城市得以形成和发展的最基本动力因素。城市的起源和发展，归根结底取决于社会生产力的发展水平，不同性质、形态和品质的城市，均是不同社会生产力发展阶段的产物。作为城市价值形态的新发展和城市品质的新高度——学习型城市也不例外，也是工业经济向知识经济转化发展阶段的产物。学习型城市形成和发展，归根结底取决于知识经济的发展。据此，发展知识产业，包括知识生产业（研发业等）、知识传播业（教育业，信息业，文化业等）、知识服务业（专业服务业等），是学习型城市建设的根本之举。只有这样，才从根本上加速了学习型城市形成和发展的进程。深圳等城市建设经验就证明这点。

（二）学习型城市发展取决于城市社会活力的激发，学习型城市建设应注重培育民众主体性和社会性

学习型城市，是学习理念深入人心的城市，是学习行为全员性、终身性的城市，是学习活动成为社会时尚的城市。推进学习型城市发展是城市发展史上前所未有的创举，是一项广泛的、深刻的、复杂的教育和社会的变革，涉及城市的方方面面和各类人群。更何况，我国又处于空前的社会变革，大量的人口又处于流动和非组织状态，创建城市要达到上述的学习境界，在依靠党政力量推动的同时，显然要依靠广大城市民众的主体合力。可见，激发社会活力是推进学习型城市建设的原动力，我们必须在注重培育民众主体性和社会性中推进学习型城市建设。大凡创建学习型城市的成功无一不在于此。

（三）学习型城市发展受制于现代化城市发展进程和水平，必须在服务现代化城市发展中推进学习型城市建设

从系统论视角来看，在城市范畴内，现代化城市发展是母系统，作为现代化城市的一个向度，集中体现现代化城市学习和教育基本特征的学习型城市发展，则是其子系统。母系统发展，要以子系统发展为基础；子系统发展受母系统发展所制约，应归属并置于母系统之中。具体而言，要树立全局观念，紧紧围绕现代化城市发展大局，坚持在服务现代化城市发展大局中推进学习型城市

建设。大凡创建城市采取“置入式策略”的，就更能得到各级政府的重视和支持，统筹协调力度就强，资源投入就大，建设成效就更明显。

（四）学习型城市发展受特定的地域空间所制约，学习型城市建设应有自身的城市特色

任何事物的发展，均离不开一定的时空条件，其发展总是导因并受制于特定的时空环境，打上该环境深深的印记。同样，学习型城市发展均受特定的地域空间的制约。基于各区域人文现象与自然现象空间分布的不均一性，再加上政府行为的选择导向性，必然带来学习型城市建设的差异性。据此，作为特定地区的学习型城市建设应有城市特色。有特色，才有关注力、影响力、凝聚力、生命力和竞争力。大凡创建学习型城市的成功实践，均表明了这点。

主要参考文献

[1]叶忠海. 学习型城市建设研究：叶忠海学习与教育文选之二[M]. 上海：同济大学出版社，2011.

[2]叶忠海. 学习型社会建设研究与探索：叶忠海学习与教育文选之九[M]. 上海：同济大学出版社，2013.

[3]学习型社会建设研究课题组. 学习型社会建设的理论与实践[M]. 北京：高等教育出版社，2010.

中国成人继续教育研究 40 年：成就、特色和展望*

党的十一届三中全会以来的改革开放四十年，是我国社会深刻变革和空前发展的四十年，也是我国成人教育前所未有的蓬勃发展和改革创新的四十年。在改革开放的社会历史背景下，在丰富多样的成人继续教育实践基础上，为成人继续教育研究创造了历史机遇，也提供了宜于成人教育学理论发展的土壤和环境。在庆祝改革开放四十周年的今天，有必要展示四十年来成人继续教育研究的成就，总结其研究之路的经验和特色，展望其未来进一步发展。

一、我国现代成人继续教育研究取得了前所未有的历史性成就

翻开我国成人继续教育研究的历史，不难发现，真正意义上的现代成人继续教育研究，是从党的十一届三中全会提出改革开放后才开始。回顾四十年来成人继续教育研究的历程，可以毫不夸张地说，我国现代成人继续教育研究取得了前所未有的巨大成绩。

1. 成人继续教育研究成果显著

据不完全统计，四十年来，我国出版的成教研究著作、论文集达两千余种；每年发表的学术论文和文章数以千计。其中，涌现出一大批优秀研究成果。据中国成人教育协会统计，该协会仅第五届（2005 年）至第十一届（2017 年）成人教育优秀研究成果评选活动就共评选出优秀成果 1403 部（篇）。2007—2016 年被《成人教育学刊》所转载的优秀成果就有 1346 篇。不仅如此，四十年来还涌现了一批学术新秀。中国成协举办两届学术新秀遴选，共遴选出

* 该文发表于 2018 年 12 月由中国成人教育协会举办的“改革开放四十周年纪念座谈会（线上）”上，并在该协会网上发布。

“中青年学术新秀”88 人。

2. 成人教育学专业化水准已达国家基本标准

在上述研究成果支撑下，成人教育学已形成基本构架和体系；成人教育学专业人才培养已起步 25 年之久，全国高校中已有该专业研究生学位点 30 家，能招生成人教育学专业研究生有 40 余家。仅以华东师范大学、曲阜师范大学统计，已培养了 442 位成人教育学专业、人力资源开发与教育专业的博士硕士，其中博士 23 名，还有 58 名在读博硕研究生。成人继续教育理论界已涌现了一批学术代表人物；成人教育学研究方法正在不断优化，专业化研究技能和方法正在形成；成人教育学独立性已取得社会认同。正因为成人教育学专业化水准迅速提升，1992 年成人教育学已得到国家认可，作为二级学科被纳入到《中华人民共和国国家标准学科分类与代码》（GB/T 13745—2009）之中，其代码为 88057；1997 年国家颁布的《国务院学位委员会授予博士、硕士学位和培养研究生的学科专业目录》中也有“成人教育学”，编码为 040107。

3. 以成人教育学为主干的成人教育学科群基本形成

四十年来，经成人教育界同人们的共同努力，在成人教育基本理论研究过程中，已形成成人教育概论、成人教育学习论、成人教育教学论、成人教育课程论、成人教育德育论等发育程度不同的分支学科；在成人教育与其他学科交叉研究中，又形成成人教育心理学、成人教育哲学、成人教育经济学、成人教育社会学、成人教育管理学等成熟度不同的分支学科；在成人教育类别研究中，还形成职工教育学、成人高等教育学、自学考试学、社区教育学、妇女教育学、老年教育学等程度不同的分支学科；在成人教育史研究中，已形成中国成人教育史；在外国成人教育研究中，还初步形成比较成人教育学；等等。上述的成人教育学科群形成之势，在叶忠海总主编的《中国成人教育研究进展报告》（2000—2005）中得到翔实反映。该书集这六年成人教育研究成果之大成，总字数达 87.8 万，涉及成人教育近 40 个分支领域，可以说是我国以成人教育学为主干的成人教育学科群基本形成的“缩影”。这充分反映了中国特色的成人教育学，已从“学科孕育期”经“学科形成期”正在进入到“学科成熟期”。

二、开创了中国特色的成人继续教育研究之路

1. 我国现代成人继续教育研究，以改革开放为总背景、总动力和总原则

1978—2018 年，是我国历史上从未有过的大改革大开放的四十年。这场新的伟大革命，极大地激发了我国成人教育界的热情、智慧和才干，推进着我国现代成人继续教育研究的发展，也必然使该研究深深打上改革开放的烙印。

（1）围绕我国一系列社会变革为中心开展研究

四十年来，我国随着经济体制转型，带动了文化、社会、政治等体制一系列转化。我国正处于铸“型”过程之中。譬如创新型国家、开放型经济、资源节约型和环境友好型社会、学习型社会、服务型政府、学习型政党等。这一系列铸“型”，给成人教育研究提出了新挑战，提供了新动力，要求我国现代成人教育研究围绕着一系列社会变革为中心而展开。事实表明，这样的研究，强有力地推动着我国现代成人继续教育研究拓展和深化。

（2）在批判旧的传统的教育观念过程中开展研究

历史表明，社会大变革促进思想大解放。四十年来，我国这场社会大变革，带来了整个社会思想大解放。“解放思想，实事求是，与时俱进”成为全党全国人民的思想路线，“实践是检验真理的唯一标准”成为人们的行动指南。在这样的背景下，我国成人继续教育理论界思想空前解放和活跃，在这条思想路线指引下，在批判传统教育学旧的学术观点过程中，在与替代论、合并论、分解论、终结论、淡化论等质疑论的论争中，取得了常规时期无法想象的惊人研究成果。

（3）以开放姿态，“洋为中用”地开展研究

四十年来，我国成人继续教育界冲破了思想禁锢，增强了开放意识。思想是行动的先导。在此期间，我国成人继续教育理论界，以积极开放姿态，不断关注国外成人教育研究的前言动态，不断吸收国外成人教育研究的精华，加以批判性创新，为我国研究所用。仅 1986—1991 年的五年间，我国引进国际成人教育名著有 13 部。这样，使我国在若干主题或领域的成人继续教育研究，与世界相关研究同时性组合和互补，在较短时期就站在世界成人继续教育研究前列。2008—2010 年，朱新均会长领衔的《学习型社会建设的理论与实践》的研究成果就是典型反映。

2. 我国现代成人继续教育研究，以我国基本国情为基点

四十年来我国不少成人教育研究者以调查研究为先导，努力以我国国情为基点、为客观基础，开展实证性研究，以使研究成果具有针对性和说服力，具有实际应用价值。例如，课题“21 世纪初中国社区教育发展研究”就以我国区

域差异性为基点，开展不同地区、不同类型社区教育实证研究。其研究成果，开拓并深化了我国社区教育发展的空间研究，不仅对东、中、西部地区社区教育发展作了差异研究，而且对7种不同类型地区社区教育发展的背景、重点和特色作了差异比较，从而有利于指导我国社区教育的发展，从中使社区教育研究更有影响力和生命力。

3. 我国现代成人继续教育研究，以促进转型期社会民众学习需求得以满足为导向、为落足点

四十年来，不少成人教育研究者走进成人的生活世界，开展转型期民情、民生、民意的调查，特别是民众学习需求的调查分析，在此基础上开展相应的成人教育研究，有力促进着成人教育研究的迅速发展。例如，近几年来，成教界特别关注社会转型期社区处境不利的弱势人群教育培训研究、城市化进程中农村劳动力转移培训和新市民教育培训研究等。

4. 我国现代成人继续教育研究，植根于丰富的成人教育实践和优秀的中华文化土壤之中

四十年来，我国成人教育理论界十分重视把研究扎根于成人教育实践活动之中，从成人教育实践中所提出的新问题、新矛盾开展研究，从成人教育实践所提供的经验加以总结升华，出产了一批具有中国特色的研究成果，从而大大推动着成人教育研究的可持续发展。其中，张志坤主持的“推进我国社区教育发展的实践研究”就是典型一例。在此同时，我国成人继续教育理论界认识到，教育流是文化流重要组成部分。对现代的中国成人继续教育研究，不能割断历史，必须批判性继承历史悠久的中华文化，吸纳中华文化中精华。对此，特别在中国成人教育史研究中反映得尤为明显。

三、中国成人教育学科建设还需进一步创新化、成熟化、特色化

尽管四十年来我国现代成人继续教育研究取得了历史性成就，成人教育学独立性已取得共识，学科群已基本形成，然而成人教育学科成熟度仍有待提升，成人教育学分支学科发展不平衡，成人教育学科体系还处于初级阶段，即基本构架阶段。据此，未来中国成人教育学科建设任务仍繁重和艰巨。

1. 成人教育学的学术体系需进一步理论创新和专业化

在科学发展观指导下，成人教育学内在的结构框架和基本内容需重新加以

审视。具体而言，成人教育学研究的逻辑起点和落足点如何体现“成人学习”和“成人发展”；研究重心如何转移到“以成人为本”这个主题上来；成人学习主体性如何贯穿于成人教育实践活动的全过程；等等。在此同时，成人教育学的研究技能和方法，还需花力气向专业化方向推进，扬弃传统教育学的研究方法，使研究技能和方法朝着共性和个性、数理方法论与人文方法论有效结合的方向发展。

2. 成人教育学的学科体系还需进一步深化研究和完善

尽管成人教育学已被列入二级学科，然而《中华人民共和国国家标准学科分类与代码》（GB/T 13745—2009）至今未下设三级学科。这就要求我们，现有的成人教育学的三级学科要加以完善，并创建新的三级学科，以巩固和发展成人教育学的二级学科的学科地位。特别要进一步深化成人教育学学科体系中基础性的主干学科的研究。这样，以利于树枝状的成人教育学学科体系的主干（学科）坚实而枝杈（学科）繁茂，以利于中国特色的现代成人教育学学科趋于成熟化。

3. 成人教育学的话语体系需进一步强化中国特色

在当今开放的时代背景下，作为带有开放性质的中国成人教育学科体系建设，当然要跟踪研究和认真吸纳国际社会对现代成人教育研究的前沿性、先进性成果，以利于“洋为中用”。然而，要建设中国特色、民族风格的成人教育学，其话语体系还必须强化中国特色。具体而言，成人教育研究如何以促进民众的全面发展和国家的可持续发展为价值取向；如何以区域分异性为基本原则；如何以弘扬优秀的中华民族文化为重要内容；如何以我国丰富多样而成效的成人实践活动为基础；等等。为此，要正确处理国际化与中国特色的关系，建立以中国元素为固本，与国际元素相融合的话语体系。

总之，我们相信，在党和国家正确领导下，经我国成人教育理论工作者和实际工作者的共同努力，中国成人教育学学派定能在建设学习型社会中创建和发展，定能走向世界，为充实和丰富世界教育资源的理论宝库贡献我们的一份力量！

主要参考文献

[1]习近平. 在哲学社会科学工作座谈会上的讲话[M]. 北京：人民出版社，2016.
[2]叶忠海. 中国成人教育研究 30 年：历程、评价和展望[M]//叶忠海. 叶忠海学习与教育文选之三. 上海：同济大学出版社，2011.
[3]叶忠海. 现代成人教育学原理[M]. 北京：中国人民大学出版社，2015.

中国社区教育实验工作20年：成就、特色和展望*

自1999年国务院批转的教育部《面向21世纪教育振兴行动计划》提出“开展社区教育实验工作”的要求以来，已整整20周年了。二十年来，在各级教育行政部门积极推动，其他部门协作配合，广大社区教育工作者努力下，社区教育实验工作取得了令世人瞩目的成就，开创了一条中国特色社区教育发展之路。本人作为该历史见证人，有必要对中国社区教育实验工作做一梳理和总结，以利于后人继承和发展。在这里，本文主要局限于对社区教育实验工作狭义理解的视角，就二十年中国社区教育实验工作的成就、特色作一概述，并就未来发展取向作若干不成熟的思考。

一、社区教育实验工作的成就

（一）营造了社区教育的实验文化

1. 形成了社区教育实验的物质文化

从文化三层次结构而言，物质文化是文化结构最基础的、浅层的，是指文化外在的物化形态。社区教育实验的物质文化，包括社区教育的实体、载体、资源，以及社区教育实验所产出的物质成果和产品等。就社区教育的实体来说，在我国特别是发达地区，基本上形成三级办学系统：区（县）的社区学院—街（镇）社区学校—居（村）社区学习点。至于所产出的物质成果和产品，是大量的、丰富多彩的，最常见的有各种手工艺品、摄影作品、书画作

* 该文先发表于2019年12月上海市举办的“社区教育实验工作20周年学术研讨会”上，后刊于《河北师范大学学报教育科学版》2020年第4期，并在“中国社会科学网”全文转发。

品等。

2. 形成了社区教育实验的制度文化

在文化结构中，制度文化是中间层面，是指以制度规范形式所表现的文化形态。其是由行之有效的实践活动，积累上升所形成的长效机制。社区教育实验的制度文化，包括其实验的立项制度、实施制度、检查制度、评审制度、结题制度、激励和约束制度、保障制度等。

3. 形成了社区教育实验的精神文化

精神文化，是文化结构中深层次文化，包含文化的认知成分、情感成分、价值成分、理想成分等。社区教育实验的精神文化，主要体现为社区教育实验的价值观、道德观和信念精神。实践证明，二十年来，广大社区教育工作者通过坚持社区教育实验工作，确立了社区教育的实验意识，提高了社区教育实验的认知水平，增强了社区教育的情感成分。社区教育实验已形成一种无形的渗透力，深深刻在社区教育工作者的脑海里，落实于行动之中。

（二）涌现了一批社区教育实验区、示范区

截至 2016 年，教育部已遴选设立 122 个全国社区教育实验区和 127 个全国社区教育示范区。各省设立了逾 500 个省级社区教育实验区和示范区。上海、江苏、杭州、宁波、广州、太原等省市还形成了由实验项目—实验街（镇）—实验区（县）的社区教育实验体系。

（三）锻造了一支高素质、专业化社区教育实验工作队伍

二十年社区教育实验史实表明，在长期的社区教育实验中，锻造了一支有理想精神、有理论知识、有实验方法的“三有”社区教育实验人才队伍。他们认识到，社区教育实验是实验法在社区教育中的具体应用。其性质系准实验性质，即接近于实验法。社区教育实验要把握四个基本要点：一是实验题目要选准；二是要有实验假设；三是要强化实验过程；四是要抓好实验效度评价。据此，我们认为，实验出人才，人才推动实验。这是社区教育实验工作成功的关键。

（四）丰富和发展社区教育理论

本人作为一名理论工作者，深信实践出真知，二十年社区教育实验工作也充分表达这一点。社区教育实验丰富了社区教育的价值论、体系论、目标论、教学论、课程论、师资论、管理论、发展策略论等。概言之，社区教育实验丰

富了社区教育理论体系和基本内容，强有力地支撑着社区教育理论的发展。

（五）奠定国家标准编制和政府文件制定的基础

社区教育的实验成果，为社区教育国家标准编制提供了实验依据。例如，本人作为主要起草人参与起草的《中华人民共和国国家标准社区服务指南第3部分：文化、教育、体育服务》（GB/T 20647.3—2006）中的社区教育部分，包括社区教育服务的要求和主要内容、社区教育组织和人员要求，社区教育服务的质量评价等内容均是以社区教育实验成果为依据的。同时，社区教育的实验成果，也为社区教育政府文件制定提供了现实基础。例如，本人作为主要起草人起草的教育部办公厅发布的《社区教育示范区评估标准（试行）》的文件，就是在社区教育实验区实验成果基础上形成的。

（六）开创社区教育推进的中国策略

实验，是中国社区教育推进策略的显著特点。二十年来，中国社区教育界，将实验方法运用于社区教育推进的全过程和诸多方面，坚实地有效地推动着社区教育的高质量快速发展。实践证明，社区教育推进的每一步，均离不开实验先行，以实验成效作为示范，引领社区教育的发展。

（七）促进社区治理和城市建设

有效的社区教育实验工作，具有很强的吸引力和影响力，提升了社区民众对社区教育的参与率。广大社区民众在社区教育参与过程中，树立了终身学习理念，增强了对社区认同感，对搞好社区的主体意识、责任意识和参与意识起到了积极的作用。提高综合素质，这不但有利于推进社区治理，还有利于整个城市精神文明和生态文明建设等。

二、社区教育实验工作的特色

（一）以马克思主义实践论为指导

二十年来，中国社区教育实验工作的首要特点——坚持以马克思主义实践论为指导，即强调认识来源于实践，认识对于实践有很强的依赖性。无论是一般人，还是人才，离开了实践活动，均无法对客观事物有科学的认识。中国社区教育学界深切体会到，一门新学科的创立，一种新理论的发现，一个新观点的产生，无一不是来源于实践，并在服务于实践中得到检验、充实和发展。这对于形成社区教育的科学认识，创建社区教育理论来说也不例外。实践—认识—再实践—再认识，循环往复，螺旋式上升过程，即是社区教育实验工作发展的内在逻辑。

（二）政府主导下的“多力合一”实验推进机制

社区教育是全民事业。中国是世界上人口最多的国家，社区教育服务对象人数最多，作为为民执政的政府应尽力推动；然而要发展社区教育，只靠政府力量是不够的，必须实施政府推动与社会推动并举的模式。据此，社区教育实验工作采取政府主导下的“多力合一”实验推进机制。政府主导力，在社区教育实验工作中起主导作用，包括编制规划、制定政策、统筹协调、经费保障等。教育机构的支撑力，在社区教育实验工作中起着教育基地和专业支撑作用。社会参与力，在社区教育实验工作中起着助推和中介作用。专家的指导力，在社区教育实验工作中起着专业咨询和引导作用。社区及社教工作者的主体力，在社区教育实验工作中起着不可替代的一线主体作用。

（三）社教实验与社教发展紧密结合

二十年来，社区教育实验紧紧围绕社区教育发展而展开，为社区教育发展服务。社区教育实验选题的立项，紧扣社区教育发展的前沿亮点、重点、难点、关键点。例如，社区教育推进的体制机制的实验、社区教育充分发挥社区民众主体性的实验、社区教育特色精品课程的实验、提高社区数字化学习效益的实验等。实践证明，实验推进发展，是发展的推动力；发展又为实验增添新内容新动力。

（四）实验工作与理论研究互为推动力

一方面，实验丰富理论，社区教育实验促进理论研究；另一方面，理论指导实验，社区教育理论研究引领社区教育实验工作。例如，社区教育学界对“以人为本”理念指导社区教育的研究，提出社区教育应充分体现“人是目的”“人是主体”“人作为尺度”“人是过程”的观点，从而使社区教育实验工作以社区人为本，紧紧依靠社区民众，发挥其主体作用，并将社区教育实验工作贯穿于人的发展全过程，取得了卓越的成就。

（五）紧抓社教实验的基石——实验项目的研究

无论是社区教育实验区的创建，还是实验街镇乡的建设，其主要基础均在于实验项目的开展。二十年来，中国社区教育工作者始终紧抓实验项目不放，认真对待实验工作诸基本环节，以此夯实社区教育实验工作。在全国范围内，教育部职教与成教司委托中国成人教育协会社区教育专业委员会，每年编制社区教育实验项目指南，向全国发布招投标，发动组织广大会员单位申报。就一个城市来说，最为突出的是，上海市教育行政部门专门设立了上海市社区教育实验项目管理办公室，专司社区教育实验项目管理工作。上海市发布实验项目每年平均150—160项。除市里发布实验项目招投标外，各区又根据自身需求设立具有本区特色的实验项目。其中，浦东新区所实验的项目累计达到约400项。这样，使社区教育实验工作深入持久地开展。

（六）立体式评价社教实验工作

二十年来，中国社区教育界十分注重社区教育实验工作的评价，采用多元评价主体相结合，具有立体式特点。自评与他评相结合，政府主管部门领导评、专家评、社区民众评相结合，教育评估专家、社会学专家、社区教育专家相结合。实践证明，这种立体式评价是接近实际的，有利于以评促实验工作发展。

三、社区教育实验工作的未来若干思考

（一）未来时代背景

辩证唯物主义认为，任何事物的发展，均离不开一定的时空条件，总是导因并受制于特定的时空环境，打上该时代深深的印记。

据此，探讨未来的社区教育实验工作的发展取向，必须首先要分析当代时代背景。

在世界范围内，必须至少分析如下背景：第一，当今世界，经济全球化加速发展，带动全球化趋势向全方位深入发展。第二，信息技术高速发展，在信息化生产力推动下，人类社会正在发生深刻变革，正在向信息社会转变。第三，新一代人工智能正在全球范围内蓬勃兴起，为经济社会发展注入新动能，正在深刻改变人们的生产生活方式。第四，人类社会进入到以创新能力为主导的新时代。

在中国，中国特色社会主义进入新时代。中华民族迎来了从站起来、富起来到强起来的伟大飞跃。这个“伟大飞跃”正是新时代基本的动态特征，这个

"强起来"正是新时代基本的标志。党的十九大报告又指出，中国新时代社会主要矛盾已转化为人民日益增长的美好生活需要和不平衡不充分的发展之间的矛盾。概言之，中国社区教育界就应在上述的国内外时空环境下，思考未来社区教育实验工作的发展取向。

（二）未来社区教育实验工作目标的思考

在这里，首先要回答，在中国进入新时代，在社区教育实验工作二十年的今天社区教育实验工作还需要不需要的问题。笔者认为，作为实验模式推进社区教育发展，不仅过去需要、现在仍很需要。问题在于，不是简单重复过去的实验，而是要与时俱进，对社区教育实验工作提出新要求，赋予新内涵。应该说，中国社区教育实验工作进入一个崭新阶段。

作为新时代新阶段的社区教育实验工作的目标，要体现"三特"内涵的高质量、高标准发展，为建立现代化社区教育体系服务，进一步解决社区教育发展不平衡不充分，从而促进社区成员的全面发展和社区可持续发展。所谓"三特"内涵，是指时代特征、中国特色、社区教育特性。就时代特征而言，社区教育实验工作应反映全球化、信息化和智能化、创新化等特征；就中国特色来说，社区教育实验工作应反映党政主导性、中华民族性、区域分异性等特色；就社区教育特性来讲，社区教育实验工作应反映社区特色性、"三全"（全民全程全方位）统一性、整体合力性和广泛参与性等特性。

（三）未来社区教育实验工作重点的思考

重点一：体系构建的实验研究。即"构建现代化社区教育体系"的实验研究。根据中共中央国务院印发《中国教育 2035：现代化》的要求，该体系如何为全民终身学习服务。其中，又根据中共中央国务院印发《国家积极应对人口老龄化中长期规划》中的要求，该体系又如何为构建老有所学的终身学习体系服务。

重点二：育人目标的实验研究。为了应对全球化发展趋势，贯彻落实习近平总书记提出的"人类命运共同体"理念的新要求，社区教育实验工作需开展育人目标新内涵的实验研究。笔者于 2005 年在《21 世纪初中国社区教育发展研究总报告》中提出，"社区教育要培养兼备国家公民与世界公民基本素质的现代新型中国公民"。现在看来，开展该主题的实验研究显得越来越重要、越来越紧迫。

重点三：信息化智能化的实验研究。在信息化背景下，推进社区数字化学习尤为迫切，使社区成员在数字化学习中，实现由数位落差—数位机会—数位赋能的转化，达到能以自己的数位智能改变自身处境和状态，不至于在信息化背景下社会人群产生新的二元结构。为此，要进一步开展“建立和完善社区数字化学习支持服务体系”的实验研究。

在人工智能时代，整个社会更为需要的是具有人工智能技术能力和软性素质能力的复合型人才。所谓软性素质能力，是指创新素质及其创造能力、情感沟通能力，以及解决复杂问题的综合能力等。可见，智能化时代赋予社区教育育人目标新要求新内涵，要达到和满足这个新要求新内涵，必须对社区教育的育人体制、教学内容和模式实施系列改革。据此，应开展“社区教育＋人工智能”教学改革的实验研究，以应对信息化智能化对社区教育的新要求。

重点四：城乡一体化的实验研究。党的十九大将乡村振兴战略作为国家基本战略之一。要实施并达到该战略目标，从中国国情出发，必然要建立健全以城带乡、城乡一体的长效机制。据此，在新时代新阶段，应进一步开展“社区教育城乡一体化”实验研究，以应对国家乡村振兴战略实施的必然性。

主要依据文献

[1]毛泽东. 实践论[M]//毛泽东. 毛泽东选集：第 1 卷. 北京：人民出版社，1950.

[2]习近平. 决胜全面建成小康社会夺取新时代中国特色社会主义伟大胜利[M]. 北京：人民出版社，2017.

主要参考文献

[1]叶忠海. 中国社区教育发展研究[M]//叶忠海. 叶忠海学习与教育文选之七. 上海：同济大学出版社，2011.

[2]叶忠海. 积极探索终身学习文化的结构式营造[M]//叶忠海. 学习型社会建设研究与探索. 上海：同济大学出版社，2013.

[3]叶忠海，社区教育实验应掌握的基本要点[M]//叶忠海. 社区教育学研究. 上海：同济大学出版社，2011.

[4]叶忠海. 关于开展社会科学应用研究的几点认识[M]//叶忠海. 叶忠海人才文选. 北京：高等教育出版社，2009.

附件

叶忠海成人学习与教育学术思想研讨会会议纪要*

2019年10月24日，由中国成人教育协会成人高等教育理论研究专业委员会与浙江工业大学联合主办，华东师范大学职业教育与成人教育研究所、浙江工业大学成人教育学院、华东师范大学高级管理者发展与培训中心承办的“叶忠海成人学习与教育学术思想研讨会”在杭州举行。教育部职业教育与成人教育司副司长采守宽，中国教育发展战略学会常务副会长、秘书长韩民，中国老年大学协会副会长、上海老年大学常务副校长熊仿杰，上海市教委终身教育处处长陶文捷，华东师范大学老龄办主任黄平等到会致辞，中国成人教育协会原会长朱新均、台湾省社区教育学会理事长林振春、前瑞典大众成人教育研究会主席托瑞·波尔森、台湾省阳昇教育基金会执行长詹明娟、五邑大学教授朱涛等发来贺信或书面发言。来自全国各地的成人教育学专家、学者、研究生等200余人参加了此次研讨会。研讨会各环节分别由成人高等教育理论研究专业委员会理事长、华东师范大学高级管理者发展与培训中心主任黄健教授，浙江工业大学成人教育学院张林书记，成人高等教育理论研究专业委员会秘书长、曲阜师范大学职业与继续教育研究院院长何爱霞教授主持。

领导和嘉宾致辞后，叶忠海教授作了《我的学术生涯和学术思想——成人学习与教育研究领域》主题演讲。叶忠海教授从学术简历、成人教育学基本理论与实践研究的开拓、自学学和自学考试研究的开拓、社区教育基本理论与实践研究的开拓、学习型社会建设基本理论与实践研究的开拓、老年教育基本理论与实践研究的开拓、终身教育学基础理论的开拓几个方面系统回顾了其学术生涯和学术思想，并谈了社会责任是研究成功的思想基础、选好主题是研究成

---

* 该文发表于《高等继续教育学报》2019年第5期。

功的第一要素、调查研究是研究成功的基石、交叉综合是研究成功的有效模式、素质和联盟是研究成功的力量所在等学术研究体会。主题发言之后，何爱霞教授、宁波大学副校长乐传永教授、华南师范大学教育科学学院郑淮教授、华东师范大学职业教育与成人教育研究所副所长张永副教授、华东师范大学职业教育与成人教育研究所马丽华副研究员、黄健教授等与会代表相继发言。他们从叶忠海教授的学术人生、社区教育研究、老年教育研究、学习型社会建设研究等不同视角阐述了叶忠海教授的成人学习与教育学术成就和学术精神。与会嘉宾、领导和专家一致认为，四十年来，叶忠海教授坚持将成人学习与教育科学研究、学科建设和人才培养紧密结合，继承与创新有机统一，在开辟成人学习研究新领域、探索和深化成人教育理论研究、提供成人学习与教育咨询服务、创建成人教育学术组织、培养成人学习与教育专业人才等方面取得了卓著成就。他不仅是我国著名的人才学家、人才学创始人之一，也是我国著名的成人教育、社区教育、老年教育专家，我国成人学习与教育理论研究的开拓者和带头人，我国成人教育学专业研究生教育的奠基者之一。

一、开辟成人学习研究新领域

叶忠海教授运用交叉综合研究等研究方法，善于综合，敏于创新，先后开拓了自学学、自学考试学、学习型城市、学习型社会等新研究领域。1988 年，叶教授作为主编主笔原创我国第一部自学学著作——《自学学概说》，开创了自学学这一新领域。1992 年，叶教授作为第二主编出版了《自学考试通论》一书，比较系统地探讨了自学考试问题，构建了自学考试学相对完整的理论体系。1999 年，上海市率先在我国提出创建学习型城市，基于此，叶忠海教授于 2001 年申报了上海市哲学社会科学规划重点课题“上海市创建终身教育体系和学习型城市研究”。2005 年，该项课题顺利结题并撰写出版《创建学习型城市的理论和实践》一书，首次从城市发展史视角研究学习型城市，对创建学习型城市的理论和实践问题作了全面探究。叶忠海教授作为课题组副组长兼综合组组长，协助完成了全国教育科学规划重点项目“学习型社会建设研究”。2013 年，叶教授将其在学习型社会研究方面的系列文稿整理成《学习型社会建设研究与探索》一书并出版，就学习型社会的基础理论、学习型社会建设的应用理论、我国建设学习型社会的战略对策等问题做了深入研究和探索。

二、探索和深化成人教育理论研究

叶教授十分注重成人教育学基础理论研究，探索与创新成人教育学学术体系。自 20 世纪 90 年代以来，他独著或主编主笔或作为第一作者，先后出版了《成人教育学通论》《现代成人教育学研究》《现代成人教育学原理》等著作，对成人教育学的框架结构和基本内容进行了变革创新，扬弃了原有的以普通教育学结构体系为依据所构建的成人教育学的结构体系，提出“以成人为本”理念为指导，“以成人终生发展为最终价值取向，沿着成人的成长和发展”的主线构筑成人教育学的学术体系。不仅如此，叶教授着力推进成人教育学学科体系建设。1997 年，其组织学术力量主编出版了我国较早的关于成人教育理论方面的著作——《成人教育理论丛书》（5 部），其中叶教授独著或牵头合著《大学后继续教育论》等 2 部著作。

在职工教育蓬勃发展的时代背景下，1987 年，叶忠海教授主编并主笔出版了我国第一部职工教育心理学著作——《职工教育心理学概论》，推动了职工教育心理学的创建。针对成人高等教育理论研究相对薄弱的现实情况，叶忠海教授于 1989 年作为第一主编并主笔创建出版了我国第一部《成人高等教育学》，构筑了成人高等教育学的学科基本框架。

自 1993 年开始，叶教授将目光投向了社区教育领域。1999 年，他启动了我国第一套《社区教育理论丛书》的编写工作，并执笔其中的一本。如该套丛书《序》中所言：“这套丛书的出版，无疑是我国社区教育界和成人教育界的一件很有价值而又令人高兴的事。它标志着，在教育科学园地里，社区教育学这棵新苗破土而出，勃然兴起。”以后，叶教授和朱涛教授合著了《社区教育学》。2001 年，叶教授主持了国家社会科学基金“十五”规划教育学国家一般课题“21 世纪初中国社区教育发展研究”。该课题在国家层面上首次为我国勾画了社区教育发展蓝图，指出了我国社区教育发展的方向和趋势，并开创性地对我国社区教育作了空间研究，对不同区域、不同类型地区的社区教育作了分异比较。课题形成了著作《21 世纪初中国社区教育发展研究丛书》（5 部）。

伴随着人口老龄化进程的加速，我国老年教育事业迅速发展，叶教授又倾力于老年教育研究的探索与开拓。2014 年，叶教授作为总主编，组织上海市的学术力量组编了《老年教育理论丛书》，他自己主编了其中的《老年教育学通论》一书。这是我国首套从教育学、心理学、管理学、社会学、经济学等学科视角撰写出版的老年教育理论丛书，带动了我国老年教育学学科建设。2019年，他又主编并主笔出版了《中国当代老年教育发展研究》一书，对我国整体性老年教育的过去、现状、未来作了系统研究，首次提炼出我国老年教育发展的规律性，并提出"五位一体"教育模式、生命规律性的老年教育课程体系建设等新颖观点。叶教授还刊发了《老年教育发展若干基本问题研究》《国际老年教育发展的特点、模式和未来取向》等多篇老年教育的论文。

三、提供成人学习与教育咨询服务

四十年来，叶忠海教授为国家、省市和基层持续开展成人学习与教育咨询服务。在国家层面，2003年，他被教育部聘为社区教育专家组成员，并作为主要作者参与起草了《中华人民共和国国家标准社区服务指南第3部分：社区文化、教育、体育服务》(GB/T 13745—2009)中的社区教育部分，获得了"中国标准创新贡献奖"。他作为第一起草人起草了《中华人民共和国国家标准成人教育培训服务术语》(GB/T 28913—2012)并推动其实施。叶忠海教授还受教育部职教与成教司委托，作为起草组宏观战略组首席专家承担了《全国老年教育发展规划(2016—2020年)》起草工作。在省市层面，叶忠海教授应上海、厦门、广州、宁波、无锡等多个城市教育行政部门邀请，为其建设学习型城市提供决策咨询服务。与此同时，叶忠海教授通过承担课题、制定规划、专题咨询会等多种方式，为基层社区教育、老年教育提供咨询服务。

四、创建成人教育学术组织

1981年，叶教授就参与组建了华东师大成人高等教育研究室，这是我国第一家高校设立的成人教育研究机构。之后，成人高等教育研究室改为成人教育研究所，叶教授担任了该所第一任所长。1994年，叶教授接受委托创建了上海市成人教育研究所，并兼任该所所长。早在1984年，叶教授就策划组建成人高等教育理论研究专业委员会，但由于机构改革等原因，直到1995年，该研究会才正式成立。自成立之后，该研究会作为我国成人教育领域一个重要的群众性、学术性社会团体。研究会基本每年都举办全国性的专题研讨会，并牵头组织一些成人高等教育理论研究、研究生培养等交流和合作。叶教授担任该研究会第二届、第三届理事长，第四届、第五届名誉理事长。1995 年，兼任上海市成人教育研究所所长的叶忠海教授组建了全国第一家省市一级的社区教育研究中心。后来，他又策划成立了第一家推进学习化社区专业委员会。

五、培养成人学习与教育专业人才

从事人才学研究的叶忠海教授深知人才的重要价值及人才培养的重要性，并将之付诸行动。1993 年，叶教授作为学科带头人创建了我国大陆第一家成人教育学专业研究生教育学位点，开启了培养成人教育学专业研究生的先河。除在学位点担任导师外，叶教授还为成人教育学专业研究生开设了成人教育基本理论、成人教育心理学、成人高等教育研究、人才学和人才资源开发等课程。叶教授还率先在全国招收成人教育学专业访问学者。

1990—1996 年，受国家教委成人教育司等部门委托，叶忠海教授等人先后举办了国务院部委成人教育处长岗位培训班，全国石化、电力等系统教育处长、人事处长岗位培训班。其中，国务院部委成人教育处长岗位培训班是新中国成立以来的第一期国务院部委成人教育处长岗位培训班。1996—1999 年，叶教授等人相继举办了四期普通高校成人教育学院院长资格性岗位培训班。

综上所述，与会代表在致辞和发言中，对叶忠海教授在成人学习与教育领域所取得的丰硕学术成就，其所展现的锲而不舍、开拓创新的学术精神，以及奖掖提携后辈的学术品德，都表达了由衷的敬意和谢意！并祝他身体康健、心情愉快，继续为成人学习与教育事业做出贡献。

叶忠海学术生涯和学术思想——成人学习与教育研究领域*

首先，十分感谢中国成人教育协会成人高等教育理论研究委员会、浙江工业大学及其成人教育学院、华东师范大学职教与成教研究所，高级管理者培训中心为我举办成人学习与教育学术思想研讨会！十分感谢在座的各位领导、同志、老师在百忙之中抽出时间来参加本人学术思想研讨会！也十分感谢各位研究生的参与！

一、我的学术简历

我于1957年9月入华东师大地理系学习，1959年10月提前留校工作，1961年7月地理系本科毕业。1961—1966年，华东师大地理系党团工作，兼任日本经济地理教学，编写日本经济地理讲义。

自1979年始，四十年来，我的学术研究领域——“两轮驱动”。一轮是成人学习与教育研究，以后延伸至社区教育学、老年教育学、终身教育学和学习型社会建设等研究。我立足于成人教育工作岗位，干一行，爱一行，专一行，精一行。一轮是人才学研究。我作为国家重点师范大学的教师一员，是教育工作者的职责驱使我踏上研究人才之路，从此与人才学结下了不解之缘。两轮之间以人才资源开发研究为轴，将两轮联系起来，开展交叉综合研究。

四十年来，本人独著、主编主笔或作为第一作者，公开出版著作45部，其中学习与教育著作22部；发表论文200余篇，其中学习与教育研究论文100

---

* 该文系作者在“叶忠海成人学习与教育学术思想研讨会”上的主题报告，发表于《高等继续教育学报》2019年第5期。

余篇。同时，发表了关于学习型社会建设的近 100 篇系列短文。在此基础上，分别于 2009 年、2011 年出版了《叶忠海人才文选》（7 种）、《叶忠海学习与教育文选》（9 种）。

自 1989 年来，本人作为课题组负责人先后承担国家级、省部级课题 20 项；作为专家顾问或首席专家参与国家人才规划、老年教育规划的编制；作为第一起草人或主要起草人参与成人教育培训术语、社区教育服务指南的国家标准的制订。

本人先后获全国、省级科研成果一等奖 3 项、二等奖 6 项、三等奖 9 项；国家标准创新奖 1 项；获中国人才研究会特等奖 1 项。1993 年开始享受国务院政府特殊津贴，2003 年被教育部聘为社区教育专家，2008 年被中央人才工作协调小组聘为《国家中长期人才发展规划纲要（2010—2020）》编制工作专家顾问，2010 年被上海市人民政府教育委员会聘为上海市教育决策咨询委员会委员，2012 年被上海市学习型社会建设与终身教育促进委员会授予的“上海市学习型社会建设与终身教育工作先进个人称号”。获中国人才研究会“中国人才学研究突出贡献奖”，获中国成人教育协会“全国成人教育贡献奖”。

二、对成人教育学基本理论与实践研究的开拓

1. 探索与创新成人教育学学术体系

自上世纪 80 年代初至今，本人坚持成人教育学基础理论研究的开拓，先后出版代表作：《成人教育学通论》（第一作者）、《现代成人教育学研究》（独著）、《现代成人教育学基本原理》（主编主笔）等。一是对成人教育学的框架结构和基本内容进行了大胆的变革创新，扬弃了原有的以普通教育学结构体系为依据所构建的成人教育学结构体系，而将“以成人为本”理念作为指导，以成人的终生发展为最终价值取向，沿着“成人的成长和发展”的主线展开研究，提出了以人的成长发展与教育、成年早期的教育原理与设计、成年中期的教育原理与设计、成年晚期的教育原理与设计为基本内容的现代成人教育学结构体系。二是强化了人本论研究，认为以成人为本位，是成人教育的出发点和落足点。于 2007 年提出了成人教育主体论的命题，并指出成人教育主体性充分体现为“人是目的”“人是主体”“人是过程”“人是尺度”等理念，应融化于成人教育工作者脑海里，落实于行动之中。三是提出了成人教育新质量观。

本人于 1998 年提出成人教育质量应是个适性质量——个体发展促进度、内适性质量——教育目标达成度、外适性质量——社会需要适应度，这三者质量的整合统一，忽视其中任何一方面质量，均是不完整的教育质量观。建立科学的成人教育质量指标体系，就应以上述的整合统一的教育质量观为依据。

2. 开拓成人教育学科新领域

一是开拓了职工教育心理学研究。1987 年，经写作组成员共同努力，本人主编并主笔出版了我国首部职工教育心理学著作《职工教育心理学概论》，此书不仅分析了成年期与成人一般心理特征，成人的认知能力，在职成人学习心理意向，还较为系统论述了在职成人教育的心理学问题，推动了职工教育心理学的创建。二是创建成人高等教育学。1989 年，本人作为第一主编并主笔出版了我国首部以“成人高等教育学”命名的著作《成人高等教育学》，此书较为系统论述了成人高等教育的社会属性和基本特征、地位和作用、教育目的和培养目标，分析了成人高等教育的对象，探讨了成人高等学校德育、教学以及教学效果的考核和综合评价，以及研究了成人高等教育的经济效益等基本问题，推动了成人高等教育学的创建。

3. 着力推进成人教育学学科体系建设

从多学科视角推进成人教育学学科体系建设。1997 年，本人主编出版了我国较早的《成人教育理论丛书》，包括《成人教育学通论》(叶忠海等著)、《成人教育心理学》(高志敏等著)、《成人教育管理》(周嘉方著)、《国外成人教育概论》(沈金荣等著)、《大学后继续教育论》(叶忠海著)。成人教育学界认为，这是我国首批系统的成人教育学理论研究成果，对创建中国特色成人教育学学科体系做出了积极贡献。以后，我作为总主编出版了《中国成人教育研究进展报告（2000—2005 年》一书，不仅疏理汇总了作为成人教育学母学科研究成果，还汇总了成人教育哲学、成人教育经济学、成人教育社会学、成人教育管理学、成人教育心理学等子学科研究成果，推进了成人教育学学科体系建设。

4. 创建成人教育学专业研究生教育学位点

1993 年 5 月，在学校大力支持下，本人作为学科带头人组成学术团队，提出建立成人教育学专业研究生教育学位点申请报告。经外审专家、校教育口和校学位委员会评审通过，报国务院学位委员会办公室，于 1993 年 11 月批准下达。1994 年开始培养成人教育学专业硕士生，带动了全国成人教育学专业研究生教育学位点的建设。90 年代末，本人还在全国率先招收成人教育学专业访问学者。

5. 起草《中华人民共和国国家标准成人教育培训服务术语》（GB/T 28913—2012）（以下简称《术语》）并推动实施

我作为第一起草人与其他同志一起，经五年努力完成了起草任务。该《术语》由基础术语、流程术语、质量和成效术语、管理和组织术语、工作者术语等5个部分组成，共计112个条目。其中，成人教育培训服务的基础术语，又由成人教育培训服务的基本概念、类型、特性、原则等基本术语组成，于2012年10月由国家质量监督检验检疫总局、国家标准化管理委员会发布。发布后，我与俞佳飞同志共同撰写该《术语》培训读本，并培训该国标的宣讲师，并到长沙、深圳等地区实地宣讲，推动了成人教育培训工作规范化、科学化和专业化。

6. 开拓成人教育发展战略研究

1997—2000年，我作为总课题组副组长全力协助总课题组组长黄尧司长完成“九五”国家哲学社会科学重点研究项目“面向21世纪中国成人教育发展研究”，并作为副主编主笔撰写并统稿《面向21世纪中国成人教育发展研究总报告》。在此同时，又作为课题组长主持该课题的子课题“面向21世纪中国成人教育发展模式研究”。该研究紧紧围绕“发展模式”主题，从理论基础、现状分析、历史考察、国内外比较等视角对21世纪中国成人教育发展模式加以综合研究。经课题组同志共同努力，于2002年年初出版了由我主编的《面向21世纪中国成人教育发展模式研究》一书。该著作首次在国家宏观层面上从数量增长、质量效益、结构优化等多维度系统研究中国成人教育发展模式。

三、对自学学和自学考试研究的开拓

1. 创建自学学

本人于上世纪80年代中期，在自学成为“时代热”背景下，开启了自学学研究。其研究成果，首先在重庆《自学报》以系列短文形式连载半年，共计23篇。在此基础上又经加工提炼，本人作为主编并主笔与其他作者一起，于1988年出版了我国首部自学学专著《自学学概说》一书。该书对自学的含义和特点、要素和类型、功能，自学的内在因素（生理、智力、心理特征），自学的外部条件（家庭环境、科学技术、现代信息），自学过程及规律，自学的原则，自学技能和方法，自学成果评价和保护、自学人才等系列基本理论和实践，从创建学科视角作了较为系统开拓性的研究。上述研究成果的发表与出版，充实和丰富了学习学的理论体系和基本内容，对广大青少年自学成才起着指导作用。

2. 较为系统研究自学考试

1988年，金一鸣教授和我作为课题组长承担了全国考委“七五”重点研究项目“自学考试研究”。本人作为第二主编并主笔与其他作者一起，于1992年出版了《自学考试通论》。该著作由总论篇、规格篇、自学和助学篇、命题篇、实施管理篇、展望篇等6篇19章组成，较为系统而完整地论述了自学考试的基本理论和实践问题。该著作为培训自学考试干部提供一本基本教材，被誉为“在教育科学领域中为自学考试学提出了一个比较完整的体系”。

四、对社区教育基本理论与实践研究的开拓

1. 创建社区教育学并推动学科建设

本人自1993年以来，注重社区教育学基础理论研究。1996年，我作为上海市社区教育研究中心主任，主持了上海市教育规划研究课题“社区教育的基本理论研究”，并执笔完成了10万余字的《中国特色现代社区教育若干基本问题的研究报告》。1999年，在上述研究基础上，我独著了我国首部以“社区教育学”命名的专著《社区教育学基础》一书，并于2000年出版。2001年后，我对社区教育的本质、基本属性、价值取向等基本理论作了进一步研究，发表了《社区教育本质的探讨》《社区教育生命观》《特色性——社区教育基本属性》等一系列短文。2009年初，我和朱涛教授合作完成了《社区教育学》一书，并于当年8月出版，作为社区教育工作者培训用书之一。同时，我组织上海市学术力量，于2000年主编出版了我国首套《社区教育理论丛书》，包括《社区教育学基础》（叶忠海著）、《社区教育的管理和评价》（黄云龙等著）、《各国社区教育概论》（杨应崧等著）、《社区教育的发展和展望》（沈金荣等著），被教育学界誉为“社区教育领域内系统之作”，对构建社区教育学的理论体系和基本内容有所建树，对提高社区教育工作者的素质和专业化将起积极的推进作用。

2. 开拓了社区教育战略研究

本世纪初，我作为课题组长承担了国家课题“21 世纪初中国社区教育发展研究”。于 2002 年始，在全国范围内组织力量建立了 34 个分课题组，从专题研究、区域研究、类型研究、国际参照系研究等视角分专题开展研究，先后出版了《21 世纪初中国社区教育发展研究丛书》四部。在此基础上，我于 2005 年撰写完成了该课题研究总报告——《21 世纪初中国社区教育发展研究》，并于 2006 年出版。该成果从国家宏观层面较为系统而全面地研究 21 世纪初我国社区教育发展，为我国社区教育发展勾画了蓝图，这在国内实属首例。该成果还开拓并深化了我国社区教育发展的空间研究，不仅对东、中、西部地区社区教育发展作了差异研究，还对 7 种不同类型地区社区教育发展的背景、重点和特色作了分类比较，这在国内社区教育研究中也是前所未有的。同时，我在《研究总报告》中大胆提出了一些新见解。例如，在分析 21 世纪初社区教育发展国际背景时，提出“全球意识和全球价值观在世界逐步被认同和接受”，“要想到地球，负责任地生活，为全球人类共同体的命运着想”。在这样的背景下，这就启示我们，我国社区教育发展任务，不仅要培养中国新型的“国家公民”，而且要为培养全球的“世界公民”服务，即要培养兼备“国家公民”和“世界公民”基本素质的新型的中国公民。

3. 注重调查研究，立足现实开展研究

我认为，调查研究是人文和社会科学研究成功的基石。自 1995 年始，在教育行政部门、基层政府机构和广大社教工作者大力支持下，本人牵头组织团队开展的社区教育调查研究有 10 余项。由我撰写或主笔的调研报告有 10 篇。例如，《构筑面向 21 世纪公民素质教育工程——上海市民素质调研报告》(1996)、《江苏省无锡市街道、居委干部素质调研报告》(1997)、《构筑市民素质教育工程，建设学习化城市——世纪之交厦门市市民素质调研报告》(1999)、《上海市基层城市社区工作者素质和培训调研报告》(2000)、《我国经济发达地区农村社区教育调查报告——以浙江省鄞县为例》(2004)、《21 世纪初上海国际大都市郊区创建学习型社区个案研究报告——以上海宝山区友谊路街道为例》(2006) 等。这些调研成果，不仅促进了社区教育研究的深化，而且得到有关政府行政部门的赞同和接受，对社区教育发展起着推进作用。

4. 参与国家标准制订和教育行政部门文件起草

本世纪初，本人积极参与国家标准化研究院领衔的《中华人民共和国国家标准社区服务指南第 3 部分：文化、教育、体育服务》（GB/T 13745—2009）起草工作。我与赖立老师作为教育部社区教育专家组专家、主要起草人起草社区教育服务部分的内容。该国标于 2006 年 12 月由国家质量监督检验检疫总局、国家标准化管理委员会发布，2007 年 6 月实施。基于本人对该国标起草和实施的贡献，荣获了由国家质量监督检验检疫总局、国家标准化管理委员会颁发的“中国标准创新贡献奖”（2009）。同时，本人接受教育部职教与成教司的委托，起草了《社区教育示范区基本条件》的初稿，为以后开展社区教育示范区的遴选工作提供了服务。

五、对学习型社会建设基本理论与实践研究的开拓

1. 开拓和深化学习型社会建设理论

自 1999 年始，本人作为课题组长牵头承担了上海市哲学社会科学重点项目“上海市建设终身教育体系和学习型城市的研究”。在此基础上，于 2005 年本人撰写出版了专著《创建学习型城市的理论和实践》。该著作由创建理论篇、创建参照篇、创建基础篇、创建战略篇、创建途径对策篇构成，以城市发展史考察作为研究的逻辑起点，综合运用城市学、地理学、社会学、教育学、学习学、管理学、系统工程学等多个学科研究成果和方法，对学习型城市创建的基本理论和实践问题作了较为系统而全面的研究和探索，这在国内实属首次，对构筑学习城市学具有学术价值，也为创建学习型城市提供了理论基础，具有一定的现实指导作用。

2011 年，我在多年积累基础上，出版了著作《学习型社会建设研究与探索》。该著作由学习型社会的基础理论研究、学习型社会建设的应用理论研究、我国建设学习型社会的战略对策研究等 5 部分，90 篇文稿组成。该著作指出，从人类社会发展的历史长河来看，学习型社会是社会价值形态的新发展和社会品质的新高度。建设学习型社会，是顺应并推进人类社会发展的历史性创举。从当代中国改革和发展来说，建设学习型社会是转型期我国社会铸型的基础。

学习型社会，是以学习促进社会及成员科学而全面发展的新型社会。学习型社会体现“一个中心”，即社会成员为中心；“二个目的”，即促进社会成员全面发展和社会价值得以充分实现，促进社会可持续发展；“三个关键要素”，即以学习型组织与学习共同体为基石，以终身教育体系和终身学习服务体系为

架构，以终身学习文化为“灵魂”。

从生态学的视角加以考察，学习型社会是一种社会的学习生态系统。从生态系统的生命性基本特征而言，学习自组织是学习型社会构成的主要要素；从生态系统整体性基本特征而言，学习型社会不同人群不同方式的终身学习应整体协调发展；从生态系统的物种多元共生性基本特征而言，学习型社会终身学习活动应丰富多样；从生态系统的适应性基本特征而言，终身学习与环境变化保持动态平衡，又是学习型社会显著特征。

我认为，学习型社会建设科学化，不仅要有科学理论作指导开展定性研究，同时也不能忽视量化分析。有了基本的数据，可使学习型社会建设的进展判断更为准确、发展决策更为科学，工作把握更有信心，成效结果更能检验。为此，我在文中率先提出了“社会学习指数”及其构成（2012），作为学习型社会建设量化的核心指证，并在有关城市中心城区、近郊区、远郊区作了测算和比较。

我在文中还提出，我国学习型社会建设应在党委领导、政府主导下，重在充分发挥社会民众主体性和培育社会性，激发社会活力是学习型社会建设的原动力，并提出了学习型社会建设应是党政主导力、市场调节力、社会参与力、教育支撑力、基层社区自治力、社会民众主体力的“多力合一”共建模式。

2. 全力参与学习型社会建设的宏观战略研究

自 2007 年 12 月开始，我作为课题组副组长及其综合组组长，全力协助课题组长、中国成人教育协会朱新均会长完成教育部重点课题“学习型社会建设研究”，并承担研究总报告撰写和统稿任务。该研究是一项国家宏观层面上重大的社会建设应用性研究课题，在课题组长引领下，经课题组成员共同努力，于 2010 年最终出版了著作《学习型社会建设的理论与实践》（分两册）。该研究成果，较为全面而系统论述了学习型社会建设基本理论和实践问题。该成果获得第四届全国教育科学研究优秀成果一等奖。

3. 提供学习型社会建设的决策咨询服务

一是参与《中国学习型城市建设发展报告》（国家报告）的起草。该发展报告经教育部领导审定后，提交给联合国教科文组织在北京召开的首届“国际学习型城市建设大会”。二是起草《我国学习型社会建设的对策建议》，提交国务院领导。三是提供《学习型城市评价体系的框架》。四是接受上海、广州等城市教育行政部门的聘请，作为咨询委员或专家顾问为建设学习型城市提供决策咨询服务。

六、对老年教育基本理论与实践研究的开拓

1. 开拓与深化老年教育学的基础理论

2014 年，本人作为主编主笔与其他作者共同努力，出版了《老年教育学通论》。该著作较为系统而深入地论述了老年教育的理论基础、涵义和特征、社会属性、目的和功能、对象、教学、课程、评价等一系列基本问题。

本人认为，老年教育是终身教育体系老年阶段一切教育的总和，包括正规、非正规、非正式老年教育，是促进老年人积极老龄化，提高其生命质量，并推进社会和谐发展的终身教育活动。老年教育基本特征：教育对象——老龄性；教育宗旨——促进积极老龄化；教育过程——学、乐、为结合整体化；教育原则——弹性和自愿性；教育模式——教与养结合一体化等。老年教育的主要社会属性：人的终生发展属性、社会公益属性、上层建筑属性等。基于不同年龄段老年人，在生理特点、认知水平、人格特征、社会性发展，以及学习需求不尽相同，因而又可将老年教育划分为 4 个阶段：准老年期（55—60 岁）的退休预备性教育、低龄老年期（60—70 岁）的角色转变和潜能开发教育、中龄老年期（70—80 岁）的再调整发展教育、高龄老年期（80 岁以上）的自我保护和超越教育。

2. 着力推进老年教育学的学科体系建设

我在担任上海市终身教育研究会副会长兼学术委员会主任期间，组织上海市学术力量主编《老年教育理论丛书》，于 2014 年出版。该丛书包括《老年教育学通论》（叶忠海著）、《老年教育学心理学》（张永等著）、《老年教育学管理学》（张少波、李惟民著）、《老年教育学社会学》（张东平等著）、《老年教育学经济学》（金德琅等著）、《海外老年教育》（齐伟钧等著）。这是我国首套从学科建设视角出版的老年教育丛书，使我国老年教育学的学科体系建设有了开端。

3. 开拓老年教育发展战略研究

2017 年，我作为课题组组长主持“中国当代老年教育发展研究”。经课题组成员共同努力，我于 2019 年主编主笔出版了《中国当代老年教育发展研究》一书。该著作由总论篇、区域篇、类型篇、专题篇组成，对我国当代整体性老

年教育的发展历程作了较为系统而全面的疏理，对老年教育现状作了切实的分析，研究和探索了老年教育发展指数，首次提炼出我国老年教育发展的基本规律性，较为全面提出了我国老年教育未来发展的基本思路，并提出“五位一体”教育模式，以及生命规律性的老年教育课程体系的建设。

4. 尽力提供老年教育咨询服务

一是接受教育部职教与成教司的委托，作为起草组宏观战略组首席专家承担《全国老年教育发展规划》的起草。二是接受上海老年教育研究院聘请为首席专家，努力完成上海老年教育研究院各项咨询服务。三是接受广东省潮汕市老干部大学聘请，作为学术顾问，参与编撰《老年教育辞典》。

七、对终身教育学基础理论的开拓

自上世纪末始，本人坚持对终身教育研究和积累。在此基础上，近三年着力从学科建设视角，创建终身教育学。

一是以文化自信和创新思想定力，研究终身教育学的创建。在《终身教育研究》2017 年第 6 期发表了《以文化自信思想定力加快推进中国特色终身教育学科建设》一文。

二是积极探索终身教育学的基本框架。于 2016 年 4 月在《江苏开放大学学报》发表了《构建终身教育学框架的若干基本问题》一文。该文提出了终身教育学构架的基本理念和终身教育学框架的基本成分。

三是组织研究写作团队，撰写《终身教育学通论》。现经三年团队成员艰苦努力，已完成 5 篇 14 章 20 余万字的书稿，有待出版。

八、我的学术研究体会

四十年来，随着时间的推移，虽然我年岁在增长，但我的学术思想还保持着活力，努力沿着学科发展的脉络，不断进取，不断开拓，开拓创新是我学术生活的座右铭。在此过程中，我深切体验到我的人生价值所在。我对开展人文和社会科学研究，有下列浅薄的体会。

1. 社会责任是研究成功的思想基础

学术研究的宗旨在于促进科学进步，从而促进社会可持续发展，归根结底为人类文明和幸福服务。就成人学习与教育研究而言，其宗旨是推进其学科发展，从而促进成人继续教育工作科学发展，促进成人的全面发展。据此，科学研究必须对科学负责、对社会负责、对人民负责，经得起科学的检验、历史的检验、社会的检验、人民的检验。增强社会责任感和历史使命感，应是每位研究者首先要解决的问题。它既是研究成功的思想基础，也是研究成功的内在动力。

2. 选好主题是研究成功的第一要素

学术研究，首先要解决好选题。题目选得好，不仅使研究有意义，而且可加快研究的进展，提高研究成功的概率。多年来，我选题时，首先考虑有无创新价值，包括学术价值和应用价值，同时考虑本人自身的研究基础和工作积累，即在目标的创新性、效用性与实现目标的可行性的最佳结合点上来选题。譬如，我于本世纪初申报《上海市建设终身教育体系和学习型城市研究》，开拓学习型城市的研究方向，就是首先考虑这是当代城市发展的必然，学习型城市研究是学习学、教育学和城市学创新的领域，又考虑本人兼备几者的专业优势。实践证明，这样的选题，既能在研究领域有新的开拓，又能保证课题研究的成功。

3. 调查研究是研究成功的基石

人文和社会科学具有很强的社会性和实践性，其研究要获得成功，必须深入社会实践，开展调查研究。“没有调查，没有发言权。应当从客观存在着的实际事物出发，从其中引出规律，作为我们行动的向导。”当然，调查应面向历史文献调查和外国调查，然而最为重要的是面向社会实际调查。譬如，我作为课题组长承担的国家课题——“21世纪初中国社区教育发展研究”，就是在对国内外社区教育调查研究基础上完成的。总课题组自身及其通过各分课题对东、中、西部不同地区，以及不同类型区域开展调查提出了切合实际的研究总报告。

4. 交叉综合是研究成功的有效模式

人文和社会科学是以复杂的人文和社会现象作为自己的研究对象，特别是重大的人文和社会科学课题，具有多结构性的特点。人文和社会科学的基本属性及其研究特点，规定了其研究方法必然是综合的交叉的。在现代科学发展整体化趋势占主导地位的今天，交叉综合就是创造被体现得尤为明显。多年来，在此思想指导下，我成功地采取了交叉综合的研究策略，完成了多项跨度特大的国家级课题。如“中国东南部丘陵山区人才开发和教育改革综合研究”就是典型一例，即在自然地理学、管理学、人才学、教育学等多学科交叉处作综合研究。

5. 素质和联盟是研究成功的力量所在

研究者的素质，当然是学术研究的基本条件，直接关系到研究成功与否。人文和社会科学的基本属性及其研究特点，从根本上规定着研究者必须具备复合型素质，以适应综合研究的需要。多年来的学术研究实践使我体会到，研究者的复合型素质主要体现在蛛网式三层次智能结构和跨学科综合研究能力上。这种智能结构由内核层、中间层、外围层构成，其中内核层由专业知识和技能组成，中间层由相关知识和技能组成，外围层由基础知识和技能组成。研究者具备这种复合型素质是开展人文和社会科学研究的创造力和活力的内在机理。

尽管如此，面对跨度大、综合性强、多结构性的课题研究，毕竟个体的力量、单一学科专家的力量是不够的，必须要组成不同学科研究者的联盟，以及理论工作者和实际工作者的联盟，以支撑课题研究。我作为课题组组长在作国家级项目研究时，就组成了多学科研究者的联盟。科研实践表明，研究者的素质和联盟是人文和社会科学研究成功的力量所在和关键之处。

四十年来，我深知，本人虽然取得一点学术研究成果，但离社会发展的需要，离成人继续教育实践的要求差距还很远。这点成果的取得，首先得益于党和国家改革开放的大政方针。没有改革开放，就没有成人学习与教育研究的发展，也就谈不上我有今天的一点成绩。我的一点的成绩，离不开中国成人教育协会朱新均、郑树山等老领导对我的信任、勉励和支持；离不开匡亚明、夏书章、吴泽等老前辈在我研究道路的关键时刻，对我的学术成果充分肯定和激励；离不开本校华东师大张婉如、袁运开等老领导和吴铎、江铭、金一鸣、刘君德等教授关心和帮助；离不开成人教育学界的挚友和同行们在我研究过程中始终如一的帮助和支持；离不开我的助手、学生的全力协助和配合；离不开家人的鼎力支持和帮助，在此一并表示最诚挚的谢意！

成绩只说明过去，探索开拓永无止境。尽管我已 80 周岁，已步入高龄老年之列，但是只要我健康允许，我仍愿继续为中国终身教育学学科建设和成人继续教育事业贡献一点微薄的力量。生命不息，学习思考不止。再次十分感谢大家！

主要参考文献

[1]叶忠海.现代成人教育学原理[M].北京:中国人民大学出版社,2015.
[2]叶忠海.现代成人教育学研究[M].上海:同济大学出版社,2013.
[3]叶忠海.职工教育心理学概论[M].北京:工人出版社,1987.
[4]叶忠海,等.成人高等教育学[M].沈阳:辽宁教育出版社,1989.
[5]中华人民共和国国家标准成人教育培训服务术语[M].北京:中国标准出版社,2012.
[6]叶忠海.面向21世纪中国成人教育发展模式研究[M].北京:高等教育出版社,2002.
[7]叶忠海:自学学概说[M].南京:江苏科技出版社,1988.
[8]金一鸣,叶忠海.自学考试通论[M].北京:中国广播出版社,1992.
[9]叶忠海.社区教育学基础[M].上海:上海大学出版社,2000.
[10]叶忠海.21世纪初中国社区教育发展研究[M].青岛:海洋大学出版社,2006.
[11]中华人民共和国国家标准社区服务指南第3部分:文化、教育、体育服务:GB/T 20647.3—2006[M].北京:中国标准出版社,2007.
[12]叶忠海.创建学习型城市的理论与实践[M].上海:上海三联书店,2005.
[13]叶忠海.学习型社会建设研究与探索[M].上海:同济大学出版社,2013.
[14]叶忠海.老年教育学通论[M].上海:同济大学出版社,2015.
[15]叶忠海.中国当代老年教育发展研究[M].上海:华东师范大学出版社,2019.

叶忠海学术生涯大事记（成人学习与教育部分）

1957 年 9 月进入华东师范大学地理系学习。

1961 年 7 月华东师范大学地理系毕业，留校任教。

1981 年 3—9 月调任华东师范大学业余教育处工作，开始成人教育研究。参与建立中国高校首个成人高等教育研究室，创刊《成人高等教育研究》。

1983 年 8 月《试论自学的特点、规律和原则》一文发表于《成人高等教育研究》1983 年第 4 期。

1984 年 5 月《继续教育与发展科技人才》一文发表于中国权威教育期刊《教育研究》1984 年第 5 期。

1984 年 11 月参加中国继续工程教育协会成立大会，被推荐为该协会首届学术委员会委员。

1984 年 12 月与人合作的《论管理在高校函授教育中的地位、作用及手段》一文入选《上海国际成人教育研讨会论文集》。

1985 年 1 月作为主编主笔完成的《成人高等教育学概论》一书，作为全国高等教育自学考试教育管理专业用书。

1987 年 5 月、10 月接受国家经委教育局的聘请，为全国经济管理学院正副院长讲授成人高等教育学和成人学习心理学。

1987 年 7 月经华东师范大学教师职务评审委员会评审通过，叶忠海被确认具备副研究员任职资格。

1987 年 10 月作为主编主笔完成的中国首部职工教育心理学著作《职工教育心理学概论》出版，作为全国职工教育工作者的培训用书。

1989 年 4 月由叶忠海主编的全国首套《世界成人教育译丛》由中国劳动出版社先后出版。

1989 年 5 月参加“世界第四届继续工程教育大会”，《论继续工程教育对象的学习心理意向》一文入选该会论文集。作为中方论文评审委员会委员，评审中方提交论文。

1989 年 11 月由叶忠海执笔完成的《关于中国成人高等教育管理人员队伍现状分析及其培训研究报告》通过国家教委验收。

1990 年 12 月接受国家教委成人教育司的委托，华东师范大学与上海第二教育学院联合举办“国务院各部委成人教育处长资格性岗位培训试点班”，叶忠海任教学负责人和主讲教员。

1991 年 6 月荣获华东师范大学颁发的“华东师范大学先进科研工作称号”奖状，以表彰叶忠海在科研工作中成绩显著。

1992 年 10 月经华东师范大学教师职务评审委员会评审通过，叶忠海被确认具备教授任职资格。

1992 年 12 月叶忠海作为第二主编并主笔的《自学考试通论》一书出版。

1993 年 10 月叶忠海获得国务院颁发的政府特殊津贴证书，享受国务院特殊津贴，以表彰叶忠海为发展我国高等教育事业所做出的突出贡献。

1993 年 11 月国务院学位委员会正式批准，由叶忠海作为学科带头人创建的中国大陆首个成人教育专业研究生教育学点——华东师范大学成人教育学专业研究生教育学位点。

1994 年叶忠海入选英国剑桥国际传记中心的《世界学者名人大辞典》，分别成为该中心和美国国际传记研究所的荣誉咨询委员和顾问委员。

1995 年 4 月中国成人教育协会成人高等教育理论研究会成立，叶忠海被选为副理事长兼秘书长。

1995 年 5 月叶忠海被中国武汉华中师范大学聘为兼职教授。

1996 年 2 月由叶忠海任课题组长的国家教育部项目研究成果的《新时期中国成人高等学校师资队伍建设》一书出版。

1996 年 4 月应美国马歇尔大学的邀请赴美考察“高校与企业合作开发企业人力资源”。

1996 年 7 月叶忠海作为上海市成人教育研究所长，创建中国省级社区教育研究机构——上海市社区教育研究中心，并任中心主任。

1996 年 12 月接受国家教委成人教育司的委托，华东师范大学举办首期全国普通高校成人教育学院院处长资格性岗位培训班，叶忠海为教学负责人和主讲教员。

1997 年 6 月参加中国大陆成人教育参访团，参访中国台湾地区成人教育。

1997 年 9 月、12 月分别被中国河南大学、中国人民大学聘为兼职教授。

1997 年 12 月叶忠海总主编的中国首套《成人教育理论丛书》（5 部）出版。其中，叶忠海著《大学后继续教育论》、叶忠海等著《成人教育学通论》。

1998 年 5 月、8 月《跨世纪人才素质和成人高教改革》一文刊于台湾中正大学《成人教育学刊》;《上海社区教育发展的历程和趋势》一文发表于［日］《东亚社会教育研究》。

1998 年 9 月由叶忠海举办并主持“中国海峡两岸首届社区教育研讨会”，并做了主旨学术报告。

1998 年 11 月被河南师范大学聘为该校兼职教授。

1998 年 12 月叶忠海荣获上海市教育委员会所颁发的“上海市第四届教育科研工作先进个人证书”。

1999 年 7 月接受国家教育部之邀请，参加教育部首次召开的“开展社区教育实验工作座谈会”，并在会上就“社区教育的若干基本问题”作了学术发言。

1999 年 8 月叶忠海在第五届中国成人教育协会成人高教理论研究会上，被选为第二届理事会理事长。

1999 年 10 月执笔完成国家哲学社会科学研究重点项目“面向 21 世纪中国成人教育发展模式研究”。

2000 年 4 月上海市成人教育协会推进学习化社区工作委员会成立，叶忠海作为该协会副会长兼任该委员会主任。

2000 年 6 月叶忠海专著的中国首部社区教育著作《社区教育学基础》，以及由其主编的中国首套《社区教育理论丛书》出版。

2001 年 8 月接受澳门大学的邀请，赴澳门给当地成人教育工作者讲授“成人教育概论”。

2001 年 11 月接受澳门特别行政区教育部门的邀请，赴澳门参加成人教育研讨会，在会上作主旨报告。

2002 年 5 月作为特邀代表参加由香港大学举办的“第二届亚太地区终身学习和继续教育研讨会”，叶忠海在会上作了关于“中国推进社区教育的现状和趋势”的学术报告。

2002 年 7 月率领上海市成人教育代表团参访日本社会教育，开展中日两国社区教育比较研究。

2002 年 8 月接受国家教育部的邀请，参加教育部社区教育专家组成立会议，叶忠海被聘为专家组成员。

2002 年 9 月叶忠海作为课题组长启动国家哲学社会科学项目“21 世纪初中国社区教育发展研究”，带动全国社区教育发展研究。

2003 年 1 月被青岛科技大学聘为该校兼职教授。

2003 年 4 月接受国家教育部的委托，完成《全国社区教育示范区评价标准》文件的起草，报国家教育部，后经教育部批准，作为全国评选社区教育示范区的依据。

2003 年 11 月作为特邀专家参加国家教育部与澳大利亚教育部联合举办的“中澳职业与成人教育论坛”，叶忠海做了题为《全球化背景下中国企业人力资源开发》的学术报告。

2004 年 5 月经叶忠海策划组织，在河南大学召开了“首届全国成人教育学专业研究生培养工作交流研讨会”，形成了研究生培养工作交流合作的长效机制。

2004 年 8 月率领上海市终身教育研究会代表团，赴芬兰、瑞典、挪威、丹麦等北欧四国考察成人教育与社区教育，与瑞典成人教育委员会建立了相互交流合作机制。

2004 年 11 月作为专家组长为上海市闸北区人民政府策划组织举办“创建学习型社区国际论坛”，并做了“中国推进学习型社区建设的现状、特点和展望”的学术报告。

2005 年 1 月、4 月、9 月由叶忠海主编的《21 世纪初中国社区教育发展研究丛书》(4 部)，先后出版。

2005 年 4 月叶忠海著作的《创建学习型城市的理论与实践》一书出版。

2005 年 9 月再次率领上海市终身教育研究会代表团专业考察瑞典斯德哥尔摩地区的终身学习和社区教育。

2005 年 11 月接受国家标准化研究院的委托，参与完成《中华人民共和国国家标准社区服务指南第 3 部分：文化、教育、体育服务》（GB/T 13745—2006）的起草工作。

2006 年 10 月接受上海市终身教育研究会的委托，承办“中国瑞典社区终身学习论坛”，叶忠海并做了学术报告。

2007 年 10 月叶忠海总主编的《中国成人教育研究进展报告（2000—2005）》一书出版。

2007 年 12 月叶忠海被中国成人教育协会第四届常务理事会推选为学术委员会主任。

2008 年 12 月接受华东师范大学学位办的聘请，作为答辩委员会主席主持博士学位论文的答辩评审。

2009 年 8 月叶忠海、朱涛两人合著《社区教育学》一书出版，作为全国社区教育工作者培训用书。

2009 年 11 月率团赴日本韩国专业考察社区教育与终身学习，在参访期间先后作了“中国学习型社会建设”和“中国社区教育”的学术报告。

2010 年 5 月接受中国西南大学学位委员会的邀请，作为答辩委员会主席主持博士学位论文答辩评审。

2010 年 7 月被上海市政府聘请为上海市教育决策咨询委员。

2010 年 8 月作为第一完成人完成《中华人民共和国国家标准成人教育培训服务术语》（GB/T 28913—2010）。

2010 年 11 月由叶忠海主笔和统稿的国家教育部重点项目研究成果《学习型社会建设研究》一书出版。

2010 年 11 月由叶忠海提出并具体承办的“学习型社会建设国际研讨会暨中、日、韩首届终身学习论坛”在上海外国语大学召开。

2011 年 11 月《叶忠海学习与教育文选》（共 8 卷）出版。这是中国成人教育学界首次以学者个人出的文选。

2011 年 12 月叶忠海受中国成人教育协会表彰，获“全国成人教育贡献奖”。

2012 年 1 月接受教育部的委托，承担修改《社区教育工作者岗位规范（试行）》的任务。

2012 年 11—12 月接受国家教育部的委托，去北京顺义区、哈尔滨市南岗区督查社区教育。

2013 年 1 月由叶忠海著的《学习型社会建设研究与探索》一书出版。

2013 年 7 月作为咨询专家参加全国学习型城市建设联盟成立大会。

2013 年 8 月参与修订国家教育部、中国联合国教科文全委会提交给“国际首届学习型城市建设大会”的文件《中国学习型城市建设发展报告》。

2013 年 10 月参加“国际首届学习型城市建设大会”，在大会互动讨论中阐明学习型城市的概念、特征等基本问题。

2013 年 12 月接受国家教育部的委托，作为专家去沈阳市沈河区、山西晋中市考察社区教育。

2014 年 1 月由叶忠海参与编写的《成人教育培训服务三项国家标准培训读本》出版。

2014 年 5 月叶忠海总主编的，从学科建设视角中国首套《老年教育理论丛书》（6 部）出版，其中包括叶忠海主编主笔的《老年教育学通论》。由此，启动了中国老年教育学学科建设。

2014 年 9 月叶忠海受国家教育部之邀，参加全国老年教育发展规划编制工作会议，在会上作了“老年教育若干基本问题”的学术发言，并作为起草组首席专家具体承担规划起草工作。

2015 年 4 月叶忠海主编主笔的《现代成人教育学原理》一书出版。

2015 年 8 月受中国成人教育协会的委托，对联合国教科文《关于发展成人学习和教育的建议书》提出修改意见。

2016 年 1 月叶忠海与人合写的《社会学习指数研究与探索》一文发表，在中国首次提出“社会学习指数”的概念并进行探索。

2016 年 3 月接受国家教育部的聘请，作为遴选专家为教育部遴选全国社区教育示范区、实验区。

2017 年 10 月叶忠海撰写的《国际老年教育特点、模式和未来取向》一文发表，并由中国社会科学网全文上线发表。

2018 年 9 月完成《中国当代老年教育发展研究总报告》，并于 2019 年 4 月出版。

2018 年 12 月为纪念中国成人教育协会成立 40 周年，撰写发表《中国成人继续教育研究 40 年：成就、特色和展望》一文。

2019 年 4 月，叶忠海主编并主笔的《中国当代老年教育发展研究》一书出版。

2019 年 5 月叶忠海被中国老年大学协会聘为中国老年大学协会国际老年教育研究中心的高级学术顾问。被邀参加国际第三年龄大学协会在中国武汉举办的“一带一路与老年教育”论坛。

2019 年 10 月由中国成人教育协会成人高等教育研究会与浙江工业大学等

单位在杭州联合举办“叶忠海成人学习与教育学术思想研讨会”，叶忠海在会上作了“我的学术生涯与学术思想——成人学习与教育领域”的主旨报告。

2020 年 4 月叶忠海撰写的《信息化、智能化背景下老年大学改革的战略思考》一文发表。

2020 年 8 月叶忠海撰写的《中国社区教育实验工作 20 年：成就、特色和展望》一文发表。

2020 年 12 月叶忠海牵头所著的中国首部终身教育学学术著作《终身教育学通论》一书出版。

叶忠海公开出版的学习和教育著作目录

[1]《职工教育心理学概论》(主编并主笔),工人出版社 1987 年 10 月出版。

[2]《自学学概说》(主编并主笔),江苏科技出版社 1988 年 6 月出版。

[3]《成人高等教育学》(主编并主笔),辽宁教育出版社 1989 年 1 月出版。

[4]《自学考试通论》(第二主编并主笔),中国广播出版社 1992 年 12 月出版。

[5]《连续教育的理论基础》(译著,三人合译),中国劳动出版社 1992 年 12 月出版。

[6]《职工教育心理学教程》(主编并主笔),职工教育出版社 1993 年 9 月出版。

[7]《中国成人高等学校师资队伍建设》(主编并主笔),华东师范大学出版社 1996 年 3 月出版。

[8]《大学后继续教育论》(独著),上海科技教育出版社 1997 年 12 月出版。

[9]《成人教育学通论》(第一作者),上海科技教育出版社 1997 年 12 月出版。

[10]《社区教育学基础》(独著),上海大学出版社 2000 年 6 月出版。

[11]《面向 21 世纪中国成人教育发展模式研究》(主编),高等教育出版社 2002 年 1 月出版。

[12]《面向 21 世纪中国成人教育发展研究》(第一副主编并主笔),高等教育出版社 2002 年 1 月出版。

[13]《21 世纪初中国社区教育发展研究丛书(1)》(主编),四川出版集团巴蜀书社 2004 年 7 月出版。

[14]《21 世纪初中国社区教育发展研究丛书(2)》(主编),四川出版集团巴蜀书社 2005 年 1 月出版。

[15]《21 世纪初中国社区教育发展研究丛书(3)》(主编),四川出版集团巴蜀书社 2005 年 4 月出版。

[16]《21 世纪初中国社区教育发展研究丛书（4）》（主编），四川出版集团巴蜀书社 2005 年 9 月出版。

[17]《创建学习型城市理论和实践》（独著），上海三联书店 2005 年 4 月出版。

[18]《21 世纪初中国社区教育发展研究》（独著），中国海洋大学出版社 2006 年 11 月出版。

[19]《中国成人教育研究进展报告（2000—2005）》（主编），中国海洋大学出版社 2007 年 10 月出版。

[20]《终身学习研究》（主编），高等教育出版社 2007 年 12 月出版。

[21]《中国成人教育改革和发展三十年》（第三主编并主笔），高等教育出版社 2008 年 11 月出版。

[22]《上海社区教育研究文选（2002—2007）》（主编），上海教育音像出版社 2008 年 10 月出版。

[23]《社区教育学》（第一作者、两人合著），高等教育出版社 2009 年 8 月出版。

[24]《叶忠海学习与教育文选》（共 8 卷），同济大学出版社 2011 年 11 月出版。

[25]《现代成人教育学研究》/《叶忠海学习与教育文选》之三，同济大学出版社 2011 年 11 月出版。

[26]《成人教育发展战略研究》/《叶忠海学习与教育文选》之六，同济大学出版社 2011 年 11 月出版。

[27]《学习型社会建设研究与探索》（独著）/《叶忠海学习与教育文选》之九，同济大学出版社 2013 年 1 月出版。

[28]《老年教育学通论》（主编并主笔），同济大学出版社 2014 年 5 月出版。

[29]《现代成人教育学原理》（主编并主笔），中国人民大学出版社 2015 年 3 月出版。

[30]《学习型街镇建设案例集》（主编），高等教育出版社 2015 年 9 月出版。

[31]《中国当代老年教育发展研究》（主编并主笔），华东师范大学出版社 2019 年 4 月出版。

[32]《终身教育学通论》（主编并主笔），上海学林出版社 2020 年 12 月出版。

叶忠海公开发表的学习和教育论文目录（部分）

[1]《高校必须加强“通才”教育》，《解放日报》1980 年 7 月 14 日。

[2]《大学生“智能结构”的研究和培养》（合著，第一作者），《教育研究》1981 年第 1 期，后《中国青年报》等报刊转载。

[3]《党的教育方针与我国现代成人教育——从我国现代成人教育史看党的教育方针产生的基础》（合著，第二作者），《成人高等教育研究》1982 年第 1 期。

[4]《成人身心特点和成人教育基本原则》，《成人高等教育研究》1983 年第 1 期。

[5]《试论自学的特点、规律和原则》，《成人高等教育研究》1983 年第 4 期，后《河北成人教育》等刊物转载。

[6]《论教育与人才培养》，刊于《人才学概论》，湖南人民出版社 1983 年 11 月出版。

[7]《继续教育和发展科技人才》，《教育研究》1984 年第 5 期。

[8]《论管理在高校函授教育中的地位、作用及手段》，《成人高等教育研究》1984 年第 6 期；后入选《上海国际成人教育研讨会论文集》，上海教育出版社 1985 年 5 月出版。

[9]《论高等函授教育面授的基本特点》，《高师函授》1985 年第 1 期。

[10]《成人学习活动的心理特征》，《江苏高教》1985 年第 3 期。

[11]《成人高校德育的基本原则》，《职业教育研究》1985 年第 4 期。

[12]《“三个面向”是人才教育的战略方针》，《人才研究与交流》1985 年第 5 期。

[13]《成人高校师资队伍的构成、特点和建设》，《高师函授》1985 年第 5 期。

[14]《试论成人高校管理人员的专业化》,《成人高等教育研究》1985 年增刊。
[15]《试论函授教学环节的最优化》,《成人教育》1985 年 12 月。
[16]《论人的全面发展学说与人才教育》,《人才研究与交流》1986 年第 1 期。
[17]《简论成人教育教学的基本规律》,《人才天地》1986 年第 2 期。
[18]《培养人才要从“育种”开始——开拓“胎教”新领域》,《成才》1986 年第 5 期。
[19]《人才成长理论是人才教育的理论基础》,《人才教育学》1986 年 9 月版。
[20]《女性人才教育培养研究》,刊于《女性人才学概论》,北方妇女儿童出版社 1987 年 11 月出版。
[21]《把我国成人教育研究提高到新的水平》,华中师范大学《高校成人教育研究》1988 年第 2 期。
[22]《试论中国成人高等教育发展趋势》,华中师范大学《高校成人教育研究》1989 年第 2 期。
[23]《论师范大学培训在职教师的改革方向》,入选《联合国教科文亚太地区:中国高等师范教育改革学术讨论会论文选》,华东师范大学出版社 1989 年 4 月出版。
[24]《论继续工程教育对象的学习心理意向》,入选《世界第四届继续工程教育大会论文集》,其外文版由中国科学出版社 1989 年 5 月出版。
[25]《育人和用人一体化的理论和实践》,《高校成人教育研究》1993 年第 5 期。
[26]《论职前的各级教育培训》,刊于《第一资源论》,上海三联书店 1993 年 10 月出版。
[27]《论职后的各类人力教育培训》,刊于《第一资源论》,上海三联书店 1993 年 10 月出版。
[28]《评成人教育立法的“替代论”》(上、下),《成人高等教育研究》1995 年第 4、5 期。
[29]《成人高校发展趋势与师资队伍建设》,《上海高教研究》1996 年第 2 期。
[30]《成人教育和职业教育关系研究》,《教育研究》1996 年第 2 期。
[31]《上海在职培训发展战略和对策研究(1996—2010)》,《成人高等教育研究》1996 年第 3 期。
[32]《人才资源优化的教育策略研究》,刊于《人才资源优化策略》,上海人民

出版社 1996 年 9 月出版；上海三联书店 2002 年 10 月出版。
[33]《单元式成人教育管理干部资格性岗位培训的理论和实践》，《西南师范大学学报（哲社版）》1996 年第 5 期。
[34]《构筑面向 21 世纪上海公民素质教育工程》，《上海高教研究》1997 年第 1 期。
[35]《高度重视成人教学论的研究》，《成人高等教育研究》1997 年第 4 期。
[36]《现代企业制度下企业教育的若干基本问题研究》，《教育研究》1998 年第 3 期；后《现代企业教育》等刊物转载。
[37]《跨世纪人才素质和成人高等教育改革创新》，台湾中正大学《成人教育学刊》1998 年 5 月号。
[38]《上海社区教育发展的历程和趋势》，[日]《东亚社会教育研究》1998 年 8 月。
[39]《高举邓小平创新和发展旗帜，开创人才教育的新局面》，《成人高等教育研究》1998 年第 6 期，并刊于《辉煌的历程，科学的理论》，华东师范大学出版社 1998 年 11 月出版。
[40]《学校和社区的沟通——上海城市社区教育研究》，《教育发展研究》1999 年第 3 期。
[41]《中国成人教育创新和发展的若干基本问题的探讨》，《成人高等教育研究》1999 年第 4 期；并入选《我的教育观（成人教育卷）》，广东教育出版社 1999 年出版。
[42]《上海市构建终身教育体系的若干基本问题研究》，刊于《终身教育理论与实践》，中国纺织大学出版社 2000 年 1 月出版。
[43]《试论学习化社会的基础——学习化社区》，《教育发展研究》2000 年第 5 期。
[44]《以邓小平创新的育人目标强我民族素质》，入选国家教育部《全国高校第三届邓小平教育理论研讨会论文集》，华东师范大学出版社 2000 年 6 月出版；刊于《成人高等教育研究》2000 年第 2 期。
[45]《论社区成人教育的教学理论模型及应用研究》，入选台湾《海峡两岸社区教育研讨会论文选》2002 年 1 月。
[46]《在构建终身教育体系中大力发展成人教育》，《湖南师范大学教育科学学报》2002 年 3 月创刊号；中国人民大学书报资料中心《成人教育学刊》

2002 年第 6 期转载。

[47]《中国推进社区教育的现状和趋势》，入选《第二届亚太地区终身学习和继续教育研讨会论文集》（2002 年 5 月），并刊于［日］《东亚社会教育研究》2002 年 8 月，以及中国澳门《终身学习》第 2 期（2002 年 11 月）。

[48]《加入 WTO 背景下中国人才资源培训开发的战略思考》，《中国人才》2003 年第 4 期。

[49]《学习型城市若干基本理论的研究》，《湖南师范大学教育科学学报》2003 年第 5 期。

[50]《创建学习型城市的具体途径》，《上海教育》2003 年 6 月。

[51]《论学习化社区创建的若干基本问题》，《成人教育》2004 年第 1 期；并转载《中国社区教育》2004 年第 3 期。

[52]《中国推进社区教育的基本特点和发展趋势》，《中国社区教育》2004 年第 1 期。

[53]《经济全球化与中国高等职业培训改革创新》，《成人高等教育》2004 年第 2 期。

[54]《学习型城市形成的动力、基础和标志研究》，《湖南师范大学教育科学学报》2004 年第 4 期。

[55]《上海市创建学习型城市的目标、特色和重点》，《教育发展研究》2005 年第 7 期。

[56]《21 世纪初中国社区教育发展的目标、重点和特色》，《中国社区教育》2006 年第 3 期；并转载［日］《东亚社会教育研究》2008 年 8 月号。

[57]《论构建继续教育体系的理论基础和构架》，《成人高等教育》2007 年第 1 期。

[58]《建设创新型国家背景下，中国继续教育发展的战略思考》，华中师范大学《高等函授学报》2007 年第 3 期。

[59]《强化“以人为本”理念，指导学习型社会建设》，《现代成人教育》2007 年第 7 期；并刊于《终身教育与学习》2009 年 3 月。

[60]《以和谐文化引领成人高校教育改革》，湖北大学《成人教育学院学报》2008 年第 1 期。

[61]《现代成人教育研究：历程和进展特点——为我国改革开放三十周年而作》，《湖南师范大学教育科学学报》2008 年第 6 期。

[62]《当前推进学习型城市建设若干基本问题的思考》，河北大学《成人教育学院学报》2009 年第 2 期。

[63]《推进社区数字化学习若干问题的初步思考》，《中国社区教育》2009 年第 3 期。

[64]《社会变革期学习型城区建设模式改革创新》，刊于《长宁区学习型城区建设理论和实践探索》，上海科技文献出版社 2009 年 3 月出版。

[65]《借鉴现代公民社会理论，推进学习型社会建设》，《广州城市职业学院学报》2010 年第 4 期。

[66]《人才培养开发机制创新的若干基本问题》，《人事天地》2010 年 11 号。

[67]《推进长江三角洲地区社区教育深入发展的几点思考》，《上海社区教育》2010 年第 6 期。

[68]《在深刻的教育变革中培养创新型人才》，《终身教育与学习》2010 年 11 月 A 版。

[69]《社区教育深入发展中的若干问题》，《广州城市职业学院学报》2011 年第 1 期。

[70]《中国建设学习型社会的基本战略和空间格局》，《终身教育》2011 年第 1 期。

[71]《从政治社会学视角看学习型社会建设》，《江苏广播电视大学学报》2011 年 6 月。

[72]《学习共同体生成的若干基本问题》，《当代继续教育》2013 年第 1 期。

[73]《区域终生学习共同体生成的若干基本问题探讨》，《湖南师范大学教育科学学报》2013 年第 3 期。

[74]《中国干部教育培训 30 年：历程、特点和展望》，《职教论坛》2013 年第 1 期。中国人民大学复印报刊资料《成人教育学刊》2013 年第 3 期全文转载。

[75]《学习型城市评价指标体系框架的探讨》，《高等继续教育学报》2013 年 5 月。中国人民大学复印报刊资料《成人教育学刊》2013 年第 10 期全文转载。

[76]《老年教育若干基本理论问题》，《现代远程教育研究》2013 年 6 月。

[77]《中国学习型城市建设 10 年：历程、特点和规律性》，《开放教育研究》2013 年第 8 期。中国人民大学复印报刊资料《成人教育学刊》2013 年第

11 期全文转载。
[78]《广州市学习型城市建设特色和创新研究》，《当代继续教育》2014 年第 3 期。
[79]《进一步解放和增强社会活力，深化学习型城市建设》，《高等继续教育学报》2014 年第 3 期。
[80]《新型城镇化与社区教育发展研究》，《开放教育研究》2014 期第 4 期。中国人民大学复印报刊资料《成人教育学刊》2015 年第 1 期全文转载。
[81]《全面深化改革背景下社区教育改革和发展》，《江苏开放大学学报》2015 年第 3 期。
[82]《应用型人才培养与高等继续教育改革》，《职教论坛》2015 年 8 月，中国人民大学复印报刊资料《成人教育学刊》2016 年第 1 期全文转载。
[83]《社会学习指数研究与探索》，《高等继续教育学报》2016 年第 1 期。中国人民大学复印报刊资料《成人教育学刊》2016 年第 8 期全文转载。
[84]《构建终身教育学框架的若干基本问题》，《江苏开放大学学报》2016 年第 1 期。中国人民大学复印报刊资料《成人教育学刊》2016 年第 10 期全文转载，并由中国社会科学网全文发表。
[85]《在老龄事业发展大局中发展老年教育的思路和对策》，《当代继续教育》2016 年第 1 期。
[86]《以五大发展新理念引领，深化学习型城市建设》，《职教论坛》2016 年 2 月。
[87]《深化学习型城市建设做目标、路径和对策》，《职教论坛》2016 年 12 月。
[88]《中国老年教育发展的若干基本问题》，《当代继续教育》2017 年第 5 期。中国人民大学复印报刊资料《成人教育学刊》2018 年第 4 期全文转载，并由中国社会科学网全文发表。
[89]《国际老年教育特点、模式和未来取向》，《河北师范大学学报（教育科学版）》2017 年 10 月。中国人民大学复印报刊资料《成人教育学刊》2018 年第 3 期全文转载，并由中国社会科学网全文发表。
[90]《以文化自信精神动力，加快推进终身教育学科建设》，《终身教育研究》2017 年第 6 期。
[91]《社区学习团队是学习型社会基石》，《职教论坛》2018 年 1 月。
[92]《提升社区数字化学习服务体系建设效益的研究》（合著，第二作者），

《教育发展研究》2018 年 5 月。
[93]《中国老年教育 40 年：成就、特点和规律性》（合著，第一作者），《当代继续教育》2018 年第 6 期。
[94]《成人继续教育研究 40 年：成就、特色和展望》，中国成人教育协会网 2018 年 12 月发表。
[95]《提升自主创新能力与高等继续教育改革》，《河北师范大学学报（教育科学版）》2018 年第 6 期。
[96]《新时代中国老年教育发展的战略思考》，《教育界》2019 年第 1 期“老年教育研究”专辑。
[97]《老年教育发展指数的探索》，刊于《中国当代老年教育发展研究》，华东师范大学出版社 2019 年 4 月出版。
[98]《信息化智能化背景下老年大学改革和发展的战略思考》，《当代继续教育》2020 年第 2 期。中国人民大学复印报刊资料《成人教育学刊》2020 年第 10 期全文转载。
[99]《老年人力资源开发的若干基本问题》，《职教论坛》2020 年 5 月。
[100]《社区教育实验工作 20 年：成就、特色和展望》，《河北师范大学学报（教育科学版）》2020 年第 4 期。
[101]《终身教育动态运行的研究》，《终身教育研究》2020 年第 4 期。中国人民大学复印报刊资料《成人教育学刊》2020 年第 12 期全文转载。
[102]《文化自信：加快推进老年教育学科建设》，刊于《老年教育学术探究》，江苏人民出版社 2020 年 7 月出版。

叶忠海公开发表的学习和教育系列短文目录（部分）

一、上海科技报“学习型社会专栏”开设的“叶教授论坛”发表的系列短文

[1]《国际社会提出“学习社会”的历史背景》，2006 年

[2]《学习社会的内涵和基本特征》，2006 年

[3]《学习社会形成的主要基础》，2006 年

[4]《学习社会形成的动力因素》，2006 年

[5]《学习型城市形成的基本标志》，2006 年

[6]《国外创建学习城市的历程》，2006 年

[7]《国外创建学习城市的理念和举措》，2006 年

[8]《“以人为本”——建设学习社会之根本》，2006 年

[9]《和谐——学习社会建设的潜动力》，2006 年

[10]《创新——学习型社会建设的灵魂》，2006 年

[11]《社区教育信息化——学习型社区建设的重要条件》，2006 年

[12]《学习型组织——学习型社会建设的基石》，2006 年

[13]《组织学习——创建学习型组织的关键》，2006 年

[14]《学习型家庭——学习型社会的“细胞”》，2007 年

[15]《学习型企业——学习型社会的要件》，2007 年

[16]《学习型机关——学习型社会的“首脑”》，2007 年

[17]《学习型社区——学习型社会的基础》，2007 年
[18]《加快终身教育法规的制定》（上），2007 年
[19]《加快终身教育法规的制定》（下），2007 年
[20]《要大力发展终身教育主体——成人教育》，2007 年
[21]《推进“回归教育”的发展》，2007 年
[22]《积极推进“学社融合”》，2007 年
[23]《推进高中后各类教育的沟通》，2007 年
[24]《大力加强社区学院（校）能力建设》，2007 年
[25]《以和谐文化引领社区教育发展》，2007 年
[26]《学习型社区建设需“内动力开发机制”》，2007 年
[27]《社区民众——社区教育评价主体》，2008 年
[28]《学习型城市建设呼唤“多力合一”模式》，2008 年
[29]《社教工作者职业化专业化刻不容缓》，2008 年
[30]《完善创建学习型社会管理体系》，2008 年
[31]《要高度重视新学习文化的培育》，2008 年
[32]《全球化视野下社区教育的育人目标》，2008 年
[33]《应重视社区教育资源充分开发》，2008 年
[34]《社区教育的生命观》，2008 年
[35]《特色性——社区教育基本属性》，2008 年
[36]《大都市中心城区社区教育的特色》，2008 年
[37]《经济发达地区农村社区教育的特色》，2008 年
[38]《社区成人教育重“教”也需重“心”》，2008 年
[39]《课程设计和研发是社区教育课程建设的龙头》，2008 年
[40]《非规范性社区教育课程设计和研发》，2009 年
[41]《学习型社会的价值取向》，2009 年
[42]《金融危机是社区教育发展的难得契机》，2009 年
[43]《弱势人群——社区教育关怀的重点》，2009 年
[44]《学习型社会建设要抓关键性要素》，2009 年
[45]《要克服终身教育体系建设的误区》，2009 年
[46]《推进社区数字化学习是个复杂的社会课题》，2009 年
[47]《推进社区数字化学习应把握的问题》，2009 年

[48]《学习型社会成长离不开知识社会的发育》，2009 年
[49]《“规划纲要”不能只字不提“成人教育”》，2009 年
[50]《社区老年人教育的教学原则》，2009 年
[51]《社区教育本质的探讨》，2009 年
[52]《社会资本：建设学习型社区的新视角》，2009 年
[53]《应注重社区教育课程内涵式建设》，2009 年
[54]《解读国家标准：社区教育专职人员的基本要求》，2009 年
[55]《解读国家标准：社区学院》，2010 年
[56]《解读国家标准：社区教育服务满意度》，2010 年
[57]《解读国家标准：社区教育评价一般指标》，2010 年
[58]《在服务世博中推进学习型社会建设（上）》，2010 年
[59]《在服务世博中推进学习型社会建设（下）》，2010 年
[60]《社区教育实验应掌握的基本要点》，2010 年
[61]《以城带乡，推进学习型社会建设》，2010 年
[62]《终身学习文化营造的结构性思考》，2010 年
[63]《加快社会学习资源建设的步伐》，2010 年
[64]《学习型社会建设的生态观》，2010 年
[65]《“学分银行”功能体系和建设策略》，2010 年
[66]《解读〈社区教育示范区评估标准（试行）〉》，2010 年
[67]《从“国富”到“民富”的战略转变中看社区教育使命》，2010 年
[68]《长江三角洲地区社区教育发展特色》，2010 年
[69]《老年教育：学习型社会成熟度的标志》，2011 年
[70]《〈条例〉出台重在落实》，2011 年

二、叶忠海在《终身教育与学习》期刊发表的系列短文

[1]《学习型社会建设历史价值的若干思考》，2010 年
[2]《学习型社会建设要强化过程意识》，2010 年
[3]《现代公民社会理论对学习型社会建设的借鉴》，2010 年
[4]《学习型社会建设的系统观》，2010 年
[5]《学习型社会建设的中国特色》，2010 年

[6]《在深刻的教育变革中培养创新型人才》，2010 年
[7]《一部充分体现大教育观的地方教育法规——读〈上海市终身教育促进条例〉》，2011 年
[8]《志愿者：学习型社会建设的活力象征》，2011 年
[9]《激发社会活力：学习型社会建设的关键》，2011 年
[10]《拓宽基本公共教育服务的视域》，2011 年
[11]《自学：学习型社会最基本元素》，2011 年
[12]《民众参与：学习型社会建设的天职》，2011 年
[13]《学习型社会建设重在培育社会性》，2012 年
[14]《社区教育发展重在充分发挥社区民众主体性》，2012 年
[15]《社会学习指数：学习型社会建设量化的核心问题》，2012 年
[16]《学习型社会建设科学化不能忽视量化分析》，2012 年
[17]《学习型社会建设中提升社区居民康乐指数》，2012 年
[18]《夯实学习型社会建设的组织基石》，2012 年
[19]《培育公民文化是学习型社会建设的要务》，2012 年
[20]《坚持以人为本核心立场，指导学习型社会建设》，2013 年
[21]《构建学习型城市评价指标体系应把握的问题》，2013 年
[22]《认识和遵循规律，建设学习型城市》，2013 年
[23]《中国梦：学习型城市建设之魂》，2013 年
[24]《MOOCs：加速学习型城市建设的动力》，2013 年
[25]《解放和增强社会活力，深化学习型社会建设》，2014 年
[26]《新型城镇化是社区教育发展的强劲动力》，2014 年
[27]《社会组织：学习型社会建设的重要力量》，2014 年
[28]《两“手”协同，推进学习型社会建设》，2014 年
[29]《〈意见〉有力推进我国学习型城市》，2014 年
[30]《建立和完善“五位一体”老年教育新模式》，2014 年

三、在其他报刊和媒体上发表的短文

[1]《我国学习型城市建设里程碑——读〈教育部等七部门推进学习型城市建设的意见〉》，2014 年

[2]《〈推进意见〉指引我国学习型城市建设——读〈教育部等七部门推进学习型城市建设的意见〉》，2014 年
[3]《一部关系我国社会发展全局的规划——读〈全国老年教育规划〉》，2016 年
[4]《一部充分体现以人为本理念的社区教育文件——读〈教育部等几部关于进一步推进社区教育发展的意见〉》，2016 年
[5]《不断开拓创新的全国社区教育示范区——贺上海市普陀区社区教育 30 周年》，2016 年
[6]《创新发展模式，着力扩大老年教育供给》，2017 年
[7]《重在抓好“两性”和“两化”，开拓和深化社区教育》，2017 年
[8]《学习型社会建设应定位在国家教育战略目标的位置上》，2017 年
[9]《疫情危机是家庭教育发展的难得契机》，2020 年

叶忠海作为课题负责人完成的教育与学习研究报告目录

[1]《我国成人高等教育管理干部队伍现状分析及其培训研究总报告》(1989)

[2]《新时期中国成人高等学校师资队伍建设研究总报告》(1995)

[3]《上海在职培训的发展战略和对策研究总报告(1996—2010)》(1995)

[4]《上海构筑人才高地人才培训政策体系研究报告》(1996)

[5]《世纪之交上海市民素质调查研究报告》(1996)

[6]《中国特色社区教育基本理论问题研究总报告》(1997)

[7]《无锡市城区街道居委干部素质调研报告》(1998)

[8]《现代企业制度下企业教育研究报告》(1998)

[9]《上海市构建终身教育体系的若干基本问题研究报告》(1999)

[10]《上海市基层社区工作者素质和培训研究报告》(2000)

[11]《构筑市民素质教育工程,建设学习化城市——世纪之交厦门市民素质调研报告》(2000)

[12]《21世纪初上海市开发新区创建学习型社区个案研究报告》(2003)

[13]《21世纪初中国经济发达地区转型期农村社区教育发展研究报告》(2004)

[14]《增强紧迫感,构筑上海市民素质教育工程——上海市民素质第二次调研报告》(2005)

[15]《21世纪初上海国际大都市开发新区创建学习型社区个案研究报告》(2005)

[16]《21世纪初上海国际大都市中心城区创建学习型社区个案研究报告》(2005)

[17]《21世纪初上海国际大都市近郊区创建学习型社区个案研究报告》(2005)

[18]《21 世纪初中国社区教育发展研究总报告》(2005)
[19]《上海市创建终身教育体系和学习型城市研究总报告》(2005)
[20]《专业技术人员继续教育体系构建研究报告》(2006)
[21]《上海市公务员培训现状和对策研究报告》(2010)
[22]《学习型社会建设研究课题总报告》(2010)
[23]《广州市学习型城市建设特色和创新的研究报告》(2014)
[24]《上海市社会学习指数研究与探索研究报告》(2015)
[25]《宁波市深化学习型城市建设研究报告》(2016)
[26]《中国当代老年教育发展研究报告》(2018)

叶忠海作为课题负责人
承担完成国家、部省级教育与学习课题目录

[1]“七五”国家自然科学基金项目：“中国东南部丘陵山区人才开发和教育改革的综合研究”，课题副组长兼研究总报告主笔、第二完成人。

[2]“七五”全国高等教育自学考试指导委员会重点研究项目：“自学考试理论和实践研究”，课题第一副组长、研究成果第二主编兼主笔、第二完成人。

[3]“七五”国家教委科研项目：“关于我国成人高等教育管理干部队伍现状分析及其培训研究”，项目负责人兼总报告执笔人、第一完成人。

[4]“八五”全国教育科研规划项目：“新时期中国成人高等学校师资队伍建设的综合研究”，总课题组长、总报告执笔人、第一完成人。

[5]“九五”国家哲学社会科学重点课题：“面向21世纪中国成人教育发展研究”，总课题组副组长、研究总报告副主编兼主笔；第一分课题“面向21世纪中国成人教育发展模式研究”课题组长、研究成果主编、第一完成人。

[6]“十五”国家哲学社会科学基金项目、教育部人文社会科学研究项目：“21世纪初中国社区教育发展研究”，总课题组长、研究总报告执笔人、第一完成人。

[7]“十一五”全国教育科研规划重点项目：“学习型社会建设研究”，副组长兼综合组组长、研究总报告主笔兼统稿人。

[8]“八五”上海重大研究项目分课题：“上海在职培训的发展战略和对策研究（1996—2010）”，课题组长、研究总报告主笔、第一完成人。

[9]“九五”上海市重大研究项目分课题：“上海市构筑人才资源高地人才培训政策体系研究”，课题组长兼研究报告执笔人、第一完成人。

［10］“九五”上海市教育科研重点项目分课题：“现代企业制度下企业教育研究”，课题组长、研究总报告执笔人、第一完成人。

［11］“九五”上海市教育科研规划项目：“社区教育理论研究”，课题组长、研究总报告执笔人、第一完成人。

［12］“十五”上海市哲学社会科学重点项目：“上海创建终身教育体系和学习型城市研究”，课题组长、研究总报告执笔人、第一完成人。

［13］“十一五”上海人才强市战略研究课题：构建专业技术人员继续教育体系研究，课题组长兼研究总报告执笔人、第一完成人。